红岩密档

B类(敌特、叛徒类)档案解密

罗学蓬 著

山西出版传媒集团
山西人民出版社

图书在版编目（CIP）数据

红岩密档：B 类（敌特、叛徒类）档案解密／罗学蓬著. ―太原：山西人民出版社，2012.7
ISBN 978-7-203-07800-5

Ⅰ.①红… Ⅱ.①罗… Ⅲ.①纪实文学-中国-当代 Ⅳ.① I25

中国版本图书馆 CIP 数据核字（2012）第 140149 号

红岩密档：B 类（敌特、叛徒类）档案解密

著　　者：罗学蓬
责任编辑：贾　娟
助理编辑：何赵云
装帧设计：陈　婷

出 版 者：	山西出版传媒集团·山西人民出版社
地　　址：	太原市建设南路 21 号
邮　　编：	030012
发行营销：	0351-4922220　4955996　4956039
	0351-4922127（传真）　4956038（邮购）
E-mail：	sxskcb@163.com　发行部
	sxskcb@126.com　总编室
网　　址：	www.sxskcb.com
经 销 者：	山西出版传媒集团·山西人民出版社
承 印 者：	山西出版传媒集团·山西新华印业有限公司
开　　本：	787mm×1092mm　1/16
印　　张：	16.5
字　　数：	300 千字
印　　数：	1-10 000 册
版　　次：	2012 年 7 月第 1 版
印　　次：	2012 年 7 月第 1 次印刷
书　　号：	ISBN 978-7-203-07800-5
定　　价：	36.00 元

如有印装质量问题请与本社联系调换

目 录

1. "许云峰"中计 …… 001
2. 杨虎城被杀真相揭秘 …… 015
3. 大屠杀拉开序幕 …… 031
4. 刽子手立地成佛 …… 040
5. 慷慨赴死易,从容就义难 …… 046
6. 他们是历史的见证 …… 050
7. 巴蜀奇人尹子勤 …… 056
8. 他逃出白公馆,却倒在自己人的枪口下 …… 065
9. 头号杀手杨进兴 …… 072
10. 天网恢恢,疏而不漏 …… 083
11. 红色女囚与特务看守成为朋友 …… 101
12. 杨森毒杀亲侄女 …… 112
13. 卧虎藏龙 …… 119
14. 徐远举昆明被擒 …… 139
15. 云南不稳 …… 146
16. 送上门来的金银 …… 155

17. 从起义将领到阶下之囚 …………………………………… 166

18. "大屠夫"过去居然是红军政委 ………………………… 171

19. 天道轮回 …………………………………………………… 196

20. 沈醉差点被"同改"周养浩砸死 ………………………… 203

21. 军统少将和共产党叛徒"争立新功" …………………… 208

22. 尴尬的重逢 ………………………………………………… 214

23. 冤家路"宽" ……………………………………………… 219

24. 血与泪的嘱托 ……………………………………………… 227

25. 生活是最好的课堂 ………………………………………… 233

26. 在抚顺战犯管理所 ………………………………………… 242

27. 烽火功德林 ………………………………………………… 250

28. 希望与绝望交织的日子 …………………………………… 256

1. "许云峰"中计

重庆。老街32号。堂皇的铁门上,横署着"慈居"两个篆字。不知内情的人,恐怕会想到这里也许是某某达官贵人的豪宅公馆。但从那警卫森严的气势来看,又像是一处阴森的衙门。这地方正是国民党西南长官公署的一部分,它的公开名称是西南长官公署第二处,实际上却是国防部保密局在西南的公开领导机关。

如果把特务机关的分布比作一只黑色的蜘蛛网,那么,在这座楼房指挥下的特务站、组、台、点,正像密布的蛛网似的,交织成巨大的恐怖之网,每一根看不见的蛛丝,都通向一个秘密的场所。这座阴森的楼房,就是那无数根蛛丝的交点,也是织成毒网的那只巨大的毒蜘蛛的阴暗巢穴。哪怕是一点极小的风吹草动触及了蛛丝,牵动了蛛网,便会立刻引起这座巨大巢穴里的蜘蛛们的倾巢出动。

此时,这个庞大特务机构的主持正面无表情地坐在黑色的皮转椅上,认真地批阅着公文。他是一个身材粗壮,脸色黝黑,显得精明干练,才30岁出头的年轻人,腮帮上的络腮胡刮得干干净净,有着两撇浓黑的眉毛和一双不怒而威、让人望而生畏的眼睛,黄呢军便服的领口上,嵌着一颗闪闪发亮的金色梅花。他的官衔太多,简单说来,就是西南长官公署第二处处长兼侦防处长。仅仅因为军统的老板戴笠是戴着少将领章死的,所以形成了一条不成文的规矩,任何军统人员不能超越戴老板的军衔,如果不是如此,他的领章上完全有资格再添上一颗金色梅花。

他姓徐,名远举,1914年出生于湖北大冶县,祖上经营实业,家境殷实。年少时,徐远举顽皮却聪慧伶俐,据说还有过目不忘的天赋。1929年,15岁的徐远举进入黄埔军校,成了第7期学员,毕业后分配到陈诚的部队,任副连长,在江西参加过围剿红军。不过,徐远举的野心并不仅限于此。他没什么背景,要想升迁,必须走特殊的

在白公馆服刑期间的徐远举

方式。

1932年,他从军队脱身,加入国民党力行社特务处——军统的前身,直接受戴笠领导。徐远举的特务天赋在受训期间就彰显无疑。在特训班,戴笠对学习拔尖的学员会奖励一支金笔。毕业时,徐远举所有的口袋上全挂满金笔,四处炫耀。刚工作的徐远举得一绰号"徐猛子"——他太傲,开口闭口不离介公(郑介民)、戴老板(戴笠),其他人都不在他眼里,说话很冲。当时军统局很多人视其为"瘟神"避而远之。

1935年,西藏班禅大师到南京,蒋介石要佛教协会名誉会长戴季陶出面,动员蒙藏委员会的头面人物,成立护送班禅专使行署,徐远举出任行署少校参谋,在西藏开展情报活动。1939年,任西昌行辕第三组组长、军统西昌站站长。与西昌行辕主任张笃伦攀上关系,过往密切。1943年,出任成都经济检查大队大队长。1945年6月被戴笠提拔晋升为军统局第三处(行动处)副处长。1946年1月,调华北出任军统北方区区长。1946年7月,又回到重庆出任西南长官公署第二处处长。于1948年与张笃伦(时为重庆市市长)之养女耿静雯结婚。

他现在肯定还不知道,他的头号敌人中国共产党重庆地下市委由于"左倾"盲动路线,将会很快赐给他一个千载难逢的机遇……

1947年2月28日,国民党当局出动军警,包围重庆的中共四川省委和《新华日报》社,迫使全体人员撤回延安。与此同时,在国统区所有中共公开机构和人员也尽遭驱逐。一时间,重庆政治空气沉闷,白色恐怖加剧,中共重庆地下党的活动也陷入了低潮。

1948年2月28日上午,国民党重庆行辕主任朱绍良正踌躇满志地坐在办公桌前。他随意拆开一封朱主任亲启的信件,不料里面掉出来的竟是一份《挺进报》,用油墨印在毛边纸上的一排大字让他目瞪口呆:"审判战争罪犯!准许将功折罪!"

他简直不敢相信自己的眼睛,当即用电话将徐远举召到办公室。

待徐远举匆匆从隔壁的二处(重庆行辕在老街34号,与"慈居"比肩而立)赶来,朱绍良一反常态地冲他吼道:"徐处长,你看看,这是什么?前几天你不是还向我信誓旦旦地保证,重庆地下党遭到毁灭性打击,近期内不可能重建吗?"

朱绍良素以儒将自诩,对人外柔内刚,一向不大动怒。

徐远举兜头挨了一腔呵斥，自知祸事不小。果然，朱绍良发完火后，扔给他一封信。徐远举赶紧拿起一看，这是一封警告信，内中还夹有一份《挺进报》。

朱绍良怒气冲冲地说："公开的共产党被赶走不过才一年时间，地下的共产党就搞到我的头上来了，共产党在重庆这样嚣张还了得！这个火种非扑灭不可，你把其他的一切事务丢开，务必从速将此案侦破。"

徐远举诺诺连声，答应马上去办。朱绍良立即提笔给徐远举写了一个限期破案的指令。

3月2日，西南长官公署照例举行党政干部会报，重庆的党、团、军、政、特等重要头目都参加了。朱绍良亲自莅会，一开口就提到《挺进报》事件，沉着脸把大家全都训了一顿，接着责令军警宪特机关对中共地下党组织务必清查破获，并说：不要以为中共代表团和《新华日报》撤走了，重庆就平安无事了，从《挺进报》事件看，地下党还猖獗得很呐！然后，他指令徐远举牵头，与有关机关会商，拿出限期破案的措施来。这次会上，除中统方面有所推诿外，警察、宪兵、稽查方面都表示一定积极配合。

三天后，徐远举拿出了破案计划。他的计划得到了朱绍良的支持，并要求徐远举统一协调军、警、宪、特的力量，不惜一切代价，从《挺进报》入手，务必将《挺进报》摧毁，彻底打掉中共重庆地下党。徐远举手捧尚方宝剑，亲自指挥，要求各方面每天要将搜集到的情报及时上报，试图从蛛丝马迹中发现线索。他规定："破案立功者奖，怠慢疏忽者罚"。在他的严厉督促下，特务们四下搜查线索，挖空心思地施展阴谋诡计。

徐远举这一次可谓大获全胜，而为他立下头功的，便是保密局重庆站渝组的组长李克昌。

此人面相和善，生就一脸憨厚相，衣着朴素，长年穿着蓝布长衫，从不西装革履，只在背街小巷的茶馆、小酒店出入，从不在舞厅、西餐馆露面。他在街上行走，人们满以为这是个十足的乡巴佬，顶多是个乡村小学的先生。而实际上，李克昌算得上是保密局重庆站站长昌世锟手下最得力的干将，是个极善伪装、工于心计、善于打入内线的老手。

徐远举对他的评价是："他很聪明又能吃苦，长期深入到下层活动。……李克昌是重庆站工作得最出色的一个情报人员。"

李克昌手下8名组员、14名利用员（即眼线），社会职业有大学生、中学教员、报馆经理、电影院舞厅的交际花，以至民主党派成员、基督教徒，可谓三教九流的人都收入网内，触角伸向社会的各个阶层各个角落。他掌握的这些眼线都善于利用同乡、同行、知己、亲密者的关系，使其不知不觉落入圈套，招来杀身之祸。

早在1942年9月，李克昌就加入了军统黔江组当组员，7个月后，便晋升组长。

他领导二十余名特工,四处活动,各方搜集共产党和进步人士的情报,致使以乡村小学教员身份为掩护的地下党员翁志和与匡世中被逮捕并遭杀害。1944年4月,他调任军统重庆特区情报股编辑,因编辑情报及时,第二年1月,渝特区保送他到磁器口中美特种技术合作所的渝训班高干系第三期深造。毕业后升任助理督察,负责渝特区内部的防奸保密和纪律督察。1946年9月,他又升任保密局重庆站渝组组长,指挥手下二十多名特工,除参加逮捕《新华日报》工作人员等公开特务活动外,主要是秘密搜集共产党员和进步人士的情报,先后开列黑名单,使65名共产党员和进步人士相继遭到逮捕和杀害。

1947年8月里的一天,李克昌接到利用员、草堂学校学生姚仿恒密报:"江北盘溪草堂国学专科学校新近来了一个借住的青年,名叫陈柏林,他以前是邹容路民联书店的店员,书店被查封后到草堂暂住,带有许多"左倾"书籍,还有《挺进报》。此人谈话中对政府极其不满,估计是共党分子。"

李克昌马上派特务曾纪纲以失业青年面目前往江北,由姚仿恒牵线住进学校食宿,并介绍曾纪纲认识了陈柏林。李克昌在给曾纪纲布置这一任务时还特意叮嘱他:"接近陈柏林后,切莫东问西问的,你要先和他建立感情,取得他的信任,有了感情后,他自然会向你吐露真情的。"

曾纪纲认识陈柏林后,以自己失业的亲身体会向陈推心置腹交谈,他谈苦闷、谈志向、谈追求、怒形于色地发泄对国民党政府的不满情绪。陈柏林被他的假象所蒙蔽,对曾纪纲有相见恨晚之感,对曾表现出极大的信任。他看到曾纪纲居无定所,为给曾节省一点开销,还主动邀请曾纪纲搬到书店里去与他挤住一室。果然,没过多久,缺乏对敌斗争经验的陈柏林开始向对国民党政权极度不满、渴望追求进步的失业青年曾纪纲吐露真情了。由此,情报源源不断地送到了吕世琨的手中。

"《挺进报》是用铁笔磨尖后刻的,所以笔画很精细。油印时不用滚筒,是用竹片在蜡纸上刮,每划必显。"

"今天向先生到书店里来,翻翻书就走了。他走后陈柏林就拿出《挺进报》给王经理、潘星海和我看。《挺进报》是刚出的。重庆共产党由顾先生负责,电台安装在市政府里,《挺进报》上的一切消息,都是顾先生的电台提供的。"

"陈柏林很想与人合股开家书店,这样晚上好在书店内办报纸。消息由顾先生提供。"

李克昌指示曾纪纲:"要探明《挺进报》的内情,得促成陈柏林把书店和报纸办起来。你去向陈柏林表示,自己愿意把大衣、被盖卖掉,再向老乡借点钱,反正,你要表现得是尽了一切努力来帮助他。"同时,李克昌还报请吕世琨从特务活动经费里拨出

500万元法币交给曾纪纲使用。

很快,民生路胜利大厦(现重庆宾馆)对面文城出版社书店换了主人,经理是王维诗,店员是潘星海和陈柏林(陈柏林也是股东之一)。由于曾纪纲是陈柏林的好朋友,也经常到书店里来,不久,便与王维诗、潘星海熟悉了。

一天,曾纪纲对王维诗说:"王经理,我想请你帮个忙,我在城里无亲无故,想到书店里寄食寄宿,这样好在城里找个工作。"

陈柏林也在旁边敲边鼓,要王维诗答应。王维诗虽心里不情愿,但为了照顾陈柏林的面子,只好勉强答应了。

万万想不到这是引狼入室。李克昌就这样轻而易举地在书店里安上了卧底。

不久,李克昌便收到了曾纪纲送回的一份情报:"陈柏林告诉我,他已经向顾先生汇报了我的情况,说我是一个积极要求进步的青年,希望组织上发展我。老顾的警惕性很高,叫他不要轻信人,陈柏林就很坚决地替我打包票。这样,顾先生就决定安排时间亲自和我见面,对我进行考察。听陈柏林说,顾先生住在红球坝山顶的铁工厂。"

当李克昌把这一重要情况报告给站长吕世琨后,吕指示曾纪纲"继续伪装,扩大线索"。但是,急于破案的徐远举却等不及了,他把吕世琨和李克昌叫到他的办公室,一本正经地说:"我们已经查到綦江有一个人的笔迹,与刻《挺进报》的人笔迹完全吻合,把那人抓来,就不难查出编、印、发行《挺进报》的人来。不过,为了怕影响你们查《挺进报》,所以找你们来谈谈,通报一下情况。"

听完吕世琨与李克昌的汇报,徐远举沉默了片刻后又说:"我们先抓陈柏林、顾先生、向先生,然后再抓綦江那个刻钢板的。你们马上回去布置,曾纪纲掌握顾先生什么时候在家,就什么时候抓人。"

此后几天时间里,吕世琨每晚都去和平路姜海清裱褙铺渝组刚刚迁入的新地址,商议如何找到顾先生和向先生的住址。最后决定派利用员小龙坎教员陈桂荣和南泉新闻专科学校学生陶蜀屏去盯梢。陈桂荣紧跟陈柏林,弄清和证实了向先生的家。陶蜀屏却因神情紧张,举止不大方,差点被陈柏林识破,李克昌得知这一情况后,马上改派职业特务渝组副组长李芳信、组员盛登科去跟踪。很快便弄清了顾先生在红球坝家的具体位置,并且确定了抓捕方案。

"由我假说自己已经找到了工作,马上要离开书店,为感谢他们平素对我的好意,我决定买点酒菜在书店里办上一桌,托陈柏林请顾先生、向先生也来,如两人都来,就一并抓住,如只来一人,抓住一人后也可探出另一人的确切情况。"这是曾纪纲的建议。徐远举认为这办法好,进能攻,退能守,不会把事情搞砸。

4月1日中午,曾纪纲备好了酒菜,再三催促陈柏林去请顾先生和向先生光临吃水酒。起初,陈柏林不愿意去,经再三恳求后才答应去请客。

陈柏林一出门,曾纪纲马上把瓶子里剩下的酱油全部倒进了阴沟里,然后用水冲洗干净。

稍顷,曾纪纲见陈柏森却单独回来了,问他:"怎么,他们一个都不来么?"

陈柏林说:"算你运气好,我去时顾先生正在写帐,向先生正巧也在他那里。我一说,他们都答应了,不过,得等顾先生写完帐才能来。"

曾纪纲心中暗喜,借口上街去打酱油,马上将这一重要情报送给了装扮成修鞋匠正候在附近等消息的盛登科。盛得到这一情报后又立即转报给李克昌。这时,吕世锟、李克昌和徐远举派来的二处上校情报科科长雷天元率领的特务早已集中在附近的警察所准备行动。

吕世锟对雷天元说:"雷科长,夜长梦多,我们马上行动为好。还有,演戏就要演得像一点,曾纪纲的身份不能暴露,我们抓人时要连他一起抓。"特务们在吕世锟的统一指挥下兵分两路,一路直扑书店抓陈柏林和曾纪纲,另一路直扑红球坝铁工厂。正在写账的顾先生被逮捕了,睡在床上的向先生被盛登科指认,也遭逮捕。特务们接着从顾先生的房内搜出进步书籍十多本,共产党支部组织纲领一本,印《挺进报》的纸一大卷,没有搜到电台,但却发现了无线电灯管两只。年仅18岁的陈柏林和向先生(向先生即中共地下党员向成义,在地下市委工运书记许建业领导下传送《挺进报》的人员)经受住了酷刑的考验,坚强地咬紧牙关,用意志粉碎了敌人的企图(两人均于"11·27"大屠杀中在渣滓洞殉难)。

问题出在顾先生身上。顾先生的真实姓名叫任达哉,又名任达伦。此人背景复杂,抗日战争期间在国民党中央印刷厂当印刷工人,参加过共产党领导的进步工人运动。抗战胜利后,中央印刷厂迁回南京,任达哉失业。经人介绍,任达哉认识了李克昌。在李答应帮忙找职业、给经费的吸引下,任达哉成为军统渝组的利用员,李克昌将他安插到民盟机关报《民主报》工作,同时负责监视民盟机关领导成员的活动情况。参加工作后,任达哉向李克昌密报过诸如《民主报》经费困难,工人闹嚷,范朴斋(川盟负责人)到重庆处理等无甚价值的情报。以后李克昌见任达哉成绩平平,便予以疏远。不久,任达哉给李克昌写来一信,说:《民主报》已停刊,我失业了。津贴不足以生活,我即日到万县另谋职业。自此后便和李克昌中断了联系。1947年,任达哉隐瞒历史,加入地下党组织,先在四川省委工运组,后在许建业领导下做工运工作。

任达哉被捕的当晚,由徐远举和侦防课课长陆坚如亲自审讯。

当徐远举喝令特务用刑不久,任达哉开始还咬牙挺住,被打得死去活来也不招供。可是，快到天亮时，他受不了残酷的折磨，终于交待了1947年加入地下党的经过，供出他的领导人是重庆市委委员、分管工人运动的书记杨清，以及《挺进报》在他手里的发行情况，和掌握的地下党员的情况，都合盘倒出。同时，任达哉还交待了4月4日要与上级杨清联络接头的重要情况。

4月4日是个星期天，下午，按照惯常的约会时间，已经叛变的任达哉在二处渝组组长季缕等特务的暗控下，早早来到了保安路（今八一路）升平电影院东邻的嘉阳茶馆。这时电影已经开演，茶客稀落。一会儿，杨清进茶馆坐下，任达哉就以打招呼的方式给特务们点水，季缕等特务从左右两边一拥而上，把杨清挟持进南面两百米处的老街32号徐远举的特务大本营"慈居"。

"慈居"进门是一间堂屋，堂屋左侧是一间20多平方米的屋子，为特务的行刑室；堂屋后面是楼梯，二三楼是徐远举等特务的办公地。楼梯左侧外面是天井，天井南侧是一间四五平方米的小拘留室和一道石梯，石梯坎左下侧的地下室是监狱，用于羁押刚逮捕来和从渣滓洞看守所提押来此审讯的政治犯，人们称之谓二处看守所，由二处警卫组人员负责看押。后门有一条小路可通相隔很近的重庆行辕。

在"慈居"审刑室里，任凭徐远举、陆坚如搬出老虎凳等刑具，杨清始终只有一句话：我叫杨清，邻水人，做小本生意为生，住过街楼旅馆。搜查杨清身上，无片纸只字；派特务到过街楼查询，根本没有杨清所说的那家旅馆。

歌乐山烈士纪念馆保存的B类档136卷中有徐远举解放后的交待：

"在最初抓到陈柏林的领导人任达哉时，就是我与二处侦防课课长陆坚如用酷刑逼出来的。经过一天一夜的审讯，任达哉不堪毒刑拷打，交待出了他的领导杨清，说杨清经常约他在保安路警察局对门某茶馆见面，给他布置任务。任达哉交待后我即派二处渝组组长季缕，押任达哉去保安路的约定地点寻找，转了两天的马路，于一个星期天的下午，在保安警察局对门某茶馆将杨清抓到。杨清身体强壮，气宇轩昂，有革命英雄气概。我问他的姓名、年龄、籍贯、住址，他一字不答，经用各种酷刑拷打，几上几下，只说他叫杨清，邻水人，住在过街楼某旅馆。经过调查，过街楼根本没有这间旅馆。从他身上检查，也无片纸只字，经过一天一夜的审讯，用尽各种手段，不得要领。我怕线索中断，即命二处严加看守，注意他的每一动态。"

杨清，本名许建业，又名许明德、许立德，另一化名杨绍武，1921年生，四川邻水县人，1938年加入中国共产党，曾任中共邻水县特支书记，被捕时任中共重庆市委委员、负责工运。遍体鳞伤的许建业被关进小拘留室后，心急如焚，因为在他宿舍的床下箱子里，放着17份工人的入党申请书和3份党内文件，如果落到特务手中，后果将不堪设想。他顾不上浑身的伤痛,满门心思想着怎么把消息送出去。

二处警卫组上士陈远德发现了许建业的焦急不安,他主动接近许建业,谎称出身贫苦,伪装同情,表示如有事相托,请尽管吩咐,想从犯人身上捞些好处。

此时的许建业已顾不上许多,只要有一线希望都要争取,加上被陈远德的假象所迷惑,便让陈远德拿来纸笔,写了一封给母亲的绝命书,和一封给老街对面中正路(现新华路)大梁子志成公司刘德惠的信,请陈远德赶快送去,并许诺信送到后收信人会给他四千万法币,今后并负责介绍工作。

陈远德拿了信后,没有立即去送,悄悄拆阅后,想,这情报很重要,如果送出去,不过区区四千万法币,还得担心把脑壳玩脱,如果禀报上司,可能得到的好处更多,掂了掂轻重后,他没有把这封信带给刘德惠,而是交给了他的上司雷天元。

这封信马上送到了徐远举手里。徐看后欣喜若狂,后来他交待:

"我根据这个材料,立即派人包围了新华路志成公司,进行严密搜查,查出了杨的身份证及其历史,并在其卧室里查出一个大皮包,内有十几份党员入党申请书,及大批《挺进报》,才知他叫许建业,确系邻水人,曾在重庆和成银行及轮渡公司任会计职务,时在志成公司当会计。"

徐远举一面派出左志良率特务日夜守候志成公司,只准进不准出,来一个抓一个,一面派人追查志成公司的背景。志成公司是重庆电力公司的子公司,由电力公司会计科科长黄大埠任董事长,总务科长周则洵任经理。徐远举将黄大埠、周则洵拘传到案,黄大埠供出了电力公司会计组长、志成公司经理刘德惠是共党分子。徐远举还根据许建业皮包内所获的入党申请书,派雷天元率特务到兵工厂、铅笔厂按图索骥,抓走了余祖胜、陈丹墀、蔡梦慰等17人。

看守陈远德因秘报情报有功,嘉奖连升三级,由看守员提为少尉。

许建业轻信看守陈远德,急中出错,尤其是当他看到刘德惠也被捕后,悔恨交加,痛不欲生,在狱中三次碰壁,撞得头破血流,自杀未遂。7月21日,许建业在重庆复兴关被公开枪杀,赴刑场路上,许建业面对两侧群众,一路高唱《国际歌》,高呼:"中国共产党万岁!"

4月6日上午,中共川东临委委员兼重庆市委书记刘国定,从南岸牛奶场住地来到临江路宽仁医院,看望住院生孩子的妻子严炯涛后,和江津县委的涂绪勋一起来找许建业。

刘国定走在前面,一进门便被守候在此的左志良和特务队长曾庆回等扣住。刘国定情知不好,强作镇定自称叫刘仲逸,是南岸牛奶场的总务主任。而志成公司的职工则说,这人是常来找许建业的黄先生,露出了破绽,当即被扣押。此时跟在刘国定后面的涂绪勋也探身进门,马上被埋伏的特务扣住。涂绪勋非常机智,见刘国定正被戴上手铐,马上大声问左志良:"先生,我有几只轮胎,便宜卖给你,要不要?"曾庆回掀了他一把,瞪眼喝道:"滚!给老子滚出去!"涂绪勋继续纠缠着:"你不要吼嘛。实话告诉你,我这轮胎是偷来的,随便你给几个钱就打发了。"曾庆回大怒:"你他妈的再不滚,老子把你这小偷抓起来!"特务一听便放了手,涂绪勋装出害怕的样子,回头就跑,遂得以脱险。

刘国定被押进"慈居"后,由徐远举亲自审问。刘国定装出十分害怕的样子,一进审讯室就主动承认自己是刚入党的候补党员,并编了一段曾为许建业送信去南岸给李忠良的故事。徐远举见他吓得战战兢兢的样子,叫他写《自白书》,他又规规矩矩地写了,还供出了李量平,以为此人是个软骨头,当晚便没有深究。而刘国定此举实是想弃芝麻保西瓜之计。他供出李忠良,是想到李系一般党员,且家中有钱,被捕后可以靠社会关系保释出去。

据 B 类档案 34 卷记载:刘国定,又叫刘仲逸,1918 年生,四川新都人,1938 年 3 月参加共产党,到重庆学联总干事会工作,1941 年任巴县中心县委宣传部长兼巴县县委书记,1946 年 3 月,任中共重庆临工委副书记,1947 年 10 月任中共川东临委委员、重庆市委书记,后叛变⋯⋯

4 月 8 日晚,徐远举派雷天元率领一批特务,由刘国定带路,从储奇门过长江到海棠溪,直扑南岸四公里原聚众银行协理李量平家,逮捕了参加达县武装起义失败后于 3 月 27 日疏散回渝的李忠良、余天,和掩护重庆大学女生、共产党员宋廉嗣到华蓥山参加游击队的倪俊英(李忠良的女友)、李忠良的父亲李量平。

李忠良被捕后,拒不承认自己是共产党员,4 月 9 日下午 1 时,经刘国定对质,李忠良的身份无法再隐瞒。徐远举用了鸭儿浮水、老虎凳等刑后,李忠良的思想防线彻底崩溃,盘算着我家富裕,有三十多石租子,城内有百多方丈地皮,有吃有穿,何必受此苦头,便写下了《自白书》,出卖了组织和余永安等人。但也有所保留,并没有供出刘国定的真实身份。

李忠良,化名李庄,重庆南坪乡人,1927 年生,1947 年由女友倪俊英介绍认识刘国誌,12 月 25 日,由刘国誌介绍入党。李忠良叛变后,带特务四处抓人,在审讯时,他不仅作纪录,还充当说客,现身说叛:"你们赶快招供吧,我以前也是共党分子,坦白了就可以得到政府的宽大。"由于李忠良死心塌地充当鹰犬,为虎作伥,10 月 20 日获得自由。11 月到侦防处侦防大队当了谍报员,解放后,李忠良混入巴县惠明乡辅仁中学当教师,1950 年 4 月 7 日,市公安局政保处令巴县公安局执行逮捕。1951

年2月5日,重庆市人民法院以刑字第521号判处执行李忠良死刑。

根据李忠良交待,徐远举将余永安密捕,经短促突击行刑后,余永安便叛变,交待他的关系人是老张。他于1946年初到达县女中任总务主任时,开始与老张相识、交往,1947年回到重庆商业银行当职员,仍一直与老张有交往,曾在老张家里看到过《挺进报》。还供出,本月15日,老张要来找他取钱。几个小时后,徐远举带着余永安回银行照常上班,暗中密控来找余永安的人,同时监控找余永安的电话。张开逮捕老张的罗网。

但是,15日这一天老张并没有来找余永安。17日一早,雷天元押着余永安到嘉陵江边渡船码头、街上指认。碰巧,老张从黄桷镇过江到北碚,他穿过北碚公共体育场,走到文声书店转弯处,迎面碰上余永安和特务,余永安点头向特务示意,众特务蜂拥而上揪住老张不放。老张边反抗边叫喊,以期引来群众围观,好趁乱逃脱。特务们怕群众围观,边拳打脚踢,边前拉后推,将老张推进街边兴江旅馆楼上。在兴江旅馆,特务抱起被子,将老张按倒在床上,捂得严严实实,憋得他呼吸困难,拼命挣扎,不一会儿,老张便招供了自己的身份,承认自己是中共重庆市委副书记冉益智,供出已被捕的刘国定是重庆市委书记;许建业是市委委员,分管工人运动的书记。供出沙磁学运特支书记刘国誌及刘与未婚妻曾紫霞在荣昌的隐藏地等等。

冉益智,本名冉启熙,1910年生,四川酉阳人,酉秀黔彭联合中学毕业,1936年参加国民党,任国民党酉阳县党部干事。1938年参加共产党,历任合川县委、北碚、万县中心县委宣传部长、组织部长、县委书记,1947年10月,任重庆市委副书记,分管学运工作。

余永安解放后被留用,分配到南岸第一财经学校当教师。1955年被依法逮捕,侦讯结束后,根据市委书记任白戈关于余永安不是党员,不应以叛徒论处的批示精神,送南岸农村监督劳动。

4月18日,徐远举再审刘国定。仅一声"市委书记刘国定",便犹如一声炸雷打在刘国定的头顶上!

刘国定最初想以沉默来反抗,几个特务把他绑吊在刑架上,用皮鞭抽得他遍体鳞伤,鲜血淋淋,他痛得大声惨叫,仍不承认。可是,当他看到特务们把烙铁烧红,要往他身上按时,他吓坏了,大叫道:"不要烫了,我说,我什么都说。"冉益智、刘国定向敌人出卖同志,甚至亲自带特务四处抓捕地下党员,江竹筠、陈然、罗广斌、成善谋、刘国誌、李文祥等130多人相继遭到逮捕。

与冉益智、刘国定不同,地下党城区区委书记李文祥的叛变却十分令人深思。李文祥被捕后,任凭特务酷刑折磨,三次受审,两次把他打得昏死过去,但他坚不吐实,视死如归,在敌人的审讯面前表现了非凡的坚定性。当徐远举用上级刘国定、冉益智的叛变来说服他时,他大义凛然地嘲笑他们的可怜,徐远举无计可施,将他带上脚镣手铐关进了白公馆监狱。在狱中李文祥与陈然同囚一室,他同样将自己的生死置之度外,但是,他却放心不下新婚不久与他一起被捕关押在渣滓洞监狱的妻子熊泳晖。当特务带他到渣滓洞去见妻子时,他突然哭了,感情一下子变得非常的脆弱,熊泳晖反而鼓励他坚持斗争,不要害怕!可是,李文祥对妻子的爱情却软化了他的革命意志,回到牢房,他开始伤心落泪,对陈然讲:"我入党已经十年,当书记负责地下工作苦了这么多年,好不容易盼到革命就要胜利了,万万没有想到这样的时候自己会被捕,还连累妻子一起蹲大牢。现实为什么对我这么不公平?不谈情况,不交待,我能做到,从被捕的那一刻起,我就已经做好了迎接死亡的精神准备。可是,说不定我太太哪一天就会被拉出去杀掉了……命运为什么对我这么残酷啊?"

陈然见李文祥的情绪悲伤消沉,曾多次帮助他、开导他、鼓励他,希望他坚定革命信念。但是陈然的苦口婆心一点也没有打动意志消沉的李文祥。

徐远举掌握了李文祥感情脆弱的特点,不仅指示白公馆看守所长陆景清仍然定期派特务押他到渣滓洞与熊泳晖见面,而且有意地安排他俩过夫妻生活。一次,特务又提他去与妻子见面,离开白公馆前,陆景清把李文祥叫到办公室去,恶狠狠对他说道:"有什么要说的话你赶快说完,这是你最后一次同你太太见面了。我们暂时还不杀你,先杀你太太,因为你对我们还有点用处。"

"要杀熊泳晖了,他们这次真的要杀我太太了!"李文祥恐惧、惊慌到了极点。回到白公馆,他对陈然说:"我太爱熊泳晖了,为了救她的命,我决定去自首!"

陈然大吃一惊,竭力阻止他,并告诉他这不过是敌人的阴谋,甚至威胁他:"你真要去自首,我就跳楼自杀!"

李文祥却说:"刘国定、冉益智这些比我更重要的领导都叛变了,而二处要我选择的又是这样尖锐的两条路,不是自首,就是枪毙。革命眼看就要胜利了,我死了对革命不会有什么影响,多几个我这样的叛徒也决不会影响中国革命的胜利,重庆的地下组织基本上完了,你们就当我已经死了一样,我现在必须为熊泳晖、为我的四个孩子打算了!"

1948年12月22日,已坐牢8个月的李文祥趁放风的机会跑到特务办公室要求坦白情况,彻底叛变了革命,他出卖了何柏梁、程谦谋等16人,导致其中6人殉难。

李文祥也因功被特务机关授予上尉军衔，成了一名特务。1951年2月，重庆市人民法院判处李文祥死刑，押往珊瑚坝执行。

由于叛徒的出卖，川东地下党组织遭到了空前的大破坏，据统计，在这次因《挺进报》被敌人破获而受到的重创中，有133人被捕，55人被杀害。

《挺进报》事件给重庆地下党造成的灾难是不可估量的。许多年后，渣滓洞脱险志士刘德彬一针见血地总结道："'左倾'盲动主义带来的危害极大，进步人士有的被捕入狱，有的牺牲，当地群众受到反动派的残酷镇压，党员和游击队员不能在当地立足。因起义失败，华蓥山区群众逃往重庆及其他地方避难的人不少。在城市工作方面，也执行了'左倾'机会主义路线。突出的例子便是重庆地下党出的《挺进报》，在重庆到处乱投乱发，有的张贴在街上，甚至把报纸寄给国民党西南军政长官公署朱绍良，因而引起敌人的重视，召开紧急会议，要求限期破案。由于《挺进报》事件，导致重庆市地下组织遭到严重破坏，造成了极为惨痛的后果。"

而据沈醉回忆：毛人凤一直认为自他主持保密局以来最得意的三大政绩中，排在头一项的，就是1948年重庆绥靖公署二处处长徐远举与保密局重庆站站长昌世锟密切合作，以《挺进报》为突破口，在重庆破获了中共重庆市委组织。由于重庆市委书记刘国定的叛变，使在重庆和四川其他地区的地下工作人员有近两百人被逮捕。毛人凤特别重视这一工作，特派叶翔之赶往重庆去协助，并把刘国定带到南京，希望他进行破坏中共长江局的组织……毛人凤从这件案子办完后，对徐远举倍加称赞，除给他请陆海空一等勋章、发给奖金五亿法币外，还决定成立西南特区，委徐远举为区长，负责领导西南四省的工作，有调动四省军、警、宪、特之权，以便集中力量从事破坏中共地下党组织。

踌躇满志的徐远举也拨出法币两千万元奖励李克昌等有功之臣。李克昌为破坏《挺进报》、打掉重庆地下党立下了头功，除分得奖金七百万元外，重庆站又特奖给他一套美国卡其制服。曾纪纲也因功勋卓著，除分得奖金外，由准尉提升为中尉。

最让李克昌受宠若惊的是，毛人凤局长到重庆后，听了徐远举的汇报，在召集保密局特务头目们开会布置潜伏和游击工作的会上，破格通知他也参加。会前毛人凤还亲自接见了他，给他打气说："要准备熬过漫长的黑夜，迎接光明，我们要从城市转移到农村，和共产党对抗到底。"会后，毛人凤又提议与所有参会人员结成金兰之交，成为不能同年同月同日生，但愿同年同月同日死的拜把兄弟。他们一共19名特务在大同路照相馆排好座次照罢相后，又前往稽查处副处长杨蜀农家中客厅内，在蒋介石、戴笠的像前进行团结反共宣誓，煞有介事地喝血酒，写生庚，共表反共之决心。

进入 1949 年，在国民党节节败退、大势已去的情况下，李克昌奉已被提拔为西南特区副区长的吕世锟之命，于 5 月上旬去黔江县任潜伏组组长，策划布置游击和潜伏工作。曾纪纲也随他前往。到黔江后，李克昌组织起三百多人枪的地主武装的同时，还指使曾纪纲网罗了一批死心塌地的反共分子，建立了黔江潜伏组。他的出色工作，受到了毛人凤、徐远举的通报表扬。7 月初，李克昌到重庆向西南特区汇报联络黔江游击武装和潜伏布置的进展情况，并要求增拨活动经费、拨给枪支弹药。

李克昌返回黔江，继续抓紧扩大反动武装时，11 月 7 日秀山解放，相距几十里的黔江县城顿时乱得像挨了颗炸弹的蜂巢。李克昌眼见拜把兄弟们纷纷只顾逃命，自己也只好带着家眷离城出逃，准备到彭水郁山镇打电话，与保密局西南特区取得联系。哪知道他还在半路上，便听说解放军已经解放了郁山镇。他只好转头向涪陵高家镇逃窜，打算把妻小安顿在万县娘家，自己则独自坐船上重庆找特务机关接头。在路上，李克昌一家两次遭土匪洗劫，又听说高家镇也解放了，逃重庆的水陆路已断。晚上，他在火塘里烧掉了随身携带的特务证件，准备就地潜伏下来等待时机。12 月 20 日，李克昌逃到万县，在万县河边沙嘴开起了一家日杂铺作掩护，潜伏了下来。

1950 年 6 月 25 日，美国侵朝战争爆发，这无疑给蛰伏的李克昌打了一剂强心针。他一改深居简出的生活习惯，天天上街去看《万县日报》，从中寻找他的好消息。美国总统杜鲁门发表声明，支持南朝鲜、台湾、菲律宾；台湾成立中美合作所；秀山土匪暴乱。

看着报纸上的这些消息，李克昌认定第三次世界大战马上会爆发，蒋介石就要回来了！

7 月 19 日，李克昌假借到彭水县收账，找街道上开了一张通行证。在丰都县的一家路边店里，他混进彭水县一帮桐油贩子之中，从中打探到上个月间，黔江各县闹反共救国军，谢剑安、陈运仪、陈邦奠、杨德滋、姚风平几股最为强大。龚云龙部原先只有几十支枪，现在已发展到机枪几十挺，步枪上千支，还血洗过酉阳龚滩乡公所等等，这些都是令他心花怒放的好消息。8 月 3 日他赶到石槽投奔龚云龙部。

就在李克昌决定和共产党大干一场的时候，龚云龙派出去的探子送来了一个个令土匪们大为沮丧的消息。解放军剿匪部队已到金溪坝，大批解放军正向黔江县集中，谢剑安被打死，陈邦奠寨碉被包围，杨德滋已败逃贵州。股匪接连被歼，令龚云龙魂飞魄散、一筹莫展，但听了李克昌添油加醋地渲染《万县日报》上的消息和重庆潜伏组织的强大后，又满以为找到了救命菩萨，当即封李克昌为军师。哪知第二天夜里龚云龙匪部就被解放军围歼，李克昌随残部逃入深山老林躲藏。13 日，残部被解放军围歼缴械，李克昌只身漏网，跌破了腿，差点被活捉。

14日天亮后,他终于追上了龚云龙和仅存的十多名土匪。逃跑的路上,他们听到了陈邦奠寨硐已被解放军攻破,陈被打死,另一匪首姚风平被活捉的消息。

中午时分,残匪们进入一户农民家中,正准备弄饭填肚皮,忽听得枪声骤响,解放军已追了上来。土匪们四散逃命,龚云龙被击毙。李克昌侥幸漏网,风餐露宿,沿路乞讨十多天后,才于9月5日潜回万县家中,又干起了贩运营生,妄图重新等待时机。9月25日,李克昌从西沱搞贩运回万县,刚下船就被万县市公安局的几名侦察员戴上了手铐。

在审讯室里,自知罪孽深重的李克昌说道:"我只要求政府枪毙我,不要剥我的皮就是了。"

1951年春,未等宣判大会召开,李克昌就在川东公安厅北碚看守所牢房中主动了结了他罪恶的一生。

两名大叛徒的命运也与李克昌无异。重庆解放前夕冉益智回到北碚黄桷镇82号家中匿居,重庆解放的第二天,他先到江北一朋友家住下,以便进城活动。12月2日,冉益智躲躲藏藏地到和平路原国民党市党部脱险同志登记处,想找罗广斌解释,结果罗广斌不在。13日他又去江北,进城企图找原地下党领导表白,也未找到人。18日,冉益智经民生路到大同路德胜戏院门口,不料碰见了已自首的原保密局西南特区副区长李修凯,李修凯正苦找不到将功赎罪的机会,见了冉益智大喜,立即冲上前去将冉益智紧紧抓住,口中大呼:"这人是大叛徒,害死了很多共产党员!"在群众的帮助下,李修凯把冉益智扭送到早些时候徐远举的老巢"慈居"(时为公安局政保处所在地)关押。结果,冉益智被判处死刑,临刑前,留言要求将其尸体弃之荒郊,与草木同腐。刘国定是被冉益智指供的,当冉益智进一步出卖地下党的秘密时,他也不甘落后,向特务机关交待了比冉益智更有分量的情况:中共中央上海局领导人钱瑛的住址。刘国定还亲自带特务到上海抓捕钱瑛,因钱瑛已经转移到香港而扑空。

在南京,刘国定因积极反共、成绩突出而受到了毛人凤的接见和嘉奖,特务机关授予他中校专员,随后他与冉益智一起被晋升为重庆行辕侦防处专员。

1950年1月16日,已逃到成都的刘国定向成都市军管会公安处自首,1951年1月19日在重庆被公开枪决,以慰死难烈士在天之灵。

2. 杨虎城被杀真相揭秘

1949年9月6日，西南军政长官张群和毛人凤命令徐远举飞赴昆明搞"九九"整肃，临行前徐派保密局西南特区副区长李修凯、西南长官公署二处副处长杨元森、西南特区二科(审讯)科长濮齐伟、二处二科(行动)科长雷天元与军统局司法室副主任、国防部高级法官毛惕园、法官夏鸿钧会同签办，将关押在白公馆、渣滓洞的因《挺进报》事件被捕的川东地下党、华蓥山武装起义人员陈然、江竹筠等42人和"民革"川康组织负责人李宗煌、王白与、周从化、周均时、黎又霖的名单，由西南特区专员陆坚如交二处上尉书记余海文承签，二处司法股长张界核对，西南特区助理秘书周顺思报毛惕园签判，最后由毛人凤送蒋介石批准，准备进行集体大屠杀。台湾保密局还要求将处决现场的遗体逐一拍照送核。

也就是这一天，由有"笑面虎"之称的周养浩将杨虎城一家和宋绮云一家从贵阳骗到重庆，全部杀害于歌乐山下的松林坡。

1937年11月26日，杨虎城偕夫人谢葆贞及幼子杨拯中由法国马赛回到香港，住九龙半岛酒店，要求回国参加抗战。蒋介石复电邀杨虎城到南昌会晤，并派戴笠前往迎接。

12月1日，杨虎城到武昌，戴笠率武汉行营及湖北省政府官员一百余人在车站迎接，安排杨虎城住在武昌胭脂坪湖北省政府招待所。第二天，杨虎城由戴笠陪同乘飞机前往南昌，住在二纬路一号戴笠的办事处内，即遭软禁。事前，戴笠从杭州警校特训班毕业生和南京警察厅特警科，选调了三十多名特务，组建了警卫队(1940年改称为特务队)，由特警科军事股股长李家杰任队长，龚国彦任队副，提前赶往南昌待命。12月2日,办事处主任王立生率众到机场迎来了戴笠和杨虎城,安排杨虎城住楼上,戴笠住楼下。

当晚,戴笠对李家杰说:"我派你当杨先生的警卫队长,明里是警卫,暗里是监视,防止他逃跑或自杀,要保守秘密,不许让外人知道此事"。

随即,戴笠将李家杰带到楼上,对杨虎城说:"李队长忠实可靠,特别选来伺候杨先生。"

戴笠陪杨虎城住了五六天。这时,日寇进逼南京,南昌市区每天都有日机来空袭投弹,戴笠与李家杰陪杨虎城同乘一辆车到郊外躲避空袭。戴笠多次对杨虎城说:"你就安心在南昌住些日子吧,等委员长决定了接见日期后,我就马上陪你去。倘若日机再这么轰炸下去,对你一家人也不安全,我们还是换个地方住吧。"

几天后,杨虎城被移居到离市区十多公里外的梅岭江西省主席熊式辉的别墅里。四周由宪兵八团一个排守卫。

当天晚上,戴笠便悄悄离开了南昌。

12月,南京沦陷,随后九江告急。1938年1月,李家杰按戴笠的指示,将杨虎城转移到湖南省桃源县城三四公里外的吴家大屋监禁。两个月后,戴笠派特务杨继荣、蔡霞观(女)把杨夫人谢葆贞、儿子杨拯中送来一起囚禁。长沙大火后,桃源不时遭日机轰炸,李家杰奉命于1939年春押解杨虎城一行,沿湘筑公路经沅陵迁至贵州息烽。先是被关押在息烽阳朗坝看守所,后戴笠检查时,发现阳朗坝离公路太近,怕出问题,于是又把他们一家三口迁往离息烽县城十多公里的玄天洞道观内。除12名特务和宪兵看守外,还在周围15公里范围内修筑起碉堡,由军委会特务四团张止戈部第三连廖广文部驻守。

玄天洞是崇山峻岭中一个百步方圆的天然岩洞,有平房五间,潮湿、阴暗,早晚有浓雾扑室,在这种恶劣环境下,杨虎城一家经常生病。杨虎城要求外出散散步,李家杰的答复居然是:"不行!"

这时,杨虎城已看出,蒋介石不可能在短期内放他,要改变居住环境,更不可能靠蒋介石良心发现。在他的一再要求下,军统局才同意由杨虎城自己拿了数百美金,在离玄天洞百步之遥的另一新洞内招工修建囚室。在修建过程中,李家杰趁机吞食建房费用,被杨虎城识破,李家杰见杨将军有不满之处,便处处刁难。1939年底,谢葆贞生下儿子杨拯黔,九天后夭亡。1941年2月,生下女儿杨拯贵,谢葆贞身体虚弱,营养又差,只好从山下请了一个农妇来带养孩子。

一天,杨将军一家正围桌就餐,看着粗劣的饭食,拯中又黑又瘦的面孔,听着孩子哇哇的哭叫,谢葆贞心烦意乱,顺口说了句:"怎么饭菜弄得越来越糟糕?"

恰好李家杰路过,他不仅不致歉,反而站在门口阴阳怪气地说:"杨夫人还是将就一下吧,百多号弟兄陪着你们到这山旮旯里来吃苦受罪,也没抱怨半句哩。"

谢葆贞不堪顶撞,蓦地将一碗饭兜头盖脸地朝李砸去。

李自知理亏,落荒而逃。但从此后,他们便结下了深仇大恨。李家杰虽不敢在杨夫人跟前露面,暗地里则常常无中生有,添油加醋地向戴笠打报告,诬陷杨将军夫妇如何辱骂党国领袖、谢葆贞是精神病、杨虎城有钱不拿出来治病等等,并以谢葆贞有精神病,影响杨虎城生活为由,将谢葆贞和奶妈赶回旧洞居住,活活拆散了这个家庭。

面对李家杰的精神虐待和迫害,杨虎城极力抗争,经常和李家杰争吵。戴笠见李家杰实在无法继续工作下去,只得调李到重庆中训团任警卫组副组长,改任龚国彦为特务队队长,1949年3月又由白公馆看守所长张鹄接任。对负责看押的三个特务队队长,杨将军的评论是:"李家杰官僚的脑筋,军阀的举动,唯利是图,不知民苦,我太太的病就是受他刺激引起的;龚国彦拨弄是非,爱钱如命,剥削阶级的典型人物,几年来整得我连一口气都喘不过来,这家伙厉害啊!张鹄,獐头鼠目,自尊自大,不把人当人看,纯粹的一个刽子手!"

长期的忧郁,使谢葆贞精神开始失常,常常隔着窗子大骂特务,甚至不管碗盆、桌椅,皆朝特务砸去。杨虎城屡屡恳求医治,但副队长兼杨虎城的专职医官张静甫虽然恭敬周全,却缺医少药,无法可施。

戴笠每来视事,杨虎城总要提出改善生活条件,为儿子延师教读的要求,均未获准。

1945年初,杨将军病情时好时坏,饮水不良造成的胆结石病经常发作。谢葆贞的病情也愈发严重,急需人照料,经多次请求,戴笠才允许将监禁在息烽集中营的杨虎城的副官阎明、勤务兵张醒民移囚玄天洞,以照料杨虎城夫妇生活。

1946年1月,旧政治协商会议在重庆召开,要求结束国民党一党专政,结束特务的罪恶活动。释放张学良、杨虎城,成为各界人士的共同呼声。3月戴笠摔死,军统改组为国防部保密局,息烽的军统特务机构相继撤迁南京。1946年10月中旬,张学良由贵州桐梓县天门洞(40兵工厂所在地)被押解到原中美合作所松林坡戴公祠,11月1日又被押往台湾新竹县竹溪口。

在保密局由毛人凤主持的一次局务会议上,司法处长李希成报告张学良的押解经过后,问:"对杨虎城如何处置?"

毛人凤想了想说:"总裁对此尚无明确表示。杨虎城这个案子,处理实在有点困难,释放吧,杨虎城必定造反;杀吧,又有好多顾虑,暂时只好继续关下去。"

1947年4月30日,杨虎城被移押重庆原中美合作所杨家山一平房内,由交警大队和宪兵24团一个连看守。7月,杨将军胆结石病急性发作,在童家桥洗布塘中央医院童家桥分院(前身为军统局四一医院),由中央医院医生陈仁亨割掉胆囊。后又由牙科学博士蒋祝华拔掉两颗牙齿,并为他配上假牙,正是蒋医生配的这两颗假牙,为日后确认杨虎城遗体提供了科学依据。

据蒋祝华医生回忆:1947年夏天某日,蒋祝华突然接到伪中央医院谢锡琪院长打来的电话,要他准备医疗器械,一会儿有车来接他去为一个病人拔牙。大约半个钟头后,果然就来了一辆美式吉普车,蒋医生带上他的学生简华彬和张维汉医生一同前行。车开到歌乐山下,经过一道大门检查,然后就到了一个办公室,有两个人陪他们吃中饭。吃完饭后,他们就被带到山上最高的一幢房子,四面有持枪的岗警。当蒋医生等人坐下后,有一个人来给他们招呼,叫他们一会治病时不要多问,稍后,另外的人便带了一个病人来与蒋医生对面坐下,并介绍这是杨老先生。蒋医生见杨先生个子高大,头发蓬松,未戴帽子,也未戴眼镜,未加修饰的脸上,留有二三寸胡须。他穿了一身陈旧的黑色长绸衫,面容严肃,气宇不凡。但是他全身带有一股浓浓的臭味。当蒋医生一跨进这个地方,他就意识到这位杨先生不是一般的政治犯,既然要请有着他这种医学资历的人来替这个人看病,这姓杨的绝非一般的人。蒋医生开始为杨先生检查,问他哪里不好?杨先生没有说话,只用手指着上唇。蒋医生在检查时,发现他两颗上中前门牙松动,明显叩痛,是创伤引起的根尖脓肿,如果早进行治疗,就不会发展这么严重。于是蒋医生提出这两颗牙齿应该到医院照片、作根管治疗及根尖切除手术。但旁边的人说:"到医院去不行,我们这里没有条件,也没有医生,请你来,你把它拔掉就行了。"

蒋医生回忆说:"我当时感到很愕然,既不能按我提出的方案治疗,又要拔除能够保留的牙齿,心里感到很是不安。杨老先生由于疼痛难忍,只有同意把牙拔了,我只好违心地为他消了毒,打了麻药针,很仔细地分离了牙龈,轻轻地把牙拔掉了,再进行了止血。我问杨先生痛不痛,他摇头表示不痛。手术后,他就被看管的人带走了。当时我就与他约好:一个月后再去为他镶牙。后来,他们用吉普车把我们送回了医院。在返回的路上,张维汉医生在我耳边细声问我,知不知道杨老先生是谁,我说不知道,他说那就是杨虎城。我很震惊,当时全国人民都不知道杨虎城将军囚禁在哪里,原来却在歌乐山麓。一个月后,按照约定时间,下午两点钟有车接我们去为杨虎城将军镶牙,由于我已知道他就是发动举世闻名的西安事变的爱国将军,心中对他产生了敬意。我早已为他想到了最好的修复方案,采用当时最好的黄金丁牙为他修复,并且在他的唇侧没有基底,固定在最稳当、最舒适的牙上。车到后,我便把给杨将军镶牙的想法讲给看守听,但遭到反对,我只得为他安装瓷牙。当我与杨将军见面时,我看见他仍然穿着上次的那件衣服,周身臭气四溢,但他仍保持着固有的威严气度。我便开始为他检查打样,取石膏模型。这些本来可以让我的助手去做的,但是出于对一位爱国将领的尊重,我都亲手制作,完成了假牙,又为他装戴上,经过几次修整,我问他是否合适,他点头表示满意。然后很快又被管理他的人带走了。"

杨虎城病体稍愈,夫人谢葆贞的病情却不断恶化,甚至发展到十多天不吃食物。杨虎城的专职医官张静甫技穷,只好从中央医院请来同学张维汉、任万山两医生会诊,经两医生建议,又请来成都的专家刘昌永。将谢葆贞送到童家桥分院治疗几天,毫不见成效。

1947年12月27日,谢葆贞不堪折磨,产生了自杀的念头。护士劝她服药时,她说:"你那金戒指好漂亮啊,给我看看吧。"护士没有在意,取下给她,她接过去一下便塞进口中,吞入肚内。护士吓得大叫起来,医生们闻声匆匆跑来,赶紧施行抢救措施。但谢葆贞拒绝救治,刘昌永医生不得不让几名医护人员强力将她按在病床上。她已经二十多天粒米未进,身体十分虚弱。刘昌永为她注射葡萄糖液,针头刚一插进去,谢葆贞便停止了呼吸。

人生最大的伤心事,莫过于老年丧子,中年丧妻。丧妻之痛使杨虎城一连数日不语不眠,唯将爱女搂坐膝上,相对垂泪……

谢葆贞火化后,杨虎城将夫人的骨灰殓入一个尺多见方的箱子内,白昼为伴,夜晚共枕。

1949年元旦,国民政府蒋介石总统发表元旦文告,作出主张和谈的姿态。

1月18日,蒋介石重新安排人事,派朱绍良为福州绥靖公署主任,张群为重庆绥靖公署主任。

1月21日正午,蒋介石约宴五院院长,正式宣布引退。下午2时,又在黄埔路总统官邸召集国民党中央常委临时会议,出示他和李宗仁的联名宣言,宣布:"于本月21日起由李副总统代行总统职权。"

宣布散会后,老态龙钟的于右任忽然追上前去,喊道:"总裁,总裁!"

蒋介石停下问道:"何事?"

于右任说:"为和谈方便起见,可否请总裁在离京之前,下个手令把张学良、杨虎城放出来?"

蒋介石把手一甩,说:"那是政府的事,我已经不是总统了,你找德邻(李宗仁)办去吧！"说罢，便加快脚步走了。当天，《中央日报》宣布蒋介石引退。下午4时10分，蒋介石一行乘专机经杭州到奉化溪口老家隐居。

22日，李代总统下令释放张学良、杨虎城，为表和谈诚意，下令取消剿总，改各地绥靖公署为军政长官公署；撤销特别刑事庭。3月20日晚，川盟负责人范朴斋向张群提供成渝两地"六一"被捕民盟盟员名单37人。3月21日，国民党和谈代表团飞赴北平的前一天，田一平等18人从渣滓洞被营救出狱。同一天，兰国农等三人从白公馆被放出。此后，又有一些人通过疏通关系获保释。

重庆《大公报》、《新民报》，南京《江南晚报》、《人报》，香港《华商日报》、《文汇报》，接连登载了有关开释杨虎城的消息：

> 1月24日，李代总统电令台湾省主席陈仪、重庆市市长杨森：着令释放张学良、杨虎城，并以专机送他们到南京共商国是。
> 1月26日上午9时，国民党重庆市市政府接李代总统释放杨虎城电令后，监察院院长于右任曾与杨森通电话，探询杨虎城近况。
> 张学良软禁在台湾新竹县井上温泉；杨虎城拘押在重庆近郊某处，据闻设在重庆的绥靖公署主任朱绍良离任前往探视。
> 旅京陕籍人士于右任、孙蔚如等各方接洽，闻派专机迎杨氏离渝来京，孙将军并拟亲搭专机飞渝迎杨氏。李代总统之代表甘介侯拟近期专机飞渝迎杨氏。

对于释放杨虎城的命令，新闻界已传得沸沸扬扬，国民党内却没有任何人出来接受此任，当时毛人凤已率保密局机关的大小特务由南京撤退到上海办公，根本不理这回事。而给李代总统配的徐记保密局（局长徐传道）仅是个摆设，根本无权办理如此大事。李宗仁一看自己的命令得不到执行，便直接致电重庆市长杨森，要他释放杨虎城。

杨森是蒋介石的忠实走狗，当然不会听李宗仁的话，但又不便公开违抗李代总统的命令，只好虚与委蛇，召开新闻记者招待会借媒介向社会各界表明："李代总统释放杨将军的命令，已于26日到达本府，本府理当遵命行事。但鄙人确不清楚杨虎城现在羁押在什么地方。而且，这个事情也不该我管，故除将电令转请重庆绥靖公署张长官处理外，并决定如此电复中央。"

同时，上海报纸更以虎嘴捋须之势质问当局，登出《毛人凤向何处去？》的文章，称："李宗仁派甘介侯持释放张学良、杨虎城两将军的命令专机飞往重庆，但找不到毛人凤，故无法释放。"驻重庆的国民党空军第五路晏玉琮司令赶紧声明："本人尚未接到总部派机迎接杨虎城到京的任何指示。"

私下里,杨森秘密急电毛人凤,请毛人凤赶快拿主意。毛人凤因已于1948年12月将杨虎城另列专案,签呈总裁,请求处置办法,自己也做不了主,便星夜从上海赶到溪口向蒋请示。

"不准释放!"蒋介石的回答毫不含糊,而且向毛人凤面授了如何处置杨虎城的指示。

"迅速密押杨虎城到贵阳监禁。"远在重庆的徐远举接到毛人凤的密电后,从市区老街"慈居"来到了歌乐山下。囚禁在杨家山秘密囚室的杨虎城,早已知道李宗仁释放他的电令已到重庆,见徐远举在特务队长龚国彦的陪同下,笑嘻嘻地走进屋来,满以为是来宣布释放的命令哩,心想自己十二年的囚徒生活即刻便会结束,不禁满心欢喜。而且,徐远举也一反平日颐指气使的神态,寒暄几句后说:"杨先生,这地方不安全,特请你转移住地,到贵阳去。"

杨虎城闻言大怒:"什么?李代总统下命令要释放我,你姓徐的却要我迁贵阳。你们既不执行李代总统的命令,反来欺骗我!今天这里,明天那里,我不走,我不是小孩子了,要死就死在这里,何必把我送回贵州去再杀呢?"

徐远举被杨虎城诘问得哑口无言,只得悻悻地走出囚室。如何才能说服杨虎城呢?他想到了人称笑面虎的周养浩。于是返身来到杨家山周养浩的公产管理处办公室……

杨虎城早先曾关押在息烽阳朗坝,因此地离公路太近,自从出了黄显声将军的部下乘车前来以武力营救,与警卫部队对峙的事件后(在这次事件中,黄显声拒绝出狱,他向他的忠心耿耿的部下们喊话,让他们回去,并坚决表示:如果不是堂堂正正地走出去,宁可死在国民党的监狱中!),戴笠怕杨虎城的部属也如法炮制,于是将杨一家转往附近山上的玄天洞道观筑室关押。周养浩主持息烽集中营期间,同时兼管玄天洞,为笼络感情,避免出事,他经常上山去看一看。杨虎城见他是上海法学院的正牌毕业生,而且一来便对狱政大加改革,弃暴力而施仁政,对他印象自然不错,加之见面后觉得此人长相英俊,谈吐斯文,确实不同于军统中那帮狗窃鼠偷、横行无忌之徒,所以也肯和他下下棋,说说话,消磨时光。徐远举当然知道这些情况,正因为如此,他才前来请周养浩出面,安置杨虎城的转移工作。

周养浩过去与徐远举一个钉子一个眼,相互不买账,此番见他无奈之下登门求助,自然也想露上一手,于是欣然答应。他事先找到负责看守杨虎城的特务队队长龚国彦,了解杨虎城近来的情况。龚国彦说,杨虎城的夫人谢葆贞已于前一年过世,去年,他患胆结石住院,在保密局控制的中央医院沙磁分院做过手术。术后恢复期间,为防止肠粘连，医生让他多作户外活动，所以前段时间他经常到山坡上去散步。几天以前，他在后山坡上见到一处古墓，墓前的石枋上刻着几个字，杨虎城见后神色大变，从此再也不敢出门散步了。

周养浩叫龚国彦用手指写下那四个字，一见是"杨氏佳城"，心里顿时有了底。

原来，在旧社会行伍的人当中，历来流传一句老话，自古大将忌名地。不久之前戴笠座机撞的那座山，偏偏叫做戴山，发现戴笠尸体的地方，恰恰又叫做困雨沟（戴笠字雨农），似乎也恰好为这句老话作了最新的验证。杨虎城是旧军人，自然会为杨家山上这座古墓石枋上的四个字所忌。周养浩心中暗暗高兴，若果真如此，岂不是天助我矣！

到了杨虎城住处，周养浩先表示对杨夫人的吊唁，接着又关心老朋友杨虎城身体的复原情况，东拉西扯一阵之后，见话题已经入港，遂顺水推舟地说："离开息烽以后，我在贵阳又工作了两年，知道有个地方不错，不知杨将军有无兴趣过去住一段时间？"

杨虎城拒绝迁徙，勃然变色道："李代总统下令释放我，你们拒不执行，是何道理？我杨虎城这一生经历了多少沙场血战，莫非还惜一条命吗？蒋介石要杀我就在这杨家山杀好啦，何必又劳神费事地弄我到贵州去杀？"

周养浩娓娓劝说道："杨先生暂息怒，蒋总裁现在对释放你和张学良将军有顾虑，这个中的原因恐怕是可以理解的吧，因为当初是他下令软禁你和张学良将军的，如果现在他刚一宣布引退，便马上由李代总统把你们释放，这不是昭告天下，蒋总裁错了吗？所以总裁要你暂时移居贵阳，避开这股热劲，不久将会把你送到台湾，然后选择一个适当的时机再把你和张学良将军一起释放……"

龚国彦在一旁插嘴说："我怎么不知道李代总统有这个命令，杨先生是从哪里听来的消息？"

杨虎城厉声呵斥道："这不用你管，你先检讨一下自己，为什么要欺骗我！"

龚国彦争辩道："杨先生天天看《中央日报》，哪有这样的事？"

杨虎城拍案大吼："《中央日报》当然不会登这样的消息，你敢把《大公报》拿来给我看吗？"

龚国彦自然不敢给杨虎城看《大公报》，故杨坚持不去贵阳。

徐远举与周养浩商议许久，想起了杨虎城由玄天洞移来重庆时，杨也严词拒绝，最后还是由张静甫游说成行的，于是决定再派张静甫去劝说。

张静甫，又名张华盛，1911年生，山西省太原市晋祠镇花塔村人，1937年毕业于山西省立川至医专，1938年4月入湖南临澧军统特警班一期，毕业后任军统息烽训练班毒品教官,1939年春被指派当杨虎城之专职医官、特务队队副,1947年底因盗卖特务队药品被关押在白公馆。

徐远举立即打电话命白公馆看守所所长张鹄把张静甫送来杨家山。

徐远举对张静甫说:"你要是能把杨先生劝说去贵州,我马上放你出去。"

张小心翼翼地回道:"这事我也没有把握,只好去试试看吧。"

张静甫见到杨虎城,未及开口,杨虎城首先发话:"张静甫,你不是早就被关起来了吗,今天他们放你回来,我已经预料到了,是徐远举、周养浩让你来劝我去贵州,对吧?"

"是的,我还没有被开释。他们许诺,要是杨先生依劝,就恢复我的自由。"张静甫还告诉杨虎城,"我被关押在白公馆,看到宋绮云、徐林侠(1941年被捕)和他们的儿子宋振中(即小萝卜头)也被关押在里面。"宋绮云、徐林侠夫妇均是共产党员,宋绮云曾做过杨虎城的秘书。杨虎城不知宋、徐两人何时被捕入狱,十分惊讶。他思忖了片刻后说道:"你去告诉徐远举,要我去贵州可以,但要答应我几个条件。杨拯中年纪已长,需读书启蒙,要求宋绮云夫妇随去充任教师,阎继明、张醒民也一同前去照料。哦,另外,必须把龚国彦换掉,这个家伙太可恨。"

徐、周当晚电告毛人凤,毛人凤当即答应,但要求立即动身。徐远举向国民党空军第五路晏玉琮司令洽妥了专机,2月1日,由周养浩和新上任的张鹄率特务队押解,杨虎城一行乘专机从白市驿机场飞贵阳,被囚禁于黔灵山麒麟洞。

1949年4月,人民解放军百万雄师横渡长江,占领南京,宣告了国民党反动政权的彻底覆灭,接着,又以摧枯拉朽之势挺进华南。8月,蒋介石偕毛人凤等由台湾飞抵重庆,妄图把重庆作为他在大西南负隅顽抗的据点。他杀人的嗜好,此时更加变本加厉,一到重庆,就指示毛人凤将关押在集中营的政治犯择重要者杀掉一批。他对毛人凤说:"今天之失败,是由于过去杀人太少,把一些反对我们的人保留下来,对我们太不利了,我们过去那样有势力,这些人都不肯投降,今天我们到处打败仗,他们还会转变过来吗?只有杀掉。"当毛人凤请示是否将杨虎城押送台湾时,他咬牙切齿,恨恨地说道:"这种祸国孽臣,还留下干什么,早就该杀掉了!"

毛人凤饬令西南特区清理积案,并对徐远举和二处行动科长雷天元说:"总裁指示要将杨虎城杀掉,陈公洽(即陈仪,浙江省主席。淮海战役期间,陈策动旧部汤恩伯起义,汤密报蒋介石。1949年2月21日陈被汤软禁,1950年6月18日被蒋介石下令枪毙于台北马场町刑场)交付军法会审,不久张学良也准备干掉。你们要将过去所逮捕的共党分子择其重要者先杀掉一批。"

雷天元问:"关押在渣滓洞二处看守所的犯人有200多人,其中42人已由徐处长决定先执行,其余的,一部分拟第二批执行,一部分罪行较轻,拟感化教育。请示毛局长,这样做是否适当?"

毛人凤冷冷一笑,说:"我们打胜仗的时候,要做感化教育,今天打败仗,感化教育是没有用处的。"

"局长的意思,是不是全部执行?"

毛人凤道:"我刚才说的是总裁的意思,你还不明白吗?"

8月27日,毛人凤在重庆罗家湾19号交警旅何龙庆公馆漱庐召集徐远举、周养浩密商,就如何杀害杨虎城的问题,制定了具体的方案。

档案B类141卷记载了1953年周养浩的交待:"1949年8月27日,毛人凤在重庆罗家湾何龙庆公馆会客室里和徐远举、我商议屠杀杨虎城将军。先议在贵阳附近公路边荒僻处秘密屠杀掩尸,因恐被人看见,难以保密,乃决定接回重庆磁器口中美合作所范围内秘密执行,较为安全秘密,并决定派我前往迎接,先议搭星期六飞机去贵阳,因顾虑渝筑线每星期一班,飞机常因气候不佳而停止飞行。为免拖延时日,乃决定改乘汽车,并准备早日启程,由我回去准备,决定启程日期后再谈。至此,会议告一段落,遂各自分散。我向毛人凤告辞下乡回家时(我时住磁器口中美合作所内杨家山戴笠过去的住宅),毛对我说:'白公馆有行动员,你回乡下去找他们谈一谈,做秘密案子除用手枪外,还有什么办法,但不要告诉他们是谁,你同他们谈后回头告诉我,我和徐远举要亲自召集他们商议决定,还要他们履行宣誓手续,以保秘密。'我到家后,即打电话给白公馆的负责人陆景清,要陆通知白公馆做过行动工作的到杨家山来谈,旋即来了三人:杨进兴、安文芳、杨钦典。自称是奉陆所长命令前来谈话的,经我招待在会客室内,通问姓名后即提出,上面要做一件秘密案子,为保守秘密,除用手枪外,还有别的什么好办法?首先由杨进兴发言称,'不用打枪那就用匕首。'我问杨钦典:'你能参加执行不?'杨钦典迟疑着说:'我没有经验'。我又问安文芳,安文芳也说没经验。我考虑到执行必须谨慎和有充分的杀人经验,因此说:'你们没有经验,就不勉强。我另外想办法,你们协助。'"

后来,杨进兴推荐了二处行动员王少山、熊祥。周养浩点头同意,并决定由行动组协助他们。

第二天下午,周养浩来到嘉陵新村毛人凤公馆,向毛人凤报告他与杨进兴、熊祥等人的谈话经过,并请毛人凤亲自找杨、熊两人谈话,最后核定。接着,周养浩又报告说:"我决定9月1日去贵阳,看局座还有什么事要吩咐。"

"到达重庆的日期要在出发前一天密电报告,到达时间要选在晚上。此事可以告诉张鹄,令他挑选五六名可靠的队员护送。"毛人凤还向周养浩布置了押解和密裁的衔接工作。

9月1日,周养浩带着他过去的副官、时任西南特区三科副科长的郑文松出发了。随行的有周养浩的司机尹成海和临时调来的两名司机、一名技工及一名助手,驾着一辆吉普、一辆救护车和一辆带斗篷的卡车。

9月2日中午,徐远举和熊祥驱车来到中美合作所造时场(原名缫丝厂)礼堂时,毛人凤已先行到达。杨进兴和二处行动组组员王少山、白公馆看守班长安文芳、看守杨钦典则在毛人凤对面端坐着。

毛人凤说:"要各位来,是要完成一项密裁任务,不能有声响。"

熊祥起立,从身上掏出寒光闪闪的匕首,说:"我已与杨进兴商量好了,就用刀。"

毛人凤道:"要利索,这行吗?"

熊祥回答:"行。我们有绝对把握。"

毛人凤接着说:"密裁地点在松林坡戴公祠和下面警卫室,汽车一到就执行。"

熊祥说:"汽车一到停车场前,就由两名行动员扶架上山,进到房内,我们便一刀插腰,结束性命。"

毛人凤再次叮嘱说:"一定不让他叫喊出声音,不要留下任何痕迹。"

最后,几名行动员一齐举手宣誓:"保证完成任务,绝对保守秘密,如有违犯,甘愿受严厉处分。"

行动员离去后,毛人凤问徐远举:"汽车夜间过江问题解决没有?"

徐远举说:"我派人去找五区公路局警卫稽查组长陈粟冬,拿张夜间汽车特别通行证,叫车渡随时开渡过江。"他还提醒毛人凤要注意松林坡周围的警卫。

毛人凤说:"我通知交警大队谢旭东,这几天这一带的警卫要特别加强。"

徐远举又说:"局座,据龚国彦讲,杨虎城的小皮箱里有英镑、美金和珠宝,这批财产怎样处理?"

毛人凤说:"全部充公,奖金由我另拨。"

经过精心策划,杀人计划已准备就绪。

周养浩一到贵阳麒麟洞,就通知特务队队长张鹄,选派六名可靠的特务队员准备押解。张鹄挑选停当后对杨虎城说:"总裁派周主任来请先生到重庆商谈西北问题,请杨先生尽快启程。"

杨虎城十分奇怪,用陕西土话说:"瞎措!瞎措!西北问题为何要找我杨虎城去商谈。快请周先生来,我当面问问他。"

第二天,周养浩果然来了,拍着胸脯对杨虎城说:"请杨先生放心,我周某用人格担保,的确是委座请你去重庆商谈西北问题的。"

杨虎城沉思良久后,没有正面回答,只是说:"住几天再看!"

此后,为了使杨虎城解除疑虑,周养浩有意不提回重庆这件事,每天陪着杨虎城上街、逛公园。

9月5日,杨虎城终于答应随周养浩一道回重庆。

不过,在离开贵阳之前,杨虎城似乎对自己的命运已经有了某种不祥的预感,他写下了一生中的最后一首诗作:

　　烽火连三季,
　　风物倍凄凉;
　　骊山吐皓月,
　　清辉满长安。

"六日晚达渝",周养浩用贵阳的军统电台密报毛人凤。

车队出发了,周养浩和郑文松坐在前导的吉普车上,杨虎城和儿子杨拯中、副官阎继明坐的救护车居中,由张鹄和特务队员李谦祥、杨以谟、罗文焕押解;宋绮云和夫人徐林侠带着幼子宋振中、杨拯贵和勤务兵张醒民及行李坐卡车殿后。由特务队员胡少亭、汤建成和江利田押解,汽车一辆接着一辆,沿蜿蜒的川黔公路疾行。第二天,车队到达离重庆138公里处的綦江县东溪镇。

午饭后,周养浩吩咐车队就地休息,一切由张鹄全权负责,自己便和郑文松先行启程了。

傍晚,周养浩在南岸四公里半和驾车来迎的杨进兴、杨钦典相遇。

杨进兴递上一封信,写道:"他们交杨进兴同志带回,兄可回家休息。"最后的签字是"以真"(毛人凤化名丁以真)。

周养浩看完信后对郑文松说:"你留下,和杨进兴一道等候囚车到达。告诉张鹄,派特务队员把阎继明、张醒民带到望龙门看守所,说是毛局长要了解杨虎城先生的生活情况,报告总裁。因此,要他们先去城里谈谈。如若他们两人不愿走,或是杨虎城有怀疑,就一同带回去处决掉。"吩咐完毕,周养浩看看天色已晚,环顾四周后,就钻进汽车回杨家山办公室等候消息。

晚上,车队到达渡口,在海堂溪过河的趸船上,郑文松对杨虎城谎称:毛先生要找阎继明、张醒民询问杨将军的生活情况,报告总裁。于是,阎继明、张醒民被羁押到望龙门看守所。9月9日,毛人凤到杨家山,指示周养浩将阎继明、张醒民押至渣滓洞。11月24日晚,杨进兴、安文芳、杨钦典用跟杨虎城将军一路坐飞机到台湾去的谎言,将阎、张二人从监狱提出,杀害于梅园下面的公路下。

"嘎——",汽车在松林坡停车场前一停住,张鹄首先跳下车来,打开后车门说:"杨先生,安排你在这里暂住两天,等候总裁接见。"

在张鹄的带引下,杨虎城在前,年仅19岁但头发已经花白的杨拯中,双手抱着母亲的骨灰盒紧随其后,拾级而上,跟在后面的是同车押解的特务队员。

松林坡戴公馆停车场

登完陡立的石级,眼见天黑如盖,耳听暗谷松涛呜咽;暗谷的尽头,白公馆监狱不时地眨着鬼眼。杨虎城与儿子右弯入了上歌乐山顶的路,劳累、饥寒、困乏,一齐向他们虚弱的身子袭来。他们的步履是那么的蹒跚。

杨虎城父子步入戴公祠后,张鹄指着戴笠生前居住时的会客室说:"这里面有两间房子,随你们住哪一间。"

杨拯中一进里屋,躲在门后的王少山举起匕首,迅速凶狠地戳进他的腰间。

"爸……"杨拯中惨叫一声,还来不及挣扎就倒在血泊之中。

走在前面的杨虎城,闻声已知有异,刚回头一看,熊祥的匕首就刺进了他的腰部。几乎同时,杨进兴用白帕蒙住了他的嘴。接着又是几刀,杨虎城挣扎了几下,软软倒下了。

熊祥和杨进兴很快离开了杀人现场,来到原戴笠警卫室。

杨进兴对安文芳和杨钦典说:"马上有部汽车过来,其中的两个小孩,你们负责弄死。"

卡车很快到了停车场。特务队员先跳下车,宋绮云等一行随后下来。徐林侠和杨拯贵在前,宋绮云和宋振中在后,在随车特务队员的押解下,来到了原戴笠警卫室。

"这里有三间屋子,你们先到里面休息一下。"等候在门口的杨进兴说。

徐林侠一走进屋子,就被预伏在里面的王少山用刀杀害了,在外屋的宋绮云则丧命于熊祥和杨进兴的利刃之下。

两个七八岁的幼童正玩得开心,突然,安文芳向杨拯

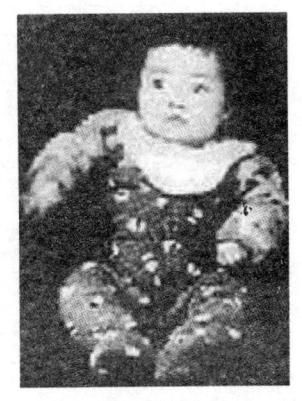

"小萝卜头"

贵扑去,卡住她的脖子,杨拯贵被活活憋死。杨钦典将"小萝卜头"按倒在地,凶神恶煞般地说:"让我来要他的命!"然后对着尚未断气的"小萝卜头"的胸脯狠命就是一刀……

安文芳和杂工陈紫云等将杨虎城父子的遗体和谢葆贞的骨灰盒掩埋在戴公祠前的花坛内,宋绮云等的遗体则掩埋在警卫室与伙房由陈紫云预先挖好的坑里,随后又在上面打上了三合土。

晚上,郑文松前来向周养浩复命,说是处置完毕,杨虎城及其儿子杨拯中、女儿杨拯贵,宋绮云夫妇及其幼子的尸体均已埋入松林坡内,他是亲眼看到填完最后一铲土后才离开现场的。

周养浩面无表情,打电话向毛人凤汇报完毕后,才径直驱车赶回市中区青年路他的另一个秘密家中。

熊祥和杨进兴先行来到停车场,把杨虎城将军和宋绮云两家的行李全部带走。杨将军的箱子,因毛人凤有言在先,由郑文松和张鹄清点封存,张鹄保管。箱子内有:美钞两千四百元,宋子文赠送的白金怀表一只,黄金九两(是张静甫带杨拯中到贵阳看病时在西门子钟表行用美钞买的)。8日下午,这些财物便由周养浩转交到了毛人凤手中。

10日,毛人凤对参与杀害杨将军一行的特务论功行赏:周养浩、熊祥和杨进兴各得银洋200元,张鹄得150元,郑文松和特务队员以及其他行动员各得50元,司机助手等5人每人20元。

张鹄率领特务队员,当晚住进了小龙坎东吴大旅社。第三天,又转住进中美合作所造时场招待所。15日,保密局西南特区用飞机将他们送到昆明,张鹄任保密局云南站看守所所长,特务队员到云南任新职,每人升衔一级。

1949年11月30日,重庆解放;12月3日,中国人民解放军重庆市军事管制委员会(简称军管会)发布第一号布告,宣布重庆市军管会正式成立。

几天以后,一个三十来岁、身体精悍的男子走进刘祥伦科长办公室举报:"杨虎城将军在戴公祠被杀害后,遗体掩埋在戴公祠左侧的花坛内。"

这位提供情报的男子叫李育生,三年前因聚众抢劫军统车队的物资被特务机关以土匪罪名关进白公馆看守所,11月24日才被释放出来。这是上个月中美合作所闹鬼时,李育生听白公馆看守所杂工,参与挖坑、掩埋杨虎城、宋绮云、阎继明等尸体的陈紫云说的。陈紫云此时住在童家桥乱石山6号。

这个李育生,为革命作出的贡献绝非仅仅如此,在几天前白公馆的大屠杀中,他就已经因为帮助罗广斌等19位革命志士脱险而立了一功。此事稍后再述。

就在李育生举报的同时，公安部刘祥伦科长也送来了从自首或被捕的国民党特务分子口中侦知的有关杀害杨虎城将军的零碎情报。

12月11日上午，天上下起了绵绵细雨，重庆市军管会的一辆美制中型吉普车和一辆美制道奇大卡车相跟着出城，向磁器口方向原中美合作所驶去。车上，坐的是寻找杨虎城将军忠骸的小组，该组由三人组成，胡三高、安志坚，另一位是杨虎城将军的小同乡秦一民。他们正由举报人李育生引导，前去挖掘杨虎城将军等人的忠骸。大卡车上另外还有十几个工人和一些参观人员。吉普车上坐的则是中央电影制片厂两位同志和《大公报》的记者陈琦震先生、《新民报》的记者周德华先生。

汽车进入原中美合作所特区时，大家顿时便感到非常异样，歌乐山中，林深树密，一路上都可看见烈士的尸棺。细雨绵绵，好像也是特意在为杨将军志哀，更增加了阴森可怖的气氛。汽车开到了一个山坡上停住，大家一下车，即感触目惊心，所能看到的尽是些装有蒙难烈士尸体的棺材。为杨将军预备的棺木，也放在那里。此棺黑漆红头，分内棺外椁，很是讲究。最后到了一处很气派的地方，下边是个院坝，上边有好些房子，这就是所谓的戴公祠了。戴公祠大门外左边，有一块靠外边是石砌的花台，上面的泥土左右长约两丈、宽约五尺，靠左边这一头泥土甚松，上边放有石头三块，瓦片一块。

李育生指着花台说："不会错，杨虎城将军的尸体就埋在这里面。"下午一点钟，工人们开始挖土，由于唯恐将杨将军遗体毁伤，故取土甚慢。掘有二尺五六寸深，即首先发现衣服，稍后发现头部，臂边并放有呢礼帽一顶，颜色不可辨别，但很大，然后看见全身，在脚边发现宽长约一尺的小木箱一个，内装骨灰。人背朝石砌这边，头朝右方，嘴上蒙有白色布巾，缚于头后。当即继续挖掘，用白布铺于平地，将尸体抬出，面朝上放下，面部肌肉已不完整，额已见骨，鼻尖塌毁。

李育生和电影制片厂的两位同志及两位记者都叮嘱胡三高、安志坚和秦一民，要详细鉴别，千万不能弄错了。工人们则继续挖，很快挖出一具头朝左方的青年尸体，面部肌肉已经烂完，脚上穿的是胶底帆布鞋，腹部已破，内脏外露。经秦一民细细辨认，认为极有可能是杨虎城将军父子忠骸，其确证有四：一是头部稍窄而前后甚长，额部饱满，颧部不太大，须长多半寸，发长数寸，均有白者，其形状大致与杨虎城将军生前头形相似；二是骨骼甚大，胸部发达，酷似杨将军体形；三是杨夫人谢葆贞女士抗战胜利后，即被折磨发狂而死，杨将军将遗体化灰置于左右，日夜不离，其脚边掘出之骨灰盒当系杨夫人无疑；四是与青年人同埋一处，并系上下堆放，显系杨虎城父子。旁人没有这样巧合。再以面部肌肉及衣服腐烂情形来看，确系两个多月前被害……当发掘工作进行期间，电影制片厂工作同志不断将这惨绝人寰的景况摄入镜头。

经秦一民初步辨认后，杨虎城将军的遗体安放在事先准备好的黑漆红头内棺外椁内。不久，杨虎城、宋绮云两家和副官阎继明、勤务兵张醒民的棺木和杨夫人的骨灰盒也移放在白公馆下的平坝里。因来这里辨认、办理领尸手续和观看、凭吊的人很多，环境嘈杂。稍后，闻讯后千里迢迢从西北赶来迎灵的杨将军的大儿子杨拯民也到了戴公祠，请他辨认，由于忠骸毁坏严重，他也无法肯定从花台中挖出的两具忠骸就是他的父亲和弟弟。军管会管理人员与杨拯民商量，建议把杨虎城将军等人的棺木另外移往一个地方暂厝，以便开棺作进一步辨认。

给杨虎城将军忠骸作最后科学鉴定的便是曾替杨将军镶过牙的蒋祝华医生。蒋医生如此回忆了当时的经过："重庆解放后不几天，突然有军管会的同志带着一位穿便服，身材魁梧，操北方口音的中年男子(后来才知道他是杨虎城将军的大儿子杨拯民)到市民医院来找我，自称姓杨，要我和他一道去看一个病人。我于是跟随他出医院大门。他请我上了一辆轿车，车上我们彼此都未谈话。从他的表情来看，非常悲伤。轿车驶向沙坪坝，经杨公桥直抵我曾为杨虎城将军看过病的住所。下车后，他带我进入一间厅堂，里面设立了灵堂，我不知来此何故。忽然，他叫人将堂中棺木打开，让我辨认是否为这个死者作过牙的修复手术。我首先环视了这个死者的体貌仪容：胡子花白，面部五官尚能分辨，唇浮肿。在我眼帘便浮现出杨虎城将军的生前仪容。这不是杨虎城将军吗？接着我便慌忙用口镜翻开上唇，显示出我亲自为他作的两颗假牙。无论是从假牙的部位、数目、工艺形态，特别是我在作前牙活动桥时，前牙龈部不现基底来看，证实这正是我亲手所作的。两个单臂卡环仍牢牢地固定在两个上尖牙颈部，杨将军除这两颗假牙外，全口其它牙齿仍像我过去为他检查时的那样，都是完好无损的。我转过身来对这位姓杨的中年男子说：'这是杨虎城将军，无论从全口牙的数目、形态、缺牙的位置和镶牙的工艺操作特征，以及卡环部位的设计，都说明这是我亲手制作的。'正是根据我对杨将军牙齿的特征，才从数百个死难烈士的尸体中辨认出杨将军的遗体，大约两三天后，我接到军管会的一份请柬，邀我到皇后餐厅赴宴，表示答谢我对杨将军遗体的科学鉴定。"

1950年1月15日，追悼杨虎城将军暨被难烈士大会在中华路青年馆隆重举行，刘伯承、邓小平、张际春、曹荻秋等首长亲临致祭，各民主党派、人民团体的代表一千多人参加了追悼会。追悼大会后，杨将军、宋绮云等的灵柩均覆以国旗，由杨拯民护送登轮，经由汉口送回陕西公祭后，安葬于长安县烈士陵园。

3. 大屠杀拉开序幕

1949年重庆解放前夕,蒋介石几次亲自飞到重庆部署大破坏、大屠杀、大潜伏的计划。在国民党政府不得不面临全面大崩溃的时候,蒋介石曾训斥保密局局长毛人凤:"对共产党多一分宽容,就是对自己多一分残忍。"蒋介石要求保密局在对被关押的政治犯实施密裁时决不能讲情面!为了执行蒋介石的命令,保密局要求将所有在押人员造册上报,迅速清理积案,择其要犯公开枪杀。

10月28日上午,国民党《中央日报》、《扫荡报》等报纸都登载了由二处拟送的新闻稿,"警备司令部消息:彻底摧毁奸匪地下组织,密谋扰乱川康奸匪首要十名今日枪决。"

这天一大早,由徐远举的司机、二处中尉副官卜正纯开车,由二处司法股长张界率二处警卫组组员李俊良、杨志同、梁启运,熊祥率长官公署警卫团士兵十多人,先到渣滓洞监狱提出中共川康特委委员华健、中共梁山垫江特支书记蓝蒂裕、中共万县县委书记雷震、华蓥山游击大队长楼阅强、原中共遂宁县横山区区委书记袁儒杰(叛徒);继到白公馆看守所提出中共重庆北区工委宣传委员王朴、中共《挺进报》特支书记陈然、宣传委员成善谋;再到杨家山优待室提出中共川康特委书记蒲华辅(叛徒)、中共川东临委副书记涂孝文(叛徒),押回二处巢穴"慈居"前。

这时大门前已站满了围观的群众。稍后,囚车驶进大门,陈然等10人在院坝里下了汽车,被押进二道门内小院坝。这里早已放好一排台桌,十人成一字形站在台桌前,桌上放着十碗酒和十块肥肉。由警备司令部法官赵树诚照名单依次喊叫对号,李俊良等警卫将陈然、王朴、蓝蒂裕等人背上一一插上枪决匪犯一名斩标后,逐一推到赵树诚跟前,赵树诚便拿起一支毛笔,依次在布告名字上点红,这样就算完成了验明正身,制作笔录,判处死刑的程序。

随后,警备司令部特务连连长胡文博率一排士兵将10人押上囚车。在经民生路到大坪刑场的沿途,陈然等面向马路两旁驻足观看的上万群众,大义凛然高呼:"中国共产党万岁!毛主席万岁!打倒蒋介石!"

到了大坪七牌坊刑场,陈然突然转过身来,面对刽子手漆玉麟等人怒眉喝道:"你们有种的,向老子正面开枪!"漆玉麟不敢,他们强行把陈然扭转过去,从后面向他开了枪。

1949年11月26日,毛人凤向徐远举下达了对渣滓洞看守所革命志士进行屠杀的名单;向保密局法官、司法处副处长徐钟奇、白公馆看守所所长陆景清下达了经过蒋介石批准的屠杀名单。

27日上午,在徐远举的办公室里,国防部保密局重庆站法官、西南特区第二科科长龙学渊、西南长官公署二科科长雷天元、行动组长熊祥、渣滓洞看守所所长李磊接受了徐远举布置的任务。

徐远举决定:渣滓洞屠杀由雷天元、龙学渊主持,熊祥、李磊带人具体执行。并要求将二处寄押在白公馆的犯人押到渣滓洞一起处决。

下午4点左右,白公馆的大屠杀开始了!

震惊中外的重庆"11·27"大屠杀,是由杨钦典与他的顶头上司、看守长杨进兴首先拉开了序幕。那一天,恰逢杨钦典担任值班看守。就在这天的一清早,所长陆景清坐着白公馆仅有的一辆三轮车进城去面聆毛人凤的指示。下午4点钟左右,陆景清带着密杀令从城里回到乡下卧牛石登记室,急忙打电话到白公馆找杨进兴。

这时候,白公馆监狱的几名看守员正呆在办公室里聊着共军兵临城下,重庆眼看不保的忧心话题时,猛然听见电话铃响。看守长杨进兴赶紧将话筒抓了起来。电话是陆景清打来的,告诉他毛局长已经批准了送上去的屠杀计划,命令他立即开始按事先拟定的名单对在押犯人进行密裁。

杨进兴搁下电话,愣怔着环视了一下众人,大喝道:"弟兄们,该我们动手了。"

他马上叫事务员厉银根带着人到黄泥堡后面等候,随即和杨钦典到监舍对被关押在一起的黄显声、李英毅(张学良副官)诡称道:"刚才接到电话,杨家山周(养浩)主任请二位前去谈谈话,我们马上送你们上路。"

李英毅诧异地看了黄将军一眼,未发一言,起身出了牢门。而黄将军却在走出牢门的时候,做出了一个令杨进兴和杨钦典意想不到的动作,他猛地回头盯着墙壁上的日历,伸出手去,"唰"地将这一天的日历撕了下来——时间,在他的心中永远地凝固在了1949年11月27日!

黄将军迈着沉稳的步子跨出了牢门，走出白公馆大门外，将军在前，李英毅在后，杨进兴与杨钦典跟着离他俩几步远。刚走至黄泥堡附近的步云桥，杨进兴猛然掏出枪来，对准黄将军后背便是几枪，与此同时，杨钦典也向李英毅连连射击。黄将军猛地一怔，慢慢地回过头去，他十分厌恶从背后向他开枪，对着两名刽子手骂了一句："混帐东西！"才倒了下去。

杨进兴脚踏尚未咽气的黄将军的脖子，在他胸膛上补了两枪，捋下了将军手腕上的自动表。听见枪声后，已经躲在这里的厉银根与白公馆的杂工陈紫云、李大富赶紧从树丛后钻了出来，抬起两具尸体，到旁边去挖坑掩埋。

黄显声将军

杨进兴和杨钦典返回白公馆的路上，陆景清的三轮车赶了上来，两人上得车去，一同回到白公馆。随即，杨进兴和安文芳又谎称找保人开释，将军统违纪分子刘笃一、白银山骗出，枪杀于步云桥。由杂工李晓月埋尸。与此同时，看守员宋惠宽、程遂愿将谋刺蒋介石的嫌疑犯何仲甫和陈为诚骗出白公馆，枪杀于大门左侧转弯处的桃园。

此时的杨进兴、杨钦典等人已经杀得性起，他们紧跟着又将奇丕章、张碧天枪杀于桃园；将王振华、黎洁霜夫妇和他们的一对儿女王小华、王幼华杀害于步云桥侧原军统四一印刷所旁边。在所有被杀的烈士中，面对敌人的屠刀，只有过这唯一的一次哀求记录。当然不是为了自己能苟延活命，而是为着他们的孩子。当王振华、黎洁霜抱着他们的一对儿女被押出白公馆大门，杨进兴、杨钦典等刽子手的枪口对准了他们的时候，夫妇俩紧紧地依偎在一起。这时残阳如血，洒落在父母的怀抱中甜甜入睡的儿女面庞上。母亲黎洁霜声嘶力竭地大喊："孩子是无辜的！求求你们放过他们，求求你们饶了他们吧！"在敌人的毒刑拷打之下从未流过一滴泪的父亲王振华也哭了，紧咬着牙关，眼中却透出了一丝哀恳，说道："饶了孩子吧，你们往我身上多打几枪……"杨进兴冷笑着说："斩草除根，一个不留！"罪恶的枪声响了，一家四口倒在了血泊之中。

解放后据周养浩交待："毛人凤来重庆时住在何龙庆公馆（嘉陵新村19号）。1949年11月25日上午，我去见毛人凤，走进底楼，看到徐钟奇正在列表签核白公馆处决名单，我随手拿过来翻了翻，看到处决名单上有关押在白公馆的王振华、黎洁霜夫妇的仅一岁、两岁的小孩王小华、王幼华。我问徐：'为何把两个小孩也列入处决名单？'徐钟奇答：'这是毛局长的命令。'进到楼上毛人凤的会客室后，我又向廖宗泽摆谈起这事，这时毛人凤从办公室里走出来，正巧听到，便冷笑着说：'共产党来了，你们自己的小孩都难保，这些奸党分子的小孩留下来有什么用。'"

下午四点多钟，几乎在白公馆的陆景清给杨进兴打电话下达屠杀命令的同时，雷天元、龙学渊率熊祥、王少山一帮刽子手坐车来到了杨家山五灵观一号保密局公产管理处副处长张秉午家，召集渣滓洞监狱所长李磊和看守长徐贵林开会研究渣滓洞的屠杀办法后，又由雷天元写了一份愿负一切责任的具结书，大家轮流在上面签上自己的名字。他们商定，现场由交警大队和西南长官公署警卫团五连严密警戒。雷天元找何铭带领，找交警机二连连长杨英杰商量，派十名年轻力壮的士兵去完成掩埋尸体的任务。杨英杰遂叫值日分队长孟繁义、班长夏登禄带了九名士兵随雷天元等一同赶去刑场。

当杨进兴、杨钦典等人再次返回白公馆时，雷天元与熊祥带着行动员来提二处寄押在白公馆的刘国鋕、熊世政、丁地平、谭谟（身中三弹未死）去屠杀。雷天元叫到刘国鋕的名字时，刘国鋕正俯在牢房的地板上写诗，面对特务的吼叫，他扭头喝道："慌啥子？等老子把这首诗写完了再跟你们走！"

特务不由分说，冲进去架起刘国鋕的双臂便往外拖。一出牢门，刘国鋕便挣扎着爆发性地以高呼口号般的声音吟诵他还没有来得及写完的诗歌。

在党的历史上，刘国鋕无疑是一位彪炳千秋的铁血壮士。读过小说《红岩》的人想必都会对刘思扬这个形象留下极深刻的印象，他出身豪门巨富，年轻英俊，风流儒雅，才华横溢。虽然身处人间魔窟之中，面对敌人种种软硬兼施的手段，却毫不动摇，最终为党的事业而英勇献身。艺术形象刘思扬，便是根据刘国鋕烈士的事迹为主创作而成。1948年4月，刘国鋕与未婚妻曾紫霞双双在荣昌被押回重庆后，徐远举欣喜若狂，他认为这个细皮嫩肉、文质彬彬，出生于大地主、大资产阶级家庭的少爷，不可能是真正的共产党，骨子里不可能相信共产党那一套理论，只不过是青年人图新鲜，赶时髦，误入了歧途。他认为制伏刘国鋕不会有多大问题。因此，他会同保密局行动处处长叶翔之、渝站站长颜齐，这三个西南的特务巨头，对刘国鋕进行了审讯。

徐远举对刘国鋕说："你这万贯家财的公子少爷，家里有钱有势，有吃有穿，你也去跟着闹什么共产党？你共谁的产？你要知道，这共产党是闹不得的，是要坐班房，要杀头的。"

刘国鋕冷冷地盯了徐远举一眼，没有吭声。

徐远举不满刘国誌那轻蔑的态度，按捺不住有点起火，哼了一声又说："你的上级冉益智已经把你的情况全都讲了，否则，我们也不可能这么轻松地抓到你，今天让你来，就是看你老实不老实。如果不老实，只怕你的皮肉细嫩，吃不消。"

听了徐远举的话，刘国誌冷笑着回答："既然冉益智已经出卖了我，你们什么都知道了，又何必来问我呢？你问我，我什么也不知道。"

徐远举恼怒了，他感到这少爷太不识抬举，喝令对刘国誌用刑。

在酷刑面前，刘国誌没有屈服。他咬紧牙关，一言不发，弄得敌人无法审讯，只得将他带上脚镣，投入监狱。

刘国誌的家庭在四川有钱有势，他被捕后，刘家通过各种途径进行营救，还向军统施加压力，要求放人。重庆市市长张笃伦、重庆市参议长胡子昂等国民党要员打电话给徐远举，请求对刘国誌的案情个案处理。但是徐远举认为刘国誌不是一般的共产党员，是一个有现行的共党要犯，重庆的几次学生罢课示威，都是由他组织的。"如果放了刘国誌，今后出现共党案件，徐某人一概不负责任。"他甚至准备将刘国誌和许建业、李大荣等一齐杀害。由于刘航琛密电何应钦务请刀下留人，何应钦也出面说话，刘国誌的生命才暂时得到了保全。于是刘家又变换策略，从香港请回他的五哥刘国琪（刘国琪是国民党经济部部长的女婿，在香港开公司作生意。刘国琪解放后仍住香港，每隔几年要回来一次。每次都要在刘国誌的墓前给我们讲述他当年两次营救弟弟的情况）。

刘国琪第一次从香港回来，带回了许多贵重物品，用以打点军统局的上上下下。他专门给徐远举送了一个纯金香烟盒，送给徐远举的妻子耿静雯一只劳力士名贵女士手表和其它礼物，希望徐远举能网开一面，对刘国誌个案处理。徐远举收受了刘国琪的贿赂，军统局的里里外外也帮刘国誌说话。徐远举终于同意放人，但他提出，要想从军统局的监狱出去，必须要在报纸上发表声明，退出中国共产党组织。刘家认为这个条件一点不过分，反对刘国誌参加共产党活动一直是刘家的要求，通过国民党政府的力量迫使刘国誌退出共产党组织也是刘家的心愿，现在要从监狱出来，退出共产党组织，这是顺理成章的事，于是同意了徐远举的条件。

刘国誌从渣滓洞监狱被带到了重庆市中区老街32号"慈居"。

刘国誌一跨进徐远举的处长办公室便愣住了，他做梦也没有想到，会在杀人不眨眼的特务头子徐远举的办公室里看到自己的五哥……是的，他太想念自己的亲人了，被捕以来，他一直被当作重刑犯戴着脚镣单独关在牢房里，每日三餐吃的是沙多、糠多、稗子多的三多饭，每天只有早晚各十分钟的放风时间，现在突然看到自己的亲人，他太激动了，他真想冲上前抱住哥哥痛哭一场！

可是,他立即控制住了自己的情绪。他意识到远在香港的哥哥突然出现在徐远举的办公室里,对他来说意味着什么。

"五哥,你怎么到这里来啦?"

刘国琪说:"七弟,你不知道,为了你的事,全家人急得团团转!我这次是专门回来解决你的问题的。我与徐处长已经谈妥,只要你在退党声明上签个字,在报上公布一下,徐处长对你以前的过错就一概既往不咎。出去后,你愿意读书可以到美国去攻读博士研究生,不愿意读书就随我一同到香港我的公司里帮帮忙。反正你不要再去跟着共产党搞什么革命了,弄得一家人都为你担惊受怕的……"说完,刘国琪把弟弟拉到徐远举的办公桌前,"来,赶紧在上面签个字,签完字就可以跟我走了。"

刘国誌一看,退党声明上写着:吾加入中国共产党匪组织,现经政府教育帮助大彻大悟,即日起宣布退出中国共产党匪组织,今后该组织一切活动与本人无关。具首人一栏,等待他签字。

徐远举也在一旁劝说:"你这样的家庭,还缺什么?怎么也去当共产党。现在只要你签个字脱离共产党,马上就可以随你五哥一道离开了。"

可没想到,刘国誌却毫不犹豫地说:"不行,我死了,有共产党,我等于没有死,如果要我退出共产党,我活着也等于死了。"

徐远举拍案大怒:"放肆!你现在还这样执迷不悟,我可以马上下令枪毙你!"

刘国琪着急地嚷道:"七弟,你怎么这样不懂事?……赶快签了吧!徐处长刚才已经说了,签了字你马上就可以跟我出去啊!"

刘国誌缓缓转过脸,两眼含着泪水说道:"五哥,我谢谢你,可是,你并不理解你现在的七弟。无论如何,我是宁愿坐牢,宁愿枪毙,也绝对不会在这样的声明上签字的!"

刘国誌烈士

由于刘国誌拒绝签字,第一次营救就这样失败了。

1949年9月,我人民解放军在全国各战场的胜利已成定局。刘国誌的家人再一次为他的安危进行奔走努力。刘国琪又专程从香港赶回来了,这一次,他没有送徐远举任何礼物,而仅是给了他一张空白支票。

他对徐远举说:"你们要多少美元,自己填,我们刘家只有一个要求,放人。"

徐远举把支票拿在手里,想了想,回答说:"我个人不会要你们刘家一分钱,现在国难当头,这笔钱可以视为你捐给组织,为国分忧。"

重庆解放前夕,国民党许多达官贵人纷纷由南京、上海撤到重庆,再由昆明、广州逃往台湾。当时兑美元、抢黄金乱成一团糟,这时候有人送上一大笔美元,对保密局来说是莫大的诱惑,毛人凤立即答应。但徐远举为人非常固执,他向刘国琪提出:"考虑到刘国誌情况特殊,不要求他公开退出匪党可以,但必须认错,写悔过书,悔过书可以不在报上发表。"

刘国琪上次回来已经深知以弟弟的倔强性格,根本不可能按照徐远举的要求写什么悔过书,便向徐提出:"我弟弟中毒太深,恐怕不会写什么东西的,这悔过书,干脆就让我代他写了吧。"

徐远举让了一步,说:"可以由你代写,不过,必须要刘国誌本人签名。"

1949年11月7日上午,刘国誌第二次被带进了"慈居"徐远举的办公室。

刘国誌一进门看见刘国琪,便立即问道:"五哥,我要的全家福带来了吗?"

刘国琪赶紧递上一张全家照片,刘国誌一看这张全家福,再也控制不住自己的感情,要不是在敌人面前,眼泪差一点就要夺眶而出。因为,照片上除了他想念的父母兄妹,还有他的未婚妻曾紫霞。他跟曾紫霞恋爱已经好几年,因革命工作的需要,一直未结婚。他和曾紫霞在荣昌被捕转送到重庆后,他关在白公馆,曾紫霞关在渣滓洞,便再也没能见面。一看到照片上的她,刘国誌心绪难平。他深情地看了看照片,然后控制住自己的情绪,将照片放进了口袋里。

刘国琪赶紧说道:"七弟,今天我们什么也不要再争了,你不知道外面已经乱成什么样子了,你再不出去,小命就真是保不住了!你看重你那个共产党员的牌牌,徐处长宽宏大量,已经答应你带着共产党员的牌牌出去,但是你得向政府认个错,你组织罢课捣乱的确是不对的嘛。"说着便递给刘国誌一张纸,说,"这个悔过书是我代你写的,你只在上面签个名字就算数,走走过场罢了,实际上与你无关。"

刘国誌看也不看,把悔过书往地上一扔,气愤地说:"五哥,你好糊涂!既然要签上我的名字,怎么能说与我无关呢? 这一切,都是他们耍的把戏。"

徐远举平日唯我独尊惯了,怎容得刘国誌在他面前如此放肆,他的牛脾气也上来了,猛地一拍桌子,瞪着眼睛大喝道:"死不改悔,那就再也怨不得我了。来人,把犯人给我带下去!"

刘国琪这下吓坏了,赶紧对徐远举道:"徐处长,你不要冒火,让我再劝劝我这兄弟。"

刘国誌毅然说道:"五哥,我理解你同家里人对我的关心。可是,我有我的信念、意志和决心,这是谁也动摇不了的!我在加入共产党时就宣誓自愿为我献身的事业牺牲自己,那不是说着玩的。你们不要再管我,也不要再来了。"

"七弟!"刘国琪目瞪口呆!

第二次营救也失败了。

1949年11月27日下午4点多钟,也就是刘国誌拒绝签字出狱后的第19天,敌人对他挥下了屠刀。

1998年秋天与2000年1月,厉华曾将参与杀害杨虎城将军、亲手掐死"小萝卜头"、在"11·27"大屠杀的当天又与杨进兴一同首先杀害黄显声与李英毅的杨钦典从河南堰城县老家请到纪念馆,请他回忆当年情况,以充实丰富资料。杨钦典等刽子手与罗广斌、毛晓初等19名白公馆脱险志士,当年都亲眼目睹、亲耳聆听到刘国誌在被特务架出牢房押赴刑场的途中,挣扎着大声吟诵他没有来得及写完的诗歌:"同志们,听吧,像春雷爆炸的,是人民解放军的炮声! 人民解放了,人民胜利了,我们没有玷污党的荣誉,我们死而无愧!"吟诵声犹如滚滚春雷,这是一个共产党人壮怀激烈气吞山河的人生绝唱!

午夜过后,白公馆屠杀结束了,陆景清对看守们宣布:"明天你们进城到保防处向周主任(养浩)报到。"说完后,他便坐上三轮车进城向毛人凤复命去了。参加大屠杀的刽子手和杂工,各得了两块银元的赏钱,另各领得二钱黄金作资遣费。

此时,白公馆还剩下17名二处寄押在这里的囚犯和两名小孩,杨进兴根据雷天元的布置,派当天的值日看守杨钦典将所有囚犯移押到楼下右边二号牢房(郭德贤与小波、小可母子三人仍在楼上监舍中)。

事后据被俘的徐远举供称,这些人因各种原因和社会背景决定不杀,但并没有告诉他们。等大屠杀结束后,把他们集中在一间牢房里,不上锁,待看守们撤走后,让其自行逃生。

白公馆在押的50多名政治犯,管理权限分属保密局司法处和西南军政长官公署二处,执行屠杀时,各自执行所管辖人员。下午4时许大屠杀最先由白公馆开始,当执行到第4批时,由雷天元带刽子手前来提二处寄押在白公馆的政治犯外出枪杀。到晚上10点多钟,杨进兴已执行完屠杀任务,而雷天元才提出两批共计8人杀掉,由李磊指挥的渣滓洞也只执行了3批26人,尚余200多人待执行。

李磊不断向雷天元告急,催他赶快率人去渣滓洞增援。于是雷天元将剩下的16名男政治犯集中在楼下2号牢房,将郭德贤母子三人关于楼上,请杨进兴帮忙代管,然后带着人匆匆驱车赶往渣滓洞。

杨进兴虽说杀人如麻,但也很狡猾,上峰要他杀的人已经全部杀掉,奖金和资遣

费也发到了每个人的手上,他还待在这里岂不是白白等共军来索命么?三十六计走为上!当雷天元前脚刚走,杨进兴马上命令当天的值班看守杨钦典留下照看剩下的19个人,其余的人员各自去屋里收拾行李,准备离开。

大家把身上的手枪、子弹、手铐全解下来扔到地上,院坝上叮叮当当一片乱响。杨进兴叫杂工陈紫云和李大富拿去埋进地里,或者丢进大门前面的池塘。

看守们很快提着行李出屋,在院坝上七嘴八舌,有的说上歌乐山,看能否搭车到成都去,有的说进城去二处。

最后,杨进兴还是决定去歌乐山顶,想法搭汽车去成都。

看着众看守一窝蜂出了白公馆,杨钦典此时真有树倒猢狲散之感。杨钦典也不是个傻子,虽说他平时给了难友们一些帮助,但毕竟也欠下了共产党人的累累血债,此时见杨进兴带着人跑了,只留下自己一个人等死,心里又气又恨。于是也收拾起衣物,一头钻出白公馆大门,给大门外面兵房内隶属交警队的警卫排的人打了个招呼,也慌不迭地朝歌乐山顶跑去。

到歌乐山顶上一看,成渝公路上全是逃亡的人群,只好随着人流向前移动,走不多远,竟碰到了大屠杀之前离开白公馆的李育生。

4.刽子手立地成佛

李育生,原是四川绵阳县一名袍哥,因抢劫军统货车,被抓后押送到白公馆关押。刑满后,就在白公馆伙房帮炊事员陈紫云打下手。此人长年浪迹江湖,懂点拳脚功夫,更操得人情练达,最讲桃园义气,在白公馆,他是个极特殊的角色,能上与所长陆景清、看守长杨进兴,下与杨钦典、安文芳一帮看守员,都亲亲热热称兄道弟,对政治犯则抱敬重、同情态度,常给予方便。

杨钦典、李育生二人在逃跑途中,杨不免对同伙们扔下他一窝蜂跑了之事骂声连连,同时也把白公馆里还关有19个犯人的情况说了出来。

李育生一听,不禁灵机一动,把杨钦典一把拉到路边商量:"你龟儿子好憨,手头有救命的宝贝,你还跟着国民党跑啥子?不如我两个回到白公馆,把那19个人放了,共产党来了,还能不给我们一些好处?"

杨钦典有些迟疑,说:"我出来时看见外面警卫连还没有撤,弄不好会把命出脱了。"

李育生说:"国民党垮定了,你已经拿了资遣费,还跟着跑到成都去干啥子?如今兵荒马乱的,胆大能漂洋过海,胆小就寸步难行。走,说干就干,哥我陪你回白公馆。"

杨钦典在李育生的鼓动下,想到他说的确实有道理,于是掉头回白公馆。

二人下得山来,看见警卫连正慌得像炸了营盘的马蜂窝,想撤,又没有命令,呆在这到处摆满了死人的荒坡上,又害怕解放军打来。

杨钦典和李育生刚走到白公馆大门口,迎面碰上白佑生(当天释放的叛徒)。李育生一把揪住白的衣领,喝道:"你龟儿滚远点,再待在这里,谨防老子捶死你!"

白佑生赶忙缩回到屋里去了。

再说白公馆剩下的16个人被锁在一间牢房里（郭德贤母子3人在楼上），既不杀，又不放，也没有人来管他们，大家正感到奇怪，忽地看见李育生和杨钦典走了进来。罗广斌眼疾嘴快，忙向杨招呼道："杨钦典，把我们集中关在这间号子里，究竟是怎么回事啊？"

杨钦典答道："看守长临走时交待，你们的案子都归二处管，雷科长现在带人到渣滓洞那边执行任务去了，过一阵忙完了他会回来处理。"

罗广斌叫了起来："嗨嗨，你就不能给大家想想办法吗？"

杨钦典说："我自己都是泥菩萨过河，自身难保，还能有啥子办法。"

白公馆监狱

罗广斌说："你要想和徐远举他们一路坐飞机跑到台湾去，根本没你的份，搞了那么多年，你现在还不是个上士。我给你说，只要你想办法把我们的人救出去一个，把今晚搞的大屠杀公之于社会各界，你就算立了大功，解放军来了，我们都可以给你证明。你要相信我们说话是算数的！"

杨钦典犹豫着说："可我在重庆，连个容身的地方都没有。"

李育生赶紧给他打气，说："现在都啥时候了，你还想那么多，救人一命，胜造七级浮屠，你娃积点阴德，先把他们放了再说。"

难友李荫枫从风门口递出一个信封大声说："生活上你尽管放心，这信壳上有我家的地址，你可以住到七星岗我家里去。"

杨钦典回来就是打算放人的，现在又得到了难友们的保证，于是他咬咬牙，掏出钥匙递给罗广斌，又和罗广斌约定，他和李育生先到楼上侦察，看大门外的警卫排是否撤离，如果已撤走，他就在楼上跺三下脚为号。

杨钦典和李育生上楼后四处看了看，见警卫排已经开始撤离，于是重重地跺了三下脚，对楼下发出三声信号，并打开了楼上郭德贤的牢门。

这时罗广斌也上楼来接郭德贤一家。大家集中在楼下二号牢房中，由罗广斌组织人员，按老中青搭配，分编小组，并指定周居正、李荫枫照料郭德贤母子三人。大家悄无声息地出了牢房，穿过院坝，走出白公馆大门。刚下了石阶，或许是因为紧张，或许是因为激动，有的人竟然忘记了罗广斌的叮嘱，往山下的大路上直奔而去。

而此时警卫排的人正在撤离，看见门里涌出一群黑影，立即问道："什么人？"

众人全都愣住了，罗广斌急中生智大声回道："二处的。"

对面再问："口令？"

他们哪儿知道敌人的口令，转身就往密密的树林中四散跑去。随即，敌人的枪声就响成一片。

郭德贤不顾一切地背着小可跑到了厨房后面的石梯那里，看见李荫枫已经跑在了前面。

李荫枫回头问她："你伤了没有？"

郭德贤气喘得紧，回答不出，摸了摸小可，又摸自己，没有受伤，但是腿软得迈不开步。这时好几只手电筒光和冲锋枪声跟着从后面追了过来，她和李荫枫只好又没命地向后山上逃。跑到半山实在是跑不动了，李荫枫说："你跑不过他们的，就在那草笼笼里躲一下吧。"他把身上的大衣脱下来给了郭德贤就跑了。郭只好躲在草丛里，幸好卫兵们向李荫枫他们追去了，没有发现她。过了一会儿，她突然听见不远的地方小波叫了一声妈妈，她想答应女儿，又不敢开口。小波仅叫了一声就再没叫，她估计是周居正捂住了女儿的嘴。后来，她听见卫兵们骂骂咧咧地回到山下，爬上汽车，匆匆地疾驶而去。

她一点不敢出声，再后来，四下里都静了，渣滓洞方向的火光正烧得漫天通红。又过一会儿，郭德贤这才发现鞋子早已跑掉了，只好赤脚背着小可向歌乐山顶爬去。翻过了几座山，天亮时，看到前面有一户农家，便上前去求双鞋子，说是夜里遭了土匪，那农民也好，马上就给了郭德贤一双鞋。过了两天，郭德贤听说重庆解放了，马上赶到城里，住进临江门脱险同志招待所，立刻去寻找女儿小波。

罗广斌已经在这里了，他告诉郭德贤，城市刚解放，非常混乱，为了安全，孩子可能被周居正暂时放在乡下了。其实，罗广斌也不知道小波的下落，那天夜里，他和周居正跑散了。罗广斌再见到周居正时，却没有看到小波。他马上组织大学和中学的学生们上歌乐山上去找，几乎翻遍了歌乐山，也没找到小波。没办法，他只好将实情告诉了郭德贤。郭一听，顿时就昏了过去。

而周居正说，当子弹扫来时，他一慌，一跤跌倒在山坡下，背上的小波被摔出去老远。四周漆黑一片，他爬起来四下摸了摸，没有摸到孩子，看到敌人打着枪追了过来，没办法，只好转身跑了。

郭小波哪儿去了？原来，小波也被吓蒙了，当她爬起来时，身边已经空无一人。她惊慌地叫了一声妈妈，看见电筒光追了上来，枪声也响得紧，再不敢叫了。她先是躲在梯田旁边的小水沟里，特务们回来了，汽车亮着雪亮的大灯从她旁边一掠而过。她害怕了，在漆黑的山林里跌跌撞撞地往前走去，直到累得精疲力竭，睡倒在地上。等小波醒来，天已经亮了，她发现自己睡在大路脚下。一队国民党士兵从她旁边走过，她还招手说："叔叔，拉我上去。"一个士兵以为她是老百姓家的孩子，伸手把她拉了上来，并问她："小孩，你去哪里？"小波只想离白公馆越远越好，就说："你们去哪里，我就去哪里。"士兵把小波带上了大卡车。进了重庆城，到了精神堡垒（今市中区解放碑），士兵把小波抱下车，放在了马路边上。小波没地方可去，只好在路口游荡。

天色落黑时，饥肠辘辘的小波蹲在了一个水果摊旁。摆摊的妇女叫王素珍，见这小孩怪可怜的，便问她："小孩，你家住在哪里？"小波说："白公馆。"王素珍不晓得白公馆是啥地方，只猜想能住公馆的，肯定是有钱人。可是眼前这个小姑娘弄得这样狼狈，想必是战乱和父母跑散了吧。收摊时，王素珍见小波无处可去，索性把她领到家里，让她和自己家人一起吃了饭，还给她洗了澡，换了衣服，把她收养了起来。

而此时，党组织也一直在为寻找小波努力，派人四处张贴寻人启事，悬赏寻找一个穿着红毛裤的小女孩。不几天，一个市民提供线索：11月28日早上，在精神堡垒附近，有一群国民党士兵从军车上抱下了一个穿着红毛线裤的小女孩。这说明小波还活着。地下党负责人肖泽宽（后任重庆市委书记、北京市委组织部长，今犹健在）立即派人到重庆的《大公报》上登寻人启事。

说来也巧，一张登有寻人启事的《大公报》正好贴在王素珍的水果摊旁边。她不识字，但读报人的议论引起了她的注意，她请人把报上的启事读了一遍，知道了报上要找的小女孩正是在自己身边的孩子，当时就激动得喊了起来："娃儿，你的妈妈找你来啦！"夫妇俩马上收了摊子，抱起小波，直奔临江门脱险同志招待所。郭德贤见到女儿激动得失了态，磕磕绊绊地冲下楼梯，大哭着将小波抱在怀里。

至28日天亮前后，半数同志业已逃出"特区"警

"红岩英烈班"的辅导员郭德贤为孩子们讲述红色故事

戒范围,各寻安身之处。其余同志也在重庆解放后,相继走出深山古墓,安全逃险。

"11·27"大屠杀中,在杨钦典、李育生二人的帮助下,白公馆计有罗广斌、周居正、毛晓初、郑业瑞、任可风、段文明、贺奉初、杜文博、杨其昌、周绍轩、尹子勤、王国源、李荫枫、江载黎、李自立、秦世楷、郭德贤(女)、郭小波、郭小可脱险。

解放后,女儿郭小波考进了北京钢铁学院,毕业后分配去了西宁,后来又到了天津,现任天津市冶金研究所高级工程师。郭德贤解放后遭受了不公正的对待,但是,她始终坚持这样的信念:相信党,相信组织。1978年,党的十一届三中全会召开,确立了实事求是的思想路线,使许多历史遗留问题的解决有了一个客观的环境。1983年,中共重庆市委宣传部、中共重庆市委先后批准了市广电局《关于恢复郭德贤党籍的报告》。肯定了她忠心耿耿为革命工作的一生,1949年1月在成都川康地下党组织遭到敌人破坏,其夫、川康特委书记蒲华辅被敌人逮捕(后叛变),敌人到她家逮捕她,趁敌人未进屋时,她烧掉了自己保管的党内文件,并及时托人给川康特委副书记马识途同志送了信,使马得以脱险,保卫了党的机密,保护了组织和同志……报告最后认为:党组织同意恢复郭德贤同志的党籍。党龄从1939年8月算起(连续计算)。同时,郭德贤同志入党后,基本上是专职从事党的工作,参加革命工作的时间应为1939年8月。

重庆解放后,脱险志士实践了自己的诺言,他们向重庆市军管会汇报了杨钦典的情况。解放后,西南军政委员会的领导曾代表邓小平接见并褒奖了他。鼓励他解除顾虑,协助人民政府指认杨虎城父子、宋绮云夫妇及儿子宋振中(小萝卜头)、陈然、黄显声、周均时等烈士的遗骸埋葬地点。政府还准备给他安排工作,这时杨的家中来信,称老母病重,要他回去。杨钦典于是要求回老家河南郾城县大刘乡周庄村。政府给了他路费,军政委员会给他开具了证明,让他回家照顾老母。

"文革"中,杨钦典因历史问题,他被铐到重庆,逼他承认罗广斌等人是"叛徒"。当时脱险同志都被打倒,罗广斌在重庆被整死,郑业瑞在万县遭公开枪毙,无人能为他证明,使他

厉华与杨钦典在白公馆合影

被判刑20年,至1982年罗广斌等人的冤案平反后才获释。"文革"结束后,大难不死的脱险同志们再次给杨钦典在白公馆监狱中的表现作了证明和呼吁。

1982年四川省重庆市中级人民法院判决如下(刑事判决书1982(74)刑申字第315号):

  申诉人,杨钦典,男,现年64岁,河南省郾城县人,原在河南省郾城县大刘公社务农,现在四川省菩堤山农场劳改。杨钦典于1967年因反革命罪,经本院(74)刑字第315号刑事判决书判处有期徒刑20年。杨不服,提出申诉。现经本院再审查明:杨钦典解放前任匪特白公馆看守员期间的罪行是严重的。但解放前夕,在匪特大屠杀中,亲自放出革命志士19人,有立功表现,因此1950年经中国人民解放军重庆市军事管制委员会宣布对其宽大处理不予追究是正确的。在"文化大革命"中又将其逮捕判刑显然不当,应予纠正。

  据此,本院特依法判决如下:
  一、撤销本院(74)刑字第315号刑事判决。
  二、对杨钦典不予追究。

杨钦典被释放后,回河南老家务农至今。李育生则因功被安排回到老家绵阳市公安局工作。

5.慷慨赴死易,从容就义难

薄一波在总结地下斗争时说过一句名言:"慷慨赴死易,从容就义难。"

此话用在蒲华辅和韩子重两位被捕后过不了行刑关始而叛变,最后在狱中战友的帮助下又幡然悔悟,重新守住"最后一道防线",最终血洒刑场的共产党人身上,至为贴切。

徐远举交待:"1949年1月,成都站站长刘鉴先、组长周生才,利用成都中央军校教官胡秋以同乡关系搭上了中共川康工委书记蒲华辅。当时,蒲华辅想找胡秋在军校开展军运活动,结果被成都站抓到了。蒲华辅经不起考验而叛变,使他夫人郭德映和川康工委的华健等先后被捕。蒲还交出了刘迪先、刘盛亚、王文鼎等30多人的名单。在逮捕华健时,特务们又从他身上搜出沪县专员陈离写给华健的一个证件和一张名片。刘鉴先用长途电话向我报告了这些情况,我即率领陆坚如、雷天元、漆玉麟等大批特务由重庆赶往成都,又从蒲华辅口里追出成都军运负责人韩子重、西康组织负责人任炽昌等。我先派张芸樵将韩子重诱捕到案。……我经过追逼,韩子重交出了军运组织,出卖了军管区4个参谋。"

韩子重是当时成都省军管区中将副司令韩任民的儿子,打入四川省军区司令部任校级参谋,搞军事情报和军队策反工作。

徐远举派雷天元等特务去抓人时,雷天元心里直发怵,怕动刀枪惹怒了韩任民。

徐远举眉毛一竖:"你们怕什么?他韩任民放纵子女参加共党,我不向总裁参他一本就算做够人情了!"

韩子重被他们抓到后,徐远举在四川省政府主席王陵基上将面前告了韩任民一状。王陵基盛怒之下,将有关人员撤职,并严厉训斥了韩任民一顿。

被捕后不堪苦刑,出卖了4名同志的韩子重理所当然是一名叛徒。但,却是一个绝不同于人们早已熟悉的甫志高、马家辉、温其久、王金标之类脸谱化的叛徒。

请读者看一封一位父亲给他的远在美国留学的儿子写下的一封饶有深意的家书。

"爸爸上周去了趟重庆,参观了国民党当年关押共产党政治犯的渣滓洞和白公馆监狱。从1947年到1949年11月27日国民党撤退开始大屠杀的两年多时间里,那里前后曾关押过数百名共产党员和革命人士,最后只有少数人侥幸生还,其余全部壮烈牺牲。《红岩》里的许云峰和江姐,就是他们中的杰出代表。酷刑和死刑每天都在那里发生(黑暗的地牢和阴森的刑讯室至今令我毛骨悚然)。但是,大多数共产党员在酷刑和死亡面前,却表现出了令后人震撼和无法理解的坚强信念和不屈的意志,是死亡绝境中绽开的生命之花,千秋万代受人景仰。我还专门为你买了一本当年烈士的诗集,随信寄你,希望你找时间看一看。

儿子,我这里特别给你讲一下其中三位年轻烈士的事情,因为他们参加革命时年龄也就像你现在这么大。

刘国誌烈士,出身四川的名门望族,是有权、有钱人家的少爷,吃喝玩乐不用愁,但是他19岁时就加入了共产党。至于他是如何抛弃富裕的生活要拎着脑袋去闹革命,展览厅里没有详细介绍过程。他主要做地下党的工作,27岁那年被捕,29岁在大屠杀中牺牲。他被捕后他的家人曾经用重金打通关系想救他出来,然后送他出国留学,但是条件是要他在"脱党声明"上签字,结果他宁死也不签这个字,直到最后牺牲。而且在被枪杀之前,还留下了一首共产党人壮怀激烈气吞山河的人生绝唱!

"同志们,听吧,像春雷爆炸的,是人民解放军的炮声!人民解放了,人民胜利了,我们没有玷污党的荣誉,我们死而无愧!"

儿子,你要记住,这个了不起的人19岁入地下党,29岁牺牲。

王朴烈士,跟刘国誌烈士同岁,跟你姥爷恰巧同名同姓,也是一个有钱人家的少爷,是四川一个大地主的儿子,复旦大学毕业,当大学生的时候就参加了革命(没有准确时间,我推算在20岁左右),解放战争期间转入地下工作,25岁入党,27岁被捕,被捕后不久就被杀害。他做地下工作时曾经动员家庭变卖房子土地,为地下党筹集经费。

韩子重烈士,就是我特意给你看的那个照片上一身美式戎装、长得像香港歌星郭富城,特酷特帅气的小伙儿。更让人感动的是,他爸是国民党四川省军管区的中将(副)司令,而他16岁就加入共产党,比你现在还小,做地下工作。27岁被捕,同年牺牲。

韩子重烈士

儿子,爸爸向你提到的这三位年轻的烈士仅仅是代表,还有很多很多年轻的烈士,他们都是不满20岁就参加共产党,不到30岁就牺牲了。在爸爸的眼中看来,他们还都是和你一样大的孩子啊!

1939年,韩子重17岁,虽出自将军府邸,却是一个有着救国救民远大抱负的有为青年。他是家中长子,投奔延安之前,已是一名共产党员的韩子重给身为川军高级将领的父亲留下了一封诀别信:

我要赤裸裸地说明我走的问题,这除了我向父亲已经说过的为了学习,为了彻底锻炼身体而外,还得坦白地补充出,我的走,主要的,还有思想问题。

我们不会眼睁睁看不见事实;同时,我们也不会是超人。千千万万的血淋淋的故事,不会完全对我们没有一点感觉。

事实是这样,中国社会仅有的是盗、匪、兵、贼、贪污、横暴、梅毒、娼妓、堕落与腐化、荒淫与无耻。欺诈、虚伪,千万万人的被压榨、剥削、奴役、残害和屠杀。这些,使我不能不产生一种"较激"的思想。因为我是一个人,我也不是聋而且瞎的人。我看见了这些,我也听到了这些。

我要求一个合理的社会,所以我提起了走。我过不惯这样不生不死的生活。我知道,陕北最低限度呼吸是自由的,我知道得清清楚楚的,陕北的一切都不是反动的。

我的走,绝无异想天开的企求。我不想当官,想当官我就进中央军校。我不想侥幸有所成功,我知道天下事没有侥幸成功过的。我要想侥幸成功,我就蹲在这儿,依赖父亲大人。

西北,是一块开垦中的新地。我们该去那里努力。我们要在努力当中去寻求自己的理想。我知道,我们看见,新西北,是一个开垦中的乐园,自由的土地;这与世界上六分之一地面的苏联是没有区别的。虽然物质条件不够,但已消灭了人剥削人,人欺侮人的现象了。

我为什么不该走呢?我不需要沉闷,我需要知识,我需要一个战斗环境,我要肃清自己的依附、侥幸的思想,我需要活的教育。我们看见过去真正够得上说是成功的人物,都不是在御用的教育中训练出来的。可不是,请看一看列林(宁)、斯大林、高尔基这许多实例。

父亲要我读些踏实的东西,这使我百分百的接受。只是静静地坐下来去研究,这是环境所不允许的吧。在今天能够这样做的,那不是神仙,必然是和尚或者尼姑。我不能够在死尸的身上漫谈王道,我也不能在火燃眉睫的时候还佯作镇静。同时,一个青年恐怕也不该做一个反常的老年人吧!生理学上告诉我们,少年"老成"是病态。国家的青年变成了老年,是这个国家的危机。

我要一个斗争的生活,我要一个跋山涉水的环境来训练我的身体。前线的流血,后方的荒淫,大多数的劳苦者的流汗,绝少数的剥削者的享乐,这样多的血淋淋的故事摆在面前,叫我还有什么闲心、超人的胸襟去静观世变呢?

父亲,请把你的儿子愉快地献给国家、民族、社会吧。父亲,你知道的,这样对你孩子的爱护,才是真的爱护。这是给了我一个灵魂的解放。

韩子重离开成都后,先到了西安八路军办事处,他渴望去延安的愿望未能实现,被分配到敌后抗大一分校学习,毕业后,先在晋东北与日军作战,后调到八路军总部,在《太南日报》作前线记者。1940年,奉派回四川,任中共川康特委军事系统负责人。先后以川陕绥靖公署、四川军管区司令部参谋等职务为掩护,根据中共川康特委的指示,在军管区内建立军支,并任军支书记,积极收集传递军事情报,在川军军政上层人士中进行统战工作,为策动部队起义创造条件。1948年秋,由中共川康特委派往香港,参加中共南方局召开的军事会议。1949年1月,在成都因叛徒出卖被捕,后转囚至重庆军统渣滓洞监狱。在这里,他对自己的叛变经历痛悔莫及,并与难友们一起和敌人进行了坚决的斗争。1949年11月27日夜,韩子重与李承林一起被敌人提出牢房,在"戴公祠"对面的一座山坡上英勇就义。

对于韩子重这样一个也曾在被捕之初出卖过4名同志,最终却又以大无畏的精神走向刑场的共产党人,重庆歌乐山革命纪念馆并未替尊者讳,而是将其真实的人生轨迹如实地告诉每一位参观者。唯其如此,才更加让参观者感到真实,感到可敬,体会到党的地下工作者所处环境的残酷与艰辛。让人难以想象的是,被捕后一口气供出了30多名同志的蒲华辅,转往重庆关押后,偏偏也拒绝与敌人合作。"蒲华辅押解到重庆后,在狱中同志的帮助下,未再继续出卖组织,表示要'守住最后一道防线',拒不参加特务组织和捕人行动,敌人认为他们不可靠,最后仍将其公开枪杀。"(俞史《挺进报事件的前前后后》)

6. 他们是历史的见证

从 1949 年 9 月 6 日至 11 月 29 日，军统集中营对"政治犯"进行集体大屠杀，尤以 11 月 27 日最为惨烈。根据相关研究报告对抗战后期至重庆解放前夕系列大屠杀殉难者统计：目前有案可查的死难者总数是 321 人，其中经审查已定为烈士者共计 285 人，加上 5 个父母牺牲的小孩，共是 290 人，叛徒及未定性者共计 31 人。

在 321 人中，死于 1949 年"11·27"大屠杀者共计 207 人，其中烈士 185 人。在 285 位死难烈士中，现已查明，共产党员共计 161 人，约占总数的 57%；民盟盟员共计 25 人，其他民主党派和群众团体成员各有数人不等。

渣滓洞脱险志士盛国玉在为重庆烈士纪念馆撰写的回忆文章里，清楚地记述了大屠杀那一天的情景：

> 1949 年 11 月 27 日是我终生难忘的日子。
>
> 晚饭后，住在二楼男牢房的难友观察到，监狱前院特务办公室里不但换上了大灯泡，还出现了焚烧文件材料的火光，人员进出也比平常频繁。有的同志推测"重庆解放的日子就要到了"。但万万没有想到，一场由西南军政长官公署第二看守所渣滓洞监狱所长李磊为主谋的大屠杀已经迫在眉睫。
>
> 那天夜里，天空下着密密细雨，因为天气寒冷，大家唱了一会儿歌就早睡了。睡下不久，听到特务喊"提人！"不到一小时，提了两批。这时，大家都没有了睡意。
>
> "起来，起来！办移交了！"特务李福祥、余相柏走进女牢大喊道。
>
> 大家默默地穿好衣服，有难友责问特务："把我们交给谁？"

"交给重庆警备区司令部杨森。"特务冷冷地回答,脸上掠过一股杀气。接着又吼道:"女的全部到男牢的楼下八室集中,动作快点儿!"

没有人说话,整个院坝只有脚步的走动声。大家心头沉甸甸的,不知道前头的命运将是什么……当被集中到楼下的男牢八室后,特务马上关门上锁。突然,一阵急促的脚步声响起,一群特务持枪冲进院坝的走廊上,枪口直指牢门口,随着一声尖利的口笛声,敌人的机枪"哒哒哒,哒哒哒……"地响了,顿时,罪恶的子弹和火舌射向每个牢房……

进入8室站在牢门口观察情况的胡其芬,在机枪响起的同时首先呼喊:"打倒国民党反动派!"中弹的姐妹们东倒西歪地躺下了,有的还在用最后的力气高呼"共产党万岁!"

左绍英和其他狱友忙把两个孩子往右边床下死角里藏,她们和其他难友用身体为孩子挡住子弹,企图保住这两个幼小的生命。当时左绍英的孩子"监狱之花"还不到1岁,彭灿碧的孩子只有7个月。

敌人开枪屠杀时,我和罗华娟在牢房靠后窗的地方站着。枪一响我们同时倒下,面朝下扑到后窗左角的一张床上,敌人的子弹在我们周围嗖嗖作响,打得墙壁上的泥土四处飞溅。机枪先在门前一阵扫射后,又对着后窗进行扫射。牢房中,姐妹们的口号声、诅咒声逐渐平息下来。

突然,床下传来孩子哇哇的哭叫声。门外的特务听到孩子哭声,咆哮着吼道:"斩草除根!"于是,敌人从床下把孩子抓出来,打了一梭子弹,就再也没有听到孩子的声音了。

机枪扫射完后,我从昏死中恍惚看到几个特务进来补枪,他们对倒在血泊里的姐妹们一阵乱打。照一般常情,我是必死无疑的。我的床正对着牢门,敌人从门前打了那么多子弹,在扫射时肯定要打死我。后来特务进来补枪时,没有再对我开枪,只是用枪托在我腰部捅了几下。我屏住呼吸一动不动,特务以为我被打死了。

然后,他们将门锁了起来并开始放火烧毁整个监狱!过了一阵,我被浓烟呛醒,在大火烧着的牢房里不敢动弹。过了一会,火越烧越旺,牢门已被大火烧掉了,楼板也被烧得快要掉下来了。我实在忍受不住了烟熏火烤,心里想反正是死,不如冲出去被子弹打死还痛快些。于是,我冲出了烧掉的牢门,跳过门前两堆熊熊燃烧的大火,从一米多高的台阶上跳到了院坝里,脚上的鞋都掉了。

这一跳,让我的头脑完全清醒了过来。奇怪的是,院坝里看不到特务,也听不见枪声。除了牢房燃烧发出噼里啪啦的声音,看不到一个可以求救的人。惊慌中,我躲进了离八室最近的男厕所,一头趴在尿槽里躺下,这时才有了一线求生的希望。

11月28日,天刚蒙蒙亮。住在渣滓洞不远处的21兵工厂家属宋臻祥和徐超的母亲等人跑过来看发生了什么事,她们发现我还活着,冒着风险把我救回家中。由于当时21兵工厂还属于国民党警戒区域,时常有敌人前去巡查,宋臻祥她们赶紧为我脱去囚服,换上了平常女人打扮的衣服。她们把我换下的囚服埋在自家院坝前的树下,把我送出了警戒区。

当时重庆尚未解放,在这里我举目无亲。我身心疲惫,只好混在当地为了躲避抓兵、抓夫的人群中在山上乱跑。

11月30日,听说重庆解放了,我顿时忘记了两天没有吃东西的饥饿,拖着高烧不退、极度虚弱的身体,慢慢地问路到了磁器口一带。

在从磁器口去沙坪坝的路上,我幸运地遇上了一群宣传队的学生,得知我是从渣滓洞脱险出来的情况后,先将我接到学校暂住,在与重庆军管会设立的脱险同志登记处取得联系后,又及时把我送到西南医院。经过一个多月的精心治疗,我才脱离险境。我终于获得新生,重新回到党和人民的怀抱。

渣滓洞的屠杀,虽经过了前后窗的扫射、进入房间补枪,最后纵火焚烧,但是由于人民解放军的神速进军,刽子手们忙于逃命,对屠杀的执行比较慌张,仍有部分同志未中弹,他们从尸堆里爬起来,打烂燃烧的牢门,互相搀扶,从被大雨冲垮的围墙处突围。这时,在岗楼上尚未撤走的敌人发现火光中有人影晃动,又开枪扫射,又有十多人中弹牺牲。最后仅15人突围成功:肖钟鼎、刘德彬、孙重、傅伯雍、周洪礼、张泽厚、杨纯亮、陈化纯、杨培基、刘翰钦、周仁极、杨同生、钟林、李泽海、盛国玉(女)。

对那一场大屠杀同样记忆深刻的还有原中共川西特委委员车耀先的二女儿车毅英。

1949年11月30日,重庆解放。车毅英离开欢迎解放军进城的人群,独自一人跑向歌乐山。此时的车毅英还不知道被捕多年的父亲早已被秘密杀害。她以为父亲就关在歌乐山监

渣滓洞脱险志士盛国玉

狱里。

多年以后,车毅英这样描述当日的所见所闻:"白公馆里人去楼空,渣滓洞的余火还在冒烟。渣滓洞楼下的8间牢房里堆满了烧焦的尸体,没有头,没有足,只有一块块焦黑的躯体。围墙的缺口处、房前屋后、厕所内,另有20多具尸体躺在那里。松林坡上三个大坑,满是尸体,血水横流。看见一个个死难者睁目仇恨的眼神、紧握的拳头和流出的鲜血,我说不出一句话。歌乐山上一点声音也没有,可怕的寂寞,一片荒凉。"

但是,当越来越多的人涌向歌乐山寻找亲人、朋友和同学时,山林再也无法沉寂下去,哭喊声处处可闻。

1949年12月1日出版的重庆《大公报》以"蒋匪灭绝人性屠杀革命志士"为题,记下惨绝人寰的一笔:"一位青年妇人,正抱着她的一个一岁多的孩子,在那里痛哭,找她丈夫的尸体。天!这怎么找得到!那么多焦尸,已没有一个还像人样,没有一个能认清面目。"

记者们亲眼看见遍地的焦尸、一两尺深的血水和亲人们的眼泪,写道:"这惨痛的情景,叫记者怎能下笔,怎么能形容得出来呢!"

12月1日,解放军冲进了渣滓洞、白公馆。在刚刚经历了与胡宗南部队和罗广文残部的生死厮杀之后,那些流血不流泪的战士们此刻也失声痛哭:"我们来晚了!""我们来晚了呀!"

两三天后,从大屠杀中侥幸脱险的人们跑回歌乐山。罗广斌做的头一件事,就是带着大家冲进白公馆,冲进楼下2室牢房,撬起屋角的一块木地板,五星红旗还在。那是狱中难友们听说新中国成立后用被面、草纸和饭米粒制作成的红旗。攥着它,几个人抱头哭起来。

《大公报》在1949年12月14日的第3版《30名志士忠骸昨开始收殓装棺》中描述:在距白公馆8公里的电台岚垭被杀害的30名革命烈士的尸体,昨天由治丧处派人前往发掘收殓。据脱险志士说:上次传说有42名同时遇难,数字不确,总数是30名,其中"渣滓洞的29名,白公馆1名。当昨天收殓工人挖掘的时候,首先挖出一具,后来挖了很久,将其余28具在深坑底部发现(另外一具是在不远的一块田地里掘出),可是挖出的这29具志士尸体多都腐烂了,除江竹筠和李青林两位女志士忠骸被亲属认出,其他无法辨认。当29具志士尸体搬出土坑时,认尸的家属和观看的附近居民都悲痛欲绝,愤怒不已。这29具志士的尸体除每人穿了一件内衣裤外,连衣服、鞋、裤也被特务剥光。据附近居民说,这些志士们的衣服鞋裤是在殉难前被特务们强迫脱掉,第二天还有人看见特务把那些西装、毛衣等物在磁器口摆地摊出卖。"

2010年11月5日，82岁的吴健国老人在家人的搀扶下来到红岩联线。他将装在一个大信封里的照片一一拿出来，动作格外小心。"这些图片啊，都是我当年拍的，我存放了60多年了。"吴健国一边清理着泛黄的照片一边说。

信封里，重庆"11·27大屠杀"的照片有4张，庆祝重庆解放的照片有10张。在"11·27大屠杀"照片上看到，革命烈士的遗体有的倒在地上，有的被横七竖八丢在一起，惨不忍睹。

说起这两组照片，吴健国凝神望着窗外，陷入了回忆中。

吴健国对红岩联线的工作人员说，这些照片都是1949年拍摄的，当年他21岁，正在重庆大学电机系上大三。因父母是报社的编辑，当时家里有相机，他也喜欢上了摄影，经常用相机记录生活中的一些场景。

吴健国说，如今他已经年迈了，捐出这14张照片是想让更多的后人铭记这段历史。

1949年的11月27日，特务们杀害渣滓洞和白公馆的革命烈士当天，与吴健国关系很好的同寝室同学张现华也没有回寝室。12月4日，吴健国前往渣滓洞和白公馆寻找张现华，目睹了倒在特务枪口下的革命烈士，有的烈士大腿上还有枪眼。当时，渣滓洞、松林坡、白公馆人烟稀少，到处都是被残害的烈士的遗体，偶尔可看见几个人在烈士遗体中寻找亲人。白公馆外大尸坑里的烈士遗体以及烈士随身携带的物品，还静静地躺在原地，监狱墙壁上，烈士的绝笔题词清晰可见。

吴健国找了一天,也没有找到张现华。但他被渣滓洞和白公馆的场景深深震撼了,于是他将这些惨绝人寰的场景用相机记录了下来。

红岩联线的工作人员拿出一张照片给吴健国看。

"对,是他,当年的张现华就是这个样子。"吴健国一下子就认出了当年的室友。红岩联线的工作人员告诉吴健国,张现华当时是地下党员,已在"11·27大屠杀"中牺牲了。

吴健国顿时愣住了,半晌没作声。

吴健国老人献出他当年拍摄的照片(吴珊 摄)

7. 巴蜀奇人尹子勤

重庆歌乐山大屠杀之夜，年近花甲的尹子勤也是在"放下屠刀，立地成佛"的军统特务刽子手杨钦典的帮助下成功逃出了人间魔窟白公馆的志士之一。

尹子勤生于1890年，系四川省武胜县人。他生前对自己的一生有过这样的评述："任军职30余年，在本国境内未开银行、未修洋房、未购一亩土地、未杀害爱国人士，未危害工农，未破坏组织、未牵连同志。为反对蒋介石独裁坐了三次监。"尹子勤毕业于保定军官学校，此后多年戎马倥偬，曾在许崇智与蒋介石手下任高级参谋。蒋介石背叛革命后，尹子勤在上海、北京从事反蒋活动，上海淞沪抗战后，日军在六三花园庆祝"天长节"，尹子勤更是干出了一件震惊中外的大事！

1932年4月，自1月28日中日淞沪战争开始以来，日本陆续派出12万陆军前往上海参战，经两月战事，中国方面在两星期前败至昆山二线，日本驻华公使重光葵全权代表日本政府与中国政府谈判签订《中日淞沪战争停战协定》。可是中国政府的全权代表郭泰祺并不屈服于日本的军事力量，对日方的要求据理力争，尤其对"距上海市三十里内不准进驻中国军队"一款颇有异议。而对日本政府来说，这是绝对不能允许的，东京大本营指令，对中国政府提出的条件决不作任何让步！

4月21日上午，日本陆军省次官、关东军司令兼驻上海派遣军总司令白川义则大将从上海东北郊江湾镇日本驻上海派遣军司令部出发，前往北四川路日本领事馆与日本驻华公使重光葵、日本驻上海总领事村井商量后决定，在4月29日"天长节"（日本天皇的生日）这天，上海的日本侨民照例要举行庆祝，日本派遣军可趁机在上海虹口公园举行一个象征性的军事活动，组织陆、海、空三军大阅兵，既能显示大日本皇军的赫赫军威，又可给谈判桌上的中国代表施加压力。

当时,虹口公园一带属于"公共租界"范围,由美、英、日、德几个帝国主义国家共同管辖。租界的最高领导机构是工部局,总董事长由美国人斯特兹·特克尔担任。

这天下午,天空阴云密布,下着倾盆大雨,村井冒雨驱车来到工部局会见斯特兹·特克尔,告知日方决定4月29日"天长节"举行盛大阅兵庆祝活动。当然,村井并没有透露举行阅兵式的真实用意。

斯特兹·特克尔心里早已明白日方意图,直言不讳地问道:"总领事先生,贵国是不是想以此显示军事优势,威吓中国政府,从而可以在谈判桌上少费点口舌?"

村井矢口否认。

斯特兹·特克尔神情严肃地说:"总领事先生,自'一·二八'贵国和中国军队开火交战以来,中国民众对贵国可谓深恶痛绝。现在,战争已届结束,失败的是中国,按理,贵方应当理智,不要再刺激中国民众。遗憾的是,贵国却偏偏要搞阅兵式庆祝以显示武力。我作为总董,有责任提醒阁下,这种刺激有可能激起一种暴力反映,导致发生不良事端,希望阁下郑重考虑。"

对于斯特兹·特克尔的劝告,村井不屑一顾,他站起来,傲慢地回答:"总董先生,我们已经着手做庆祝活动的有关准备了,所以事实上已来不及作任何更动了。"说完,微微鞠了一躬,说声"告辞了",便扬长而去。

村井的傲慢和固执,激怒了公共租界工部局的全体董事,当晚,总董事长召开在沪中外记者招待会,向新闻界披露了日本方面的企图,明确表示反对炫耀武力的庆祝活动,于是,日本侵略军的阴谋大白于天下。

日方一看情势不妙,三个头目——白川义则、重光葵、村井——再次进行紧急磋商,决定一切照原计划进行,为了防备万一,又决定"天长节"那天只准许日本人、韩国人进入虹口公园,中国人一律不得入内。

魔高一尺,道高一丈,就在日寇决定蛮干下去的同时,在法租界桃园里40号一幢老式石库门房子里,两位中国志士正在密议制订捣毁"天长节"庆祝活动的计划。这两位中国志士一位叫王亚樵,安徽合肥人,早年曾参加辛亥革命,担任过合肥革命军司令、安徽副宣慰使等职。1927年"4·12"反革命政变后,蛰居上海,广收门徒,秘密从事反蒋活动。1932年1月28日中日淞沪战争爆发,数小时后,王亚樵即召集门徒,宣布成立"抗日义勇军",自任司令,领导3000部众协同19路军抵御日寇侵略。不久,被迫辞职。4月停战后,"抗日义勇军"正式划入19路军编制,成为19路军补充团。王亚樵便隐居在法租界桃园里40号寓所,密切注视着中日谈判情况。这天,当他获悉侵华日军将于4月29日"天长节"在虹口公园举行阅兵庆祝活动时,十分震怒,拍案大骂,决定组织一次铁血行动,捣毁"庆祝活动"会场,惩治日酋。而与他密商的另一位中国志士,正是尹子勤。

当时虹口一带,驻有日军陆、海、空三军十余万人,还有不少宪兵和便衣特务。王亚樵和尹子勤要在戒备森严中实施铁血手段,具有相当难度。日本方面关于"只准日本人、韩国人进入会场"的规定,便是一个难以逾越的障碍。为了解决这一难题,王亚樵与尹子勤特请挚友郑抱真(郑解放后任安徽省副省长,1954年病逝)密议,共同商定,请当年支持辛亥革命的朝鲜独立党人士帮助,到时利用韩国人的身份混入虹口公园会场,伺机行动。

郑抱真即前去通知居住在上海的朝鲜独立党领导人,约定4月24日下午6时在沧州路东方饭店会晤,面议大事。

4月24日下午6时,一辆云飞车行的雪铁龙轿车载着三个朝鲜人——57岁的金天山、30岁的安昌杰和26岁的尹奉吉——前来与王亚樵的代表尹子勤会晤。他们受朝鲜独立党负责人安昌浩的派遣,以执行捣毁"庆祝会场"任务者的身份来到东方饭店。

在一个预定的单间里,尹子勤与三名朝鲜义士见面了,他微笑着说道:"敝人尹子勤,是王亚樵的拜兄,今奉王大哥之命,代表他来和三位先生相晤,面谈捣毁'天长节'之事。"

这三个朝鲜人中,金天山是一位大名鼎鼎的传奇人物,专搞锄奸行动的行家里手。他的冒险职业是从1896年开始的,这年,日本侵略军占领了朝鲜的京城汉城,烧杀掠抢,无恶不作。一个名叫土田的日军大尉,肆无忌惮地闯进王宫,奸杀了王后,引起朝鲜全国上下的极大愤怒。金天山暗暗认准土田大尉的模样,尾随至黄海省安岳城,徒手击杀之。此后亡命江湖,伺机杀死日军官兵,曾数次被捕,越狱逃脱。1909年,金天山来到中国,在哈尔滨协助安重根暗杀日本首相伊藤博文;1911年参与暗杀日本驻朝鲜总督寺内。不久,他改名金九,隐居上海,其间上海发生过几桩与日本人有瓜葛的人命大案,据说都是金九所为。这次朝鲜独立党首脑安昌浩(安重根之子)接到王亚樵的要求后,决定派金天山率领两名助手去虹口公园执行暗杀任务。金天山受命之后已潜入虹口公园去观察过地形,订出了一套详尽的方案,因此这会儿他只喝了一杯酒就对尹子勤说:"尹先生,金九等既奉命行事,必全力以赴,请您转告王亚樵先生,请他尽管放心,4月29日定能马到成功!你们只需办两件事情:一、准备一颗不超过二斤装绍兴酒酒瓶体积的烈性炸弹;二是准备四万银洋,作为我们三人事成之后逃往国外的生活费用。"

尹子勤见金天山把握很大,点头道:"我代表亚樵兄向三位先生致谢,炸弹我们马上去准备,保证4月29日以前交给你们;银洋已经备下了,现在就可以支付。"说

罢,从皮包里拿出空白支票,填上四万元数额,递给金天山。

大事谈完之后,宾主四人略略吃了点酒菜,起身下楼,各自回归住所。

尹子勤赶回桃园里40号,向王亚樵报告了会晤的情况后,王亚樵当即找来兵工爆破专家张玉华,向他下达了制造白金炸弹的任务,并当场拨出用于购买白金的一笔巨款,交由尹子勤去具体操办。稍后,朱庆澜也为此次行动捐款1500银洋。

4月28日上午,张玉华带炸弹来向王亚樵交差。这颗小小的炸弹,内装一公斤美制TNT炸药,外壳银光闪闪,炫人眼目,既可以投掷爆炸,又装有定时装置,能延时爆炸。当天下午,尹子勤把炸弹送往法租界霞飞路宝康里42号金天山处。

4月29日,天气晴朗。一清早,旅沪日侨便在自己的商号、住所门前悬旗结彩,有的还贴出了恭贺天皇生日和庆祝战争"胜利"的彩纸标语。上午7时开始,身着节日盛装的日本侨民手执三角形绸质太阳旗,兴高采烈,三五成群地涌向门口搭着松柏牌楼、四周遍插彩旗的虹口公园。

出于安全考虑,白川义则大将命令数百名宪兵和海军陆战队士兵在虹口公园附近站岗警戒,严禁中国人靠近会场。

8时许,接受邀请的各国驻上海外交使团客人陆续来到北四川路日本领事馆,重光葵公使和村井总领事亲自接待。

9时正,各式轿车组成庞大的车队载着宾主上百人驶出领事馆,前往虹口公园。

参加阅兵式的日本军队于8时30分自驻地江湾镇开到虹口,整队集合于北四川路日本小学的操场上。

8时40分,身穿戎装的白川义则大将在卫士的簇拥下骑马来到现场。9时15分受阅军队开赴虹口公园。这时,早已恭候在大门口的日本海军第三舰队军乐队高奏《君之代》、《欢迎曲》和《胜利曲》。

受阅军队全部进入公园后,担任警戒的日本海军陆战队士兵面前出现了三个男子。他们中两个年轻的身穿藏青色西装,头戴鸭舌帽,手拿三角小旗和茶杯。一个年长的身穿日本陆军军官制服,光着头,手里提着一只热水瓶,热水瓶的提手上斜插着一面太阳旗。那两个青年见士兵冲他们目不转睛地打量,嬉皮笑脸地嘀咕了几句日语,年长的向青年人瞪了一眼,不高兴地"哼"了一声,两个青年连忙闭口。这时后面又来了七八个男女,三人和他们一起,从容不迫地通过了岗哨。

在门口警戒的海军陆战队士兵做梦也想不到,这三个人就是奉命前来捣毁庆祝会场的朝鲜独立党人金天山、安昌杰、尹奉吉。金天山提着的热水瓶里藏着那枚白金炸弹,他和安昌杰身上还各披着一颗甜瓜式炸弹。当时,在沪日本人参加集会时都喜欢自带热水瓶和茶杯,因此岗哨对金天山手中的热水瓶毫不在意,放他们进了场。

虹口公园内有一块面积很大的空场地，用作举行阅兵式的场子。临时搭设的主席台分检阅席和外宾席。检阅席上站着公使重光葵、总领事村井、海军第三舰队司令野村中将、居留民团行政委员会长河端、居留民团行政委员会书记长友野等日本文武官员。外宾席上站着各国使馆武官、总领事及商人。日军第九师团师团长植田谦吉中将在台下指挥。

10时正，白川下令开始检阅。阅兵总指挥植田谦吉跃马而出，指挥日军操演。参加这次阅兵式的日军部队计有：炮兵一团、步兵三团、重炮山炮各一队、坦克车一队、铁甲车一队、运输兵一队，共计一万余人，都是从各部队里挑选出来的精锐，武士道精神十足，在阅兵场上整整折腾了一个多小时才退下。之后，白川义则和植田谦吉下马登台，在海军军乐队的伴奏下唱日本国歌。歌声刚刚落下，天空响起了飞机的轰鸣，18架战斗机飞临上空表演特技飞行。

主席台上，白川义则和众官员们一起饶有兴趣地仰头观望。金天山、安昌杰、尹奉吉三人进入虹口公园后，立刻向主席台靠近，其时白川义则不在主席台上，他下台准备登马检阅部队，身边站着几名卫兵。金天山见难以下手，朝安、尹二人使个眼色，把"热水瓶"递给尹奉吉，示意二人分两个方向散站在主席台边的人群中。尹奉吉站在主席台正面，位置正好对着检阅台。当白川义则登上主席台，抬头仰观空军特技表演时，他心中一阵狂喜，机会来啦，他毫不犹豫地抢起"热水瓶"，用力向主席台上掷去。

白川义则

"轰——！"一声巨响，压过了头顶上飞机引擎的轰鸣声。其时正是中午11时30分，检阅台上的日本要人被炸得血肉横飞，鬼哭狼嚎。其中，白川义则的面部、颈部、手足受伤一百多处，重光葵的右腿被炸断，村井的腹部和右足遭重创，植田谦吉被炸断了左臂，野村中将的右眼球炸出，河端的肠子流出肚外……

5月7日下午2时，白川义则毙命于日本兵站医院，消息传出，上海人民莫不拍手称快！

白川义则，日本爱媛县

白川义则的葬礼

人,19岁毕业于陆军大学,在长达40多年的军旅生涯中,先后曾担任过副联队长、师团参谋长、旅团长、师团长、陆军省人事局长、陆军大学校长、陆军次官、关东军司令、上海派遣军司令等职,参加过甲午中日战争、日俄战争。他的毙命,日方当然不肯善罢甘休。

4月29日炸弹爆炸后,在场担任警卫的日本宪兵立即切断了虹口公园内外交通,不许一人一车进出,当场拘捕了8个嫌疑者,投掷炸弹的尹奉吉也在其中。由于尹奉吉投弹时身边有许多日本人,被认定是主犯。金天山与安昌杰趁炸弹爆炸会场出现的片刻混乱逃出虹口公园,最后金天山一人逃走,安昌杰却在马路上被日军逮捕。两人均遭严刑拷打,逼他们交出同伙和后台,尹奉吉与安昌杰坚贞不屈,最后被日本人剖腹活祭白川义则。案发当晚,法捕、安南探员又开赴朝鲜人居住的拜伦路实施搜捕,拘捕"嫌疑犯"安正广等12人。5月3日到7日,又有数名朝鲜人被捕,其中包括两名朝鲜独立党成员。日本军方还扬言,搜捕将持续下去,一时间,闹得人心惶惶,鸡犬不宁。

朝鲜义士尹奉吉

朝鲜独立党领袖安昌浩见日本人狗急跳墙,担心会有更多的无辜群众死于非命,立刻与王亚樵、尹子勤秘密会晤,商量出一条移花接木之计,命令金天山照办。这时,金天山按照王亚樵预先的安排,已被尹子勤送到十九路军补充团团部藏身,由团长余立奎负责严加保护。

5月9日,金天山向上海市邮电局发出一封信函,内附英文打字文件一份和一张五寸照片。文件题为《虹口公园炸弹案之真相》,照片上是怒容满面的尹奉吉,手握一枚炸弹,背面写着一行小字:摄于炸弹案前三天。文件长约两千字,文中,金天山以第一人称介绍了自己一生的冒险生涯,阐明与日寇势不两立的政治主张,并详细介绍了自己策划和实施虹口公园炸弹案的全过程,把全部责任兜在自己和已经牺牲的尹奉吉和安昌杰身上,叫日本宪兵队有本事去找他报仇。文末署名金天山。

邮电局当天将文件和照片送到《申报》报馆,报馆立即将文件译成中文,连同照片,于5月10日以《虹口公园炸弹案之真相》为题向社会披露。

这时日本宪兵队里已经抓捕了不少朝鲜人,严刑拷打,毫无口供,现在见了金天山的"公开信",如梦初醒,马上组织侦察追捕,可为时已晚。

尹子勤在其自传中写到:"我与金九(金天山)始逃苏州,再逃香港,金九不久去美国,我则返广东。"尹子勤在广东与同学陈兴融活动李济深、陈铭枢联合粤、桂、闽三省出兵讨蒋,建议夹击广州后再行北伐。因被胡木蓝告密,尹子勤被逮捕关押,直到抗战爆发才被放出来。

出狱后,尹子勤经同学叶挺介绍与叶剑英相识,在叶剑英推荐下尹子勤出任华北抗日第九路司令兼特派员,在康泽的指挥下与日军作战。尹子勤对康泽(抗日游击总指挥)手下进行的抗日工作有这样的评价:"干部只知道要钱,游而不击。每月到天津领经费六万元,往来旅费耗去七八千元,饷款支出,意见不一,进展困难,十个月游击工作,苦痛万分。"

1938年尹子勤辞职转去上海,与被陈立夫的中统派往上海任除奸总队长的独生儿子尹懋萱(化名詹森,成功暗杀汪伪特工机构负责人李士群的老师、青帮大佬季云卿而被报上称为"独行大侠")会面。正当尹子勤按国民党军委"返渝听用"之命准备绕道云南回重庆时,突然接到蒋介石侍从室密电,要他"协助除奸工作完毕后返渝"。

尹子勤在自传中写到:"儿子懋萱奉电云'奉总裁面谕,加入伪汪精卫政权充任总队长。相机完成锄奸任务。'况抗战锄奸系为民族救亡,岂敢违命。每日与吴绍澍、尹懋萱集议,在倭寇虎口内冒险工作。上海车站烧毁倭寇弹药车三列、苏州外垮塘以地雷炸毁列车四辆,炸死倭寇军官六十余人,儿子懋萱率兵游击,在常熟白茅口被捕,我亲率三百人冲进倭兵连部,将懋萱救出,倭兵全连缴械。"

原国民党高级特务(中统系)胡均鹤在一份材料中写到:"1940年,因为汪精卫伪政府成立后,为了要搞一些汪伪的上层情报,因此陈立夫认为尹子勤有王辑堂和周佛海的关系,可通过他打入汪政府,所以尹接受仟务后,先到华北找王辑堂,这样王将尹介绍给影佐(汪伪政权的日本顾问),由此尹就进入财政部和特工总部。"于是,尹子勤定期对汪政权的情况通过"专报"派人亲送重庆,同时尹子勤也按照陈立夫的指示向汪政权提出一些建议。

在这期间发生了一件对尹子勤打击很大的事情,由于军统派往上海的抗日人员毛森、万里浪、林之江等被极司菲尔德路七十六号"汪伪特工机构"抓捕后,把尹懋萱的真实身份作了举报,1940年6月12日军特务机关立即将尹子勤、尹懋萱父子逮捕,结果尹懋萱被处死,尹子勤则交给汪伪政府,汪精卫将他关押到抗战胜利后才放出。

抗战胜利后,尹子勤为子申冤,得罪军统,又再次入狱。由此,他对国民党的反动、腐朽有了刻骨铭心的认识。他在自传中详细地记录了这段历史:"倭寇投降,淞沪接收,戴笠匪帮毛森、万里浪等,昔日当汉奸头目,危害抗日分子,胜利后充任京沪司令部第二处处长,变成抗战功臣,大捕汉奸,接收敌伪物资,私自变卖,大发横财,汽车洋房无数,且骄横凌人。陈立夫、朱家骅到沪,假南京大戏院招待殉难同志家属,并成立蒙难同志会,我亦被邀到场,因无车钱步行,亲见毛森、万里浪等乘汽车而至,我一恨儿子惨死,衣食无着,毛、万诸汉奸仍然权威赫赫,二恨蒋政权忠奸不分,是非颠倒,愤气攻心,明知攻击匪特要吃亏,为伸张正义,为与众烈士及儿子雪恨申冤计,不顾一切,在会场起立高声质问陈立夫:"毛森、万里浪等人昔日可以捉抗日分子,现在可以捉汉奸,职权是谁人所赋?"

尹子勤一带头,各烈士家属也群起攻击,上海光复后担任副市长的吴绍澍充任会场主席,自然暗中支持尹子勤等人的行为。群情激奋之下,毛森、万里浪等狼狈逃走。陈立夫宣布呈请政府解决。尹子勤带头攻击毛森、万里浪的情形,民国30年10月12日上海《申报》、《铁报》记载甚详,均一致支持尹子勤,指责政府不应袒护汉奸。吴绍澍也在各种场合竭力呼吁社会各界支持尹子勤,招致戴笠忌恨。

10月24日,吴绍澍与朋友周世安在同车返回吴官邸途中,有一辆轿车对驶而来,两车相交时,对面车中突然有人用驳壳枪向吴绍澍射击。吴长期从事暗杀除奸工作,极其机警,近在咫尺,却是毫发无损,周世安却因此被杀身亡。

尹子勤于当月28日夜里被军统便衣绑架到淞沪司令部稽查处,关押半年,从未审讯,直到戴笠摔死,吴绍澍证明尹子勤'为抗战子亡、身囚、家破'等情形,尹之家属也向各机关控诉,淞沪司令部才将他移交军法处审讯三次。

法官问他:"你儿子被日寇宪兵枪决,为何偏偏不杀你?"

尹答:"狱中之苦,让任何一个被囚之人渴望早死为幸,倭寇不杀,并非我尹子勤贪生怕死。"

法官又问:"坐监五年,你为何不设法逃生?'

尹答:"日本人看管极严,逃跑无非白日做梦,再者眷属老小八口,与重庆政府脱节,亲友不敢往来,旅费无处筹措,你要是处在我的位置,又当如何?"

旁听席上记者、听众大哗,情绪明显倾向尹子勤一边。

尹子勤反问道:"法官先生,我被抓半年,今日才第一次审讯,请问自己究竟所犯何罪?"

法官道:"你平日毁谤政府,攻击领袖,有伪职嫌疑。"

尹道:"如有毁谤、攻击、伪职等罪,请提出具体事实,毛森身任日寇宪兵队队长,害死有名有姓的抗日分子百余人,为何不逮捕法办?"

法官云:"毛森任伪职时捉的是共产党,并未捉抗日分子。"

尹答:"我的儿子尹懋萱是毛森、万里浪出卖的,共产党与政府联合抗战,危害共产党,迫害共产党,难道不算是危害抗日分子吗?"

法官辞穷,"从此不讯"。

幸亏陈立夫尚有天良,再加之吴绍澍与尹懋萱同负锄奸责任,共同出生入死,自是极力营救。在强大社会舆论的压力下,蒋介石不得不将万里浪、林之江等28名军统投敌汉奸公开枪决,尹子勤则被移送上海法院审讯两次,最终无罪开释。

尹子勤被匪奸污陷,冤禁14个月,惨痛至极,稍有良心者,都为其悲惨遭遇酸鼻痛心。释出半月,吴绍澍时任中统上海地区负责人,中统与军统不睦,他与尹子勤之子谊笃,遂向尹引见陈立夫,并劝尹加入中统,以便解决他全家生活。尹子勤遭遇旷古奇冤,早已看破红尘,以年老体衰多病谢绝,吴绍澍继续劝三次,尹答自古以来只有儿子荫父亲的恤,没有父亲袭儿子爵的事,并表示"以后永不往还"。

1948年1月1日,李济深在香港正式成立民革总会,在民革秘书长郭春涛的动员下,宣称看破红尘的尹子勤又跳回到三界之中,毅然参加了民革组织,并在上海秘密从事反蒋工作。同年5月,根据民革组织的安排,尹子勤随杨杰返回四川开展地下工作。6月,尹子勤回到家乡武胜县,时值川东地下党领导的武装起义正在武胜、岳池、广安等地举行。起义失败后,大批农民武装起义人员被国民党逮捕,尹子勤联络乡中耆老多方予以营救,被捕人员除少数送往重庆关押外,大多数人员在当地被营救释放。为此,尹子勤遭到特务的监视,并差一点遭到暗杀。尹子勤不得不化装逃往成都。

1949年7月,尹子勤又到重庆,与杨杰商量武装起义之事,不幸于8月25日被西南财政长官公署行辕二处特务逮捕,转往白公馆看守所关押。

大屠杀之夜脱险后,尹子勤回到家乡,始在武胜县政府做征粮、肃匪工作,后任川北行署参事、四川省政府参事室参事。在1957年反右斗争中,尹子勤被划为极右分子,受到了撤销参事室参事、开除民革党籍、监督劳动的处分。1960年于贫病交加中郁郁死去。1982年,四川省人民政府参事室对尹子勤被划为极右分子的问题进行了复查,经中共四川省委统战部批准的复查结论为:……现决定将原划尹子勤为极右分子的处分结论予以撤销。建议'民革'撤销开除'民革'党籍的处分,并恢复其党籍。"

8. 他逃出白公馆，
却倒在自己人的枪口下

郑业瑞——历史不应该忘记这样一个必须大写的名字！

他不是共产党员，也非共青团员，并未参加任何组织，家道殷实，不乏吃穿，却在自己的家里利用收音机收听解放区的广播，与同学毛晓初一起把解放区的消息油印成传单，在各地散发。他负责收听广播，编辑消息，毛晓初刻印钢板，印制传单，他们之间的消息传递被国民党邮检人员查获，郑业瑞与毛晓初不幸被捕，关押在白公馆看守所。

他为什么要这么干？我们可以从他留下的诗词中找到答案。

1948年25岁的郑业瑞从浙江辞职回到重庆时，写了一首《浣溪沙》，"月暗星残叹曙天，河东河北换人间，何事哀鸿遍江南？西风不禁红旗卷，吊民伐罪挥长鞭，不扫狼烟誓不还！"

国民党完了，共产党给中华民族带来了中兴之象，民心决定江山，郑业瑞把自己心中的那一票，投给了共产党。

"11·27"大屠杀之夜，郑业瑞与毛晓初、罗广斌等难友从白公馆死里逃生，然而21年后，他却被自己人押上刑场，公开枪决。

1945年，22岁一脸阳光的帅小伙郑业瑞在自己的照片旁边题了一首诗："莫道鸟生一介，胸怀壮志凌云，风流潇洒气超群，人称少年英俊；发愤习文讲武，慷慨评古论今，踪迹天涯请长缨，要将苍龙缚定。"

志向之宏大，境界之高远，全在诗中。

1998年3月，厉华带着重庆烈士陵园调查组，专门前往万县了解郑业瑞的情况。

在万县农科所大门前,厉华等遇见几个农科所的老职工,问他们认不认识郑业瑞时,他们异口同声地说,"哪个不认识郑所长啊,那是个最关心我们职工的好所长!"

当得知郑业瑞的遗孀已移居梁平县城后,厉华一行又立即驱车赶往梁平。郑业瑞的妻子余淑芸见到厉华一行人时,这位74岁的老人表面上显得很平静,但是看得出她是尽量在控制着自己内心的激动和那难以言说的委屈之情!

厉华走进她家里的时候,看见阳台、屋里摆放了几十盆铁树,不由惊奇地问:"你怎么养了这么多铁树啊?"

满头银发的老太太回答说:"铁树一年四季都是青的,它有骨气,有志气,不怕严寒,不怕酷暑。"

谈话便从铁树开始。

余:"我从20年前就开始种铁树,在我仁贤那边还有许多。老郑他解放前给我讲过,铁树是一种个性突出、不怕严寒酷暑、四季常青的植物。我的个性很像它,不怕压力,不怕打击。"

问:"你和郑业瑞是什么时候结婚的?"

余:"我和老郑是1947年在南京结婚的,他是四川江北县(现重庆市江北区)人,谈吐不俗,志向远大,对我很有吸引力。我从重庆师范毕业后在学校教书,和他结婚后就没有工作了。老郑大学毕业后在浙江渔业物委员会工作,后因我父亲生病才回到重庆的。在重庆家里他经常利用收音机收听解放区的广播,并且与原来的同学毛晓初一起印刷传单,还商量办了个《中国民主》月刊。后因老郑把编辑的月刊通过邮寄时被国民党邮检特务查获,他被反动派抓走了。解放后,他要求搞农业,从重庆来到了万县农科所。"

郑业瑞的儿子从柜子里翻出他父亲亲笔写下的"狱中杂记"给厉华等人看。虽然因为年代久远,纸张已经发黄破损,但是对厉华等人来说,这无疑是一份太难得太珍贵的党史资料!

郑业瑞被捕当天的情况可以从"杂记"里看到:

5月27日下午3点钟我从楼上写好一封待发的信拿下来,因为早两天就得到些不好的风声,所以未敢亲自把信送出去寄发,随手搬了凳子在大门边坐下来,拿起一张报纸,正准备看,一个全身美式便装的中年人走进门口,毫不犹豫地向着柜台走去,并且用客气的口吻问坐在柜台里的人,"郑先生在家吧?"

我情知不妙，但又不好示意柜台里的人，叫他们说我不在家，只得脸背着那位怪客，用镇定的步态，取出口袋里的信大踏步地走出去，明知逃不出魔掌，但也只好作最后的冒险。果然就发现门口左右都站着有不少的人，甚至连街对面的巷子口，街上和街心都有些穿西服、穿长衫和香港衫、美式军装各色装束的怪家伙，总有十五六个，都像等到骨头吃的野狗一样，用不正常的眼光盯着我的行动。我并没有停下来，继续向前走，望着停在五六公尺远近的一辆人力车，打算坐上去。迎面一个怪东西走近身来，拍了一下我的肩膀，用熟识者的语气说："郑先生，几时回重庆的？"

我装出一副很老实的样子回答："先生你认错了，我不姓郑，我姓李。"

"哦，你不是郑先生，不见得吧？好，同我进去谈谈。"他现出了狰狞的本相，用眼睛左右示意，另外五六个怪物围了上来。

我被他们夹在中间，重又回到了屋中，先进门那家伙正在威胁店中一位职员，要他马上交出郑业瑞，看情形，被捕是绝对难免了，不愿再让别人为我吃苦，必须承担起地狱的苦难。我知道这苦难的期间还相当长，所以临行时要求带几样随身应用衣物，可是未有成功，就这样穿着一套单薄的衣服，在十几个特务的挟持下，在门口一大群好奇者的凝视下，离开了储奇门行街11号。

出凯旋路经中山路左营街，进了警备司令部的大门转弯倒拐地被带进一间楼上的大厅，一群特务也跟着进来，议论纷纷地望着我，发出胜利者的狞笑。

其中一个半讽刺半得意地对我说："郑先生，你来了呀？我们这样多求驾的人脚都跑跛了哟。"

我没有理他。

另一个跑去打电话，听声音是打给二处的，打完了，他便发出命令，要原来抓我的人马把我送到石灰市稽查处看守所去。

到石灰市的途中，碰到一个老同学，本打算托他把我被捕的消息带给另一些人，但特务们阻止了我和他的谈话。

走进看守所的大门，就发现从第三间牢门探出个头来的毛晓初君，我们彼此都不免会心一笑，"倒是有个熟人了"。我心里想。先在狱卒的办公室内被遍身搜查了一通，钢笔、手巾、裤带、皮鞋带和口袋内仅存的一块钱通通被缴光，然后被押进"第三舍"，正好和毛晓初关在一起，我们装着不认识，未打招呼，等狱卒锁好了牢房离去之后，我们才很机警地谈起来。

毛晓初是两天前在重大被捕的，已被刑讯过一次，他告诉了我一些受讯的经验，教给我如何应对，如何忍受非刑，我感谢他，但增加了心头更多的恐惧。不到十来分钟,另一个像猴子一样的狱卒走近牢门来,听说是"所长",他似乎是特意来"拜会"我,用魔鬼一样的眼光盯着我和毛君,像是发现了秘密。果然,他一开口便骂:"真是糊涂虫,为什么把他们关在一间屋里?"说毕很神气地走了过去。原先押我进监牢的那个狱卒走过来开了牢门,把毛君提出去关在隔壁一间牢房内,并且向同牢的难兄宣布,不许任何人同我讲话,否则给带上脚镣。这一来我便连开口的余地都没有了。一个人孤零零地坐在"床"边……

大概5点钟光景,狱卒来开了门放我们到牢门外的天井上吃饭,一个姓刘的难友好意地帮我找到一只破碗和一双筷子,并且让我多吃点,原因是明天上午要11点钟才得有早饭吃,可是我的天,那算什么饭啊,又黑又脏,又霉臭,看着就叫人发愁,何况一点菜都没有,心里又不好受,怎样能够"多吃"呢?我简直一口也没有吃下去。

饭后放风,半点钟,难友们都紧张地抓住这一点时间,在小得可怜的天井中来回地踱着步子呼吸着比较清洁的空气,只有我一个人倚着牢门,垂头丧气地想着这个遭遇。收风时,狱卒把所有的人都锁进牢房,却把我带进牢房旁边的屋子中,命令我等候审讯。在那里,我见到一大堆铁链、脚镣和一些叫不出名字的刑具,起初我有些恐怖,心跳动得非常厉害……

大约在深夜10点钟左右,一群特务狗子进来了,他们其中一个点燃一盏青油灯,在夜风的吹拂下,油灯闪动着,像鬼火,像孤萤,他们真会布景、变戏法,把人间变成地狱,这样逼真,这样彻底。围绕着一张死灰色的旧方桌,三个狗子坐下来,像是"法官",果然,坐上席那位开始对我讯问,他瘦个子,长脸,全身美式装备,每句话都要夹个把英文字,似乎用这个来表示他受过"美国爸爸"的真传。一开始,他便问我姓名、住址、身世,我随便应付了他一套,说我是个做药材生意的,其他什么也不懂。这样的答复当然他不会满意,于是咆哮如雷,命令站在我旁边的特务动手,一个人抓住我的头发,另一个人扭转我的手臂,马上就被放倒在地,棍棒兼着拳足,从头到脚的每一块肌肉都尝到了痛苦的滋味。然而,真正痛苦的滋味还在后面呢!这才仅仅道完了开场白。由于遍身上下都负伤,我倒在地下没有起来,美式装备的特务却假惺惺地叫两个小狗子把我拖在旁边一把椅子上,并且开始向我说教,内容不外乎是:他们的本事大,我的一切他们都一清二楚,要我自己说是"考验"一下而已。又说什么年轻人不能误入歧途,不能执迷不悟,自讨苦吃等等。最后拿出一个所谓关于我的材料的卷宗来,其中一件是我写给重大一个地下报纸的稿件——蒋介石的祸国殃民罪状。特务们特别把它取出来给我看,因为那稿件我未签名,所以我矢口否认我与稿件的关系,他却气愤地拿出几件包括我给毛晓初的信和我们的相片等等，穷凶极恶地问我还有何说。

我冷冷地回答："既然知道何必多问？"

他却开始向我进一步进攻，要我"交出组织"，取3分钟答复。旁边的特务也帮腔助威。

我利用这3分钟的时间来判断这些材料落到特务手里的缘故和我被特务盯上的直接原因，我料定，百分之九十和毛晓初被捕有关，不是特务在他住处搜查到这些东西，就是他作了叛徒，后来毛君告诉我特务逮捕他时曾搜过他的住所，我还未从这个问题的思索中转过脑筋来，特务却狂吠起来，有的骂，有的吵，有的说早就超过了3分钟，有的说我至死不悟，"美式装备"向我发出最后通牒，问我究竟交不交待？我答应他没有什么交待的，这句话惹疯了这群狗，其中一个把我连椅子推倒在地，我猜想必定又是一顿拳打脚踢，可是却出乎意料地变了花样，他们搬来两根长板凳，其中一根仰面朝天地叠在另一根上，用铁链把一端连在一起，两个特务把我的双手按进两根长凳之间，每个指缝中，插进一根铁筷，然后一个特务用力压凳子另一端，10个指头在两张凳子中间被压得"吱吱"的响。但特务意犹未尽，又站在凳子上用力踩，终至10个指头都被压得肉烂骨裂，鲜血淋漓，钻心的疼痛使我晕了过去……

在白公馆半年的拘押，对郑业瑞来说是一个重要的政治锻炼，在这里他第一次接受到共产党的教育。而在此之前，虽然也和毛晓初等自发性地参加了一些进步的革命工作，但对革命的认识并不深，甚至没有认识，把革命当作个人报仇雪恨的凭借或者个人扬名显姓的一条出路，即便是在被捕后硬抗过了几次严刑拷打，但这与其说是革命斗争性的表现，还不如说是个人英雄主义的支持，看到当时革命胜利已是指日可待，根据当时的情况判定自己是不能活着出去的，与其卑躬屈节而死，不如硬过去留下个"千古扬名"。

但是，在白公馆这座"火热的革命熔炉"，他却很快变成了一个自觉的革命者。他在"日记"中写道：

我到白公馆被关押在第二室，同室的有陈然、刘国誌、王朴、谭谟、罗广斌、毛晓初、顾建平、任可风、李自立、邓兴丰、涂孝文、李文祥等共12人，后来又进来杜文博、周居正二人。

同室的同志不断地给我帮助，给我讲革命的理论，而且有计划地指导我阅读了侯外庐的《中国古代思想通史》，邹韬奋的《我的奋斗》，蔡仪的《艺术编》。每天我们都有正规的学习时间，甚至整风文献上的一些文件，也凭一些老同志的回忆整理出来学习讨论，这些对于我既是新鲜的也是宝贵的。大屠杀前夕，我向罗广斌和刘国鋕表示过申请加入中国共产党。

重庆歌乐山烈士陵园保存的郑业瑞自传中，详细地记录了他被捕前后的情况，以及他亲身经历的大屠杀的情景：

1949年11月27日，蒋匪特务在白公馆、渣滓洞看守所进行了骇人听闻的大屠杀。屠杀从下午开始，先是杨进兴等将关在楼上的黄显声将军骗出枪杀，晚饭后即成批地将各室同志提出在墙外挖好的尸坑旁枪杀，每批四五人，这时白公馆的伙计李育生利用送饭的机会，把他打听到的今晚要将关在白公馆和渣滓洞两处的同志全部杀害的消息告诉我们。当第一批同志被提出时，白公馆里不约而同地唱起了《国际歌》。

刘国鋕同志在出牢门到刑场的路上高声朗诵着"我们死而无愧"的诗歌，其余的同志全流着眼泪高呼口号，而杀害同志的罪恶枪声也在不停地狂吠，这枪声、口号声、歌声，组成了革命胜利前夕的交响曲，这些声音，使每一个屠杀我们的刽子手发抖发颤，这些声音却使我们每个同志激动得燃烧起来，脱险的同志都可作证，我们当时没有半点儿畏怯，我们有的是愤怒的仇恨。谭沈明同志指着指挥屠杀的杨进兴大骂："你这至死不悟的屠夫，任你逃到天涯海角，也要把你捉回来，人民决不会放过你，终有一天要抽你的筋，剥你的皮！"而这个强盗却故意先用刀子害了谭沈明许多刀，然后再开枪打死。

当大群特务在渣滓洞杀人放火的时候，我们在白公馆的同志得到争取过来的特务杨钦典的帮助，打开了牢门上的铁锁。我们的同志分成两组，由罗广斌和我任组长，他开路我断后，冲出了白公馆的大门，但还未到篱笆边就遭到马路上的哨兵的射击，小组失去联络，只好分散突围。我向着歌乐山的方向爬行，在半山遇见另一冲出的同志王国源（民革党员），与他一道继续前进，天拂晓时爬到了杨公桥后面的小山上，在一户农民家中藏身了几个钟头，换下囚衣，洗净了血迹，经南开中学后门逃到重庆大学，途中又遇见逃出的杜文博同志，于是我们三人冒险向重大一个看来比较和善的女同学自介情况，请她帮助，幸好这个同志不是坏人，她把我们藏在基督教青年会内的小室中，并给我裹伤（我头部轻伤）。第三天重庆解放，我们才算完全脱险。

厉华等人对余淑芸的采访还在继续进行。

问：听说你也是因为郑业瑞的问题申诉而被打成过反革命？

余：老郑担任农科所所长后，带着所里的科研人员走遍了万县的山山水水，为此他写道："人间歧路知多少，试向桑田问耦耕。"他还带领科研人员到浙江、广西、东北三省学习考察，老郑把在各地考察的情况与万县各地考察的情况加以比较，针对在学习考察中苏联专家提出的建议和意见，坚持认为苏联专家的意见不一定正确，他给四川省农业厅的领导写信，要求加强对农业实验场的重视和支持，结果1957年的时候被打成右派，并且由万县农科所下放到梁平农机站。我在为老郑写申诉材料时，把忠于毛主席的"忠"字误写成了"终"字，就被打成了现行反革命分子。"文化大革命"当中，说老郑为自己右派翻案，就被革委会宣判死刑公开枪毙了，我连判决书到现在也没看见过一眼。

余淑芸拿出几张照片给厉华等人看，那是郑业瑞脱险不久重返白公馆、渣滓洞看守所拍的，一生喜欢做诗的郑业瑞还在其中一张照片上写了一首《脱险抒怀——寄调西江月》：

报国不计凶吉，革命忘却身家。
任凭深仇记心间，不见共产不罢。
恼恨蒋贼凶残，屠毒歌乐山前。
血海深仇记心间，誓把魔爪斩断。

9.头号杀手杨进兴

　　1949年11月27日临近午夜时分,杨进兴一伙杀手上了歌乐山顶后,见逃跑的人如洪水滚滚,根本不可能搞到汽车,只好裹在人流里往成都方向徒步前行。当走到一个叫土地堂的地方时,大家又累又饿,便坐下来歇歇脚。这时,看守们又议论开了:我们一没有经费,二没有武器,军不军民不民的这么远的路怎么走得通,我们这样瞎闯,没准会碰上共军,我们杀了那么多人,要当了俘虏可就没命了,吵嚷一番后,大家又改变了主意,决定先回白公馆,然后进城去二处看情况。

　　杨进兴又带着大家掉转头,下山重返白公馆。这时外面的警卫排已撤走,一间间兵房空空如也,但白公馆的灯还亮着。杨进兴刚上大门前的台阶就大声喊:"杨钦典,杨钦典!"连着叫了几声,没人应。大家进大门一看,院子里也不见一个人影。看守们到伙房煮了些东西吃后,在光板床上睡了一下,天还未亮,便经童家桥,到磁器口码头,乘28日清早的头班船进了重庆城。

　　杨进兴等人进城赶到老街32号二处后,马上又参加了一次屠杀共产党人的行动。28日下午,周养浩接到杨森对新世界饭店关押者的杀人签批后,令徐善谋:限令当天处决完毕。并特地强调尸体要处理好,不能让共党来了后拍照宣传。徐善谋将批文和名单交保防处行动组长廖雄执行。

　　廖雄原是交警一旅五中队中队长,11月份才调到保防处当行动组长,感到刚上任不久,又无大批处决犯人的经验,加上解放军已经攻占南温泉花溪河、五洞桥南面一带,国民党政府人员都纷纷逃往成都,行动组人手短缺,便向周养浩请求派刚刚从白公馆带着手下跑来的杨进兴协助。下午4时许,周养浩召集廖雄与行动组书记金刚、行动员马相时,和临时加入进来的杨进兴在新世界饭店底楼看守所的库房内开会,讨论屠杀计划。由于时间短,解放军又兵临城下,大家都显得很慌乱,有的提出就在新世界防空洞内处决,但又怕枪声大作会惊扰前线的军队,误认为后院起火,是解放军的突击队已经打进城里来了。有的提议押到化龙桥、小龙坎一带的防空洞里密裁,但也怕造成同样的误会。最后,周养浩决定,29日一早在白公馆附近执行,会后,周养浩即通知乡下留守人员负责挖坑准备埋尸。

第二天一早,交警直属大队7中队黄光书等7名队员奉中队长陈国清、副中队长王跃彩之命赶到新世界饭店。廖雄派杨进兴和黄光书、王跃彩、李家骅、马相时先到屠杀现场布置。廖雄和看守所长王汝璧点名并指挥人上绑。

王欺骗犯人说:"法院今天开庭审判你们的问题,大家都给我放规矩点。"随即把艾仲伦、黄细亚等32名犯人押上由稽查处朝天门检查所稽查员饶振帮和麦育平从两路口街上抢来的一辆大客车,由交警和饶振帮、麦育平等押解。廖雄和杨进兴则坐吉普车殿后。

汽车进入原中美合作所大营门后,经过白公馆,来到苹果林旁边的松林坡马路口,王跃彩前来招呼停车,并对廖雄、杨进兴密语:"尸坑已经挖好,行动组在山上待命。"

廖雄即令第一批先押解10人,几分钟后又令将其余22人排成两路纵队往山上走。顷刻之间,枪声大作,弹雨血雨横飞,32人全部殉难于松林坡上。

红了眼的杨进兴身背弹夹,腰别3支手枪,一口气杀了6人。然后再经他和马相时逐个检查补枪后,由押解人员拖尸入坑。还没有来得及填尸坑,突然从南岸方向传来了隆隆的枪炮声,特务们大惊失色,惊慌失措地爬上汽车逃往市区。到了新世界饭店,廖雄向周养浩复命后,这伙人便爬上了原车顺着成渝公路向成都逃去。三天后,这伙人中的大多数如杨进兴等都加入了国民政府警卫司令部警卫团。

应该向读者交待杀人如麻的杨进兴的下场了。毫无疑问,杨进兴算得是军统职业杀手中的佼佼者。他长得身高体壮,眉浓眼狠,经常穿着美国重磅呢军便服,腰中缠着一圈金灿灿的子弹带。屁股后面斜吊着大号左轮手枪。此人系浙江宣平人,生于1917年,1940年参加军统,1941年调重庆任军统望龙门看守所特务队看守。从1944年开始,杨进兴当上了军统头目戴笠的便衣警卫、侍从副官。1945年9月,叶挺将军从湖北恩施被押到重庆后,第二次被囚禁于军统乡下蒋家院子,杨进兴便负责管押叶挺将军。戴笠摔死后,杨进兴调到军统重庆白公馆看守所当行动员、看守员,后升任看守长。杨进兴因惯用老虎凳、灌辣椒水等酷刑而恶名远扬。在并不太长的人生中,据他被俘后交待,他亲手杀害了三百多名革命志士,欠下了累累血债。

1946年8月18日,杨进兴与徐贵林等4名刽子手从白公馆看守所挟持中共四川省委书记罗世文、中共川西特委军委委员车耀先上了吉普车,将罗、车二人杀害于松林坡原戴笠的停车房前,浇上6加仑汽油焚尸后将遗骸埋在车房后的松林里。

1947年9月13日,杨进兴以到南京安排工作为由,将革命志士尚承文、朱念鲜、张占鳌骗出白公馆看守所,押解到杨家山中美合作所气象站下面的一所房子内,用电刑杀害。当杨进兴见其中两人尚未气绝时,竟如疯狗一般拿起十字镐,把两人的脑袋啄得脑浆四溅。随后抢走了尚承文身上的一支派克笔。

1948年7月29日,在抗议美军暴行运动中被捕的韦德福越狱逃跑被抓回,杨进兴又将他枪杀于松林坡。

1949年8月25日,保密局特务头子毛人凤奉蒋介石密令,将杨虎城、宋绮云两家六口人押回重庆密裁。9月6日傍晚,杨进兴用匕首杀害了杨虎城将军父子,又赶到原戴笠警卫室杀害了宋绮云。

解放以后,轰轰烈烈的镇反运动结束了,一大批作恶多端、拒不登记自首的反革命分子被捉拿归案,依法受到了严厉的惩处,可是,在重庆"11·27"大屠杀中欠下血债的刽子手仍有少数下落不明。尤其是杨进兴,更为脱险志士和死难者亲属切齿痛恨,抓不到杨进兴,死者难以瞑目,生者万难心安!

整整四个年头又过去了,没有一点关于杨进兴的线索,重庆市公安局于1955年春成立了追残敌小组,集中精干的侦察员组成川东、川西、川南、川北四个小组,张开大网,分兵出击,深挖猛追。追残敌小组各路干警,深入全川乡镇,进入各地关押案犯的大小监狱寻找线索,但是,直到年底,杨进兴这个凶残狡猾的刽子手仍然渺无踪影……

他究竟是死了,还是活着?杨进兴还活着。1949年12月5日,杨进兴逃到成都后的第二天,在成都观音巷成都大饭店接受了徐远举布置的潜伏下来打游击的任务,领得了一笔1165块银元的活动经费,怀揣着成都警备司令部通行证和与特务接头的介绍信,一行18人朝川北华蓥山方向窜去。途经三台、绵阳到射洪县时,汽车抛锚了。正在这时,听溃兵说解放军已经打过来了,众特务连汽车也来不及修,就在双溪镇过河如鸟兽四散逃命……

12月11日中午时分,在川北南充县到岳池县的大道上,匆匆走来三位肩扛滑竿的农民。他们是南充县青居乡馨盘和平三村的汪大才、滕明清、滕明忠。当三人走到永安乡红岩湾时,迎面碰上了两男两女,那三十出头的男子,身高1米8以上,眼横眉浓,腮帮子上吊着两砣横肉,穿一身黄呢子衣服,手腕上戴着一块外国游泳表。那女人一头烫发,外穿一件红色呢大衣。这对男女身后,一个年轻人跟随着,身背一只口大底尖的山丘背篼,怀抱一个八九岁的小女孩。

"嗨,抬滑竿的丘二(帮工)!"那三十出头的男子冲着汪大才等人话音未落,便立刻改换了神态,客气地说,"三位兄弟,我堂客、细娃走不动了,做件好事,帮忙抬到前面永安场。"

他结结巴巴地说着带有浙江尾音的四川话,顺手摸出了六角生洋。

路上,那两男两女饿了,请滕明清帮他们买点吃的。可解放才一天的永安场,国民党的散兵游勇满街乱窜,家家户户都关门闭户的,老百姓大都跑到山上躲兵灾去了。

滕明清见买不到食物,便提议说:"到我家煮稀饭吃,吃个热烙。"

"小兄弟,你家有多远?"

"不远,就在前面山脚下的嘉陵江边上。"

那三十多岁的男人沉默了一阵后,转身对那年轻女人和跟随低语了一番,那跟随独自背着背篼向后转,顺原路走了。然后,那男人领着女人和女孩来到了滕家。

在做饭和吃饭的过程中,那男人一面打听当地的风土人情,一面介绍起自己的身世。饭后,他便提出想在滕家暂住几天,等路上稍安宁些再走,先付5升米的房租,伙食照实算。老实巴交的滕明清见对方堂客拖娃带崽,说得可怜兮兮的,就答应了下来。

次日,那男的摸出两块银元,托滕明清打酒割肉,请村上保长许绍兵、甲长滕义和邻居滕明忠等7人坐了一桌。

吃喝间,那男人叙述了他的身世。

"我叫杨大发,是广安县代市场人,6岁那年父母双亡,跟随做生意的叔父杨济生到江苏无锡,给人当放牛娃,10岁开始,靠卖饼子度日。12岁那年到浙江金华做小本生意,卖水果、香烟。民国22年到重庆南岸做水果生意,民国30年与田德俊结婚后,到江北县当过土木石工的包工头。民国32年失火房子被烧了,只得带着堂客到成都后子门街做水果生意糊口。现在成都兵荒马乱的,只得回老家做庄稼。一想到离家二十多年,家中无房、无土、无先人,再想而今眼下,沿途棒老二(即土匪)又多,在射洪的路上,我们的两只箱子都遭抢了,走路提心吊胆的,所以打算在这里暂住一些日子,等到清静了再离开。"

杨大发把自己的辛酸史说得哽哽咽咽,眼泪直淌,全席人无不为之动容,便都同意他在村里暂住些日子。

几天后,杨大发夫妇换上了土布衣服,杨大发还主动要求跟汪大才、滕明清、滕明忠搭伙抬滑竿。抬滑竿时,杨大发总是抢着当后手。汪大才称赞他说:"老杨这人肯卖力气,吃得苦。"杨大发则笑嘻嘻地说:"这莫得啥子,力气用了还会长,做人嘛,先要吃得亏,才和别人打得拢堆,你说是不是?"

正月间,杨大发到华蓥山庙子里烧香回来,用20块银元押金佃下滕明华的5挑田土定居下来。接着,他又在村上找了一家姓杨的认了家门,带着堂客和女儿,认了一家干亲家,一家娘亲家。

在减租退押和土地改革动动中,村上开会,不论刮风下雨,白天黑夜,杨大发从不迟到早退。在诉苦会上,杨大发积极发言,主动参加斗争,对地主恨之入骨。全村分胜利果实时,他把分得的四斗粮食,拿出一半捐给村农民协会。他经常天不亮就下地做活,大雨下雪的日子,别人在家休息,他照常出工。他地里的草铲得干干净净,粪坑积得满满当当,粮食年年增产。互助合作运动中,村里人选他当上了互助组长。在组里,他总是找笨重活干,还常帮组员做活。修公路时,他挑土运石,几次把筐绳担断,被评为筑路模范。粮食统购,他晒干风净,在大热天踊跃送粮到仓库,他领导的互助组首先完成公粮任务,受到乡上表扬。政府推广苞谷单株密植等先进耕作技术,他带头种植。村上办夜校,杨大发夫妇俩带头报名参加,两个月时间就认了300多个字。

每当荣誉落到杨大发头上时,他总是表现得非常谦虚。

日久见人心,尽管杨大发有这么多好的表现,但渐渐地还是露出了马脚。他刚来青居乡馨盘和平三村的时候,村上就有农民看见他出手大方,家里的伙食也比一般农民好得多,怀疑他原先不是干人(即穷人)。

1953年8月,全国进行第一次普选时,青居乡普选办公室向县公安局反映:青居乡三村的杨大发,自称祖籍是广安县代市场人,经发函调查,代市场原籍未查到此人。

南充县公安局侦察股副股长和一名侦察员赶到青居乡三村,他们以县普选办公室工作人员的身份深入群众,开展调查,搜集线索。

滕明忠反映:解放那年的正月初五(1950年2月21日),杨大发约我带路去华蓥山庙子里烧香,走到岳池县新场时,杨大发突然改变了主意,说他一个人可以去,要我回来。我回家对杨大发的堂客田德俊说:"华蓥山里的棒老二多得很,老杨一个人去,我担心他不安全。"田德俊却说:"没来头,华蓥山里头他的朋友多得很。"

正月二十,杨大发又约我到岳池县去卖灯草,挑到离三村100多公里的南部县去卖。有一天,在南部县住老鸦岩陈老板的栈房。我们身上无现钱,想拿灯草抵房钱,陈老板不依,杨大发火冒三丈地说:"也亏得是解放了,要反转去些年头,老子随便打个招呼,叫你生意都做不了。"

汪大才反映的情况则更为重要:1952年8月,杨大发夫妇在坡上掰嫩苞谷时发生争吵。开始杨大发又凶又恶,可当田德俊戳他脊骨说:"你跟我歪啥子?把你的历史揭一下,现在人民政府到处捉特务,你敢不敢到乡上去坦白?"杨大发马上就变得哑口无言。

1952年12月,杨大发曾拿了一个一钱多重的金戒指到南充卖了16万元(旧币),不久又把田德俊的红呢子大衣拿到南充去卖了4万元。

滕明清反映:这里解放那天,杨大发跟着我们一路来到三村,杨大发穿的是黄呢子衣服,手上还戴着块手表,田德俊头上烫了发,住进村后听见有人说她是披毛鬼,才改梳了一个和当地婆娘一样的"饼饼头"。

老农民胡德清反映:我和杨大发同在一个互助组,又是隔壁邻居,有一次听见隔壁杨大发对堂客气冲冲地说:"依得老子过去的脾气,早就杀掉他妈的几个了。等着吧,将来还是我们的天下。"

村干部则反映:杨大发的象棋下得很好,他帮哪个抱膀子(即帮忙),哪个就赢。他不识字,可记性特别好,夜校老师教一个字,他认得一个,还讲得出这个字的意思,很快就认到300多个字,当上了学习模范。平时杨大发讲话知书识理,有板有眼,不像是个睁眼瞎子(即文盲)。村上开会,他讲得头头是道,上头下来的干部都喜欢他。

农村调查结束后,侦察员清理检举材料,发现1951年川北党校学员滕志远(小学教师、国民党员)的一份检举里写着:"解放那天,我家青居乡三村来了一对陌生男女,第二天请了保甲长吃饭后住了下来。我父亲是地主,又是邻居,那男的常来关心安慰我,还约我和他一起做生意(未成)。南充"五五"暴动(中统特务胡伯洲为首组织中国国民党四川省救民义军三个团两千余人,1950年5月4日、5日在南充县附近芦溪、东观等40多个乡镇暴动,失败后胡率残部缩回老巢凌云山。我解放军于5月5日夜包围凌云山,6日晨分兵4路发起总攻击,彻底粉碎了暴乱。此事件被称为"五五"暴动)时,他在河边对我说,他原在抗日沦陷区和西南长官公署当差,解放前一刻才跑到川西,成都解放时准备坐飞机到台湾,因情况变化,全组18人乘车到华蓥山,途经蓬溪时川北解放,各人分散走路到华蓥山。他还说:"第三次世界大战就要爆发了,国民党不久就要转来重坐天下。"

为识别这位模范贫农的真面目,侦察员两到青居乡和平三村,结合普选,组织合作社,推广合理密植等工作,和农民同吃同住,继续开展调查研究。

永安乡邮政代办员罗克卿反映:1952年底,杨大发寄信给重庆田德俊的娘屋人,说在成都做生意不成,现在南充县青居乡安了家,分了田地,得了一个女儿。回信交南充县南溪罗克卿收转田德俊。

侦察员趁杨大发不在家,登门找田德俊谈互助组转合作社的事。摆谈中,田德俊说出她的老家在江北县洛碛镇,母亲田映贞尚在世。

侦察员立即到赶到江北县洛碛镇找到了已经73岁的田映贞。田映贞说:"田俊德是我兄弟田万顺的女儿,9岁父亲死后就抱给我作女儿。18岁与桂花村胡金结婚。一年后跑到重庆,与泥水匠戴福游结婚。过后又改嫁给一个听说在大溪沟国民政府里做事的人。两口子结婚后只回来过一次,那男人姓杨,叫啥名字我都记不得了。直到去年从南充来了一封信,我才知道田德俊嫁那男人叫杨大发,信上说她眼下已经在南充安了家。"

田德俊的原配丈夫胡金说:"田德俊跟人跑了后,我们就断了联系。"

在重庆市总工会提供的档案里查到了戴福游,但他已在1952年病故。

侦察员在重庆市公安局掌握的西南长官公署二处、重庆卫戍司令部名册中,未发现杨大发的线索,访遍重庆烟摊、卖水果的摊贩,都说不知杨大发、田德俊其人。侦察员又赶到成都,查实保密局派18名特务到华蓥山打游击一事确实。但这18个人中并没有叫杨大发的。

侦察员回头再访洛碛镇,进一步了解田映贞的家庭情况:丈夫敖炳章已病故,大儿子死后,媳妇叶德芳改嫁不知去向,二儿子敖保三和女儿敖其华,经访问所谈杨大发情况,和田映贞所谈大同小异。

访问在田映贞家帮工多年的雷开云,雷说:"我过去多年帮敖炳章开擂房,敖死后仍与田映贞有往来,田德俊最后嫁的男人来过一次洛碛,我听人说那人在重庆卫戍司令部做事,威风得很,腰杆上别手枪,提起手铐子到处捉人。"

时在重庆磁器口小学当老师的滕志远证实:在川北党校学习时,检举杨大发的情况属实。种种迹象与线索表明,杨大发很有可能是个隐藏的特务。南充县公安局决定智取杨大发的照片,找在押的特务识别。

两名侦察员三到青居乡,要宣传农业初级社青林社的先进事迹。他们身背照相机,拍了青林社肥滚滚的耕牛,新制的农具,苗壮的禾苗,又照了不少社员的人头相。

"唉,杨大发,你是和平三村的模范社员,你也来照一张嘛。"照相的人热情地叫他。

"你看我周身都是稀泥巴,咋个好意思照相?今天你们先照,等几天我换套干净衣服再照。"杨大发婉言谢绝了。

第二天,社长召集社员大会,宣布说:"青林社评上了全区先进合作社了,需要照一张全社集体像,参加县上的劳模大会,社员一个都不能缺席。"

杨大发夫妇没法再推,只好和大家照了一张集体相。

1955年2月9日,南充县公安局的侦察员带着杨大发的照片和调查材料来到了重庆市公安局。

"此人极有可能就是白公馆监狱看守长杨进兴。"市公安局追残小组老陈比较了杨大发的照片和杨进兴穿美军上装的照片后说。追残组立即派出侦察员对这张照片进行辨认。

此时被关押杨家山看守所的徐远举、周养浩等军统特务头子睁着眼睛说瞎话，看了照片后均摇头说："不认识，从来没有见过这个人。"

但是，原白公馆看守所的老炊事员陈紫云夫妇、警卫顾有德、军统局收发股长邓培新和军统分子陈威等人，以及白公馆脱险志士罗广斌、李荫枫、郭德贤等看了照片后，都肯定地说："这人就是原白公馆监狱的看守长杨进兴！"

1955年6月16日，重庆市公安局追残组派出吴国成、申俊章等四位侦察员，来到南充县青居场六区区公所，定下了擒魔妙计。晚上，村长敲了敲杨大发家的门，大声武气地说："杨大发，明天早上你到银行换贷款条子，顺便把村里的几把椅子带到区公所去。"

第二天上午9点20分，杨大发经过七八里路的跋涉，满头大汗地挑着几把椅子走进了区公所的大门。

"杨大发，你到办公室来一下，有件事情要找你谈谈。"区干部模样的县公安局侦察员向他说。

杨大发跟着区干部跨进了办公室。

"听说当初你负责那个互助组搞得很好，我想找你谈谈你是咋个抓的？我们有个材料需要这方面的东西。杨大发，你请坐嘛。"区干部指着靠墙的一条矮板凳客气地对他说。

这时，另一位区干部走到了杨大发的旁边，趁杨大发蹲下身子屁股还没有挨着板凳的一刹那，区干部猛地一掀，将杨大发掀了个四脚朝天。重庆市公安局的4名侦察员飞速从后门冲入。"不准动！"话音刚落，两只黑洞洞的枪口已经对准了杨大发，另外两名侦察员一齐扑上前去，将杨大发捆了起来。

"你们……凭啥子抓我？"

"黄显声将军的游泳表呢？"

"我不晓得啥子黄显声！"

"杨进兴，你不要再狡辩了！你的根根底底，我们已经了解得一清二楚！"

远在重庆的市公安局领导听说抓到了杨进兴，非常高兴。当即由程诚副局长设计好预审杨进兴的方案，并且着重指出，杀害罗世文、车耀先二烈士的凶手徐贵林已于1950年5月18日在解放碑宣布执行枪决，杨丘山也于1951年在雅安县枪决。这两人均系死硬分子，至死也没有供认杀害两位烈士的罪行。目前，杨进兴是唯一还活着并捕获的凶手，程诚副局长向预审员张先创下令，暂时绕开其它，以杀害罗世文、车耀先二烈士为突破口，今晚务必要把杨进兴的嘴巴敲开。

早在1945年重庆谈判期间，毛主席就曾经提出了释放全国政治犯的要求，其中指出姓名的有张学良、杨虎城、罗世文、车耀先等。罗世文是中共四川省委书记、《新华日报》成都负责人，车耀先是中共川西特委军委委员、成都抗日救亡运动的领导人，他们是1940年3月在成都国民党制造的所谓春荒暴动中被捕的。

面对毛泽东提出的名单，蒋介石顾左右而言他，并随口说罗世文、车耀先二人早已处决。戴笠为掩盖真相，立即密电周养浩指示他将罗、车二人改用张世英、田光祖的化名，隔绝与外界的接触。1946年7月1日，军统局改名国防部保密局，7、8月间，息烽监狱、重庆望龙门看守所撤销，犯人移渣滓洞保密局重庆看守所。保密局遵蒋介石密令，责令司法室主任沈维翰、息烽监狱主任周养浩，将罗世文、车耀先等70多名共产党人、进步人士，陆续从贵州密解重庆渣滓洞监狱。特务深知罗、车二人在四川的关系极多，害怕他二人的消息传出去，将他二人关押在重禁闭室，连放风的自由也没有。

重庆解放后，为了侦觅罗世文、车耀先的下落，公安机关从调查白公馆、息烽监狱的变迁入手，压缩寻觅范围。据查，白公馆看守所所长侯子川调任北平看守所长后，由丁义质继任；1946年春，改由张少云代所长，7月，加派杨丘山任副所长兼行动组长；9月，张少云去职，由丁敏之为主任军法官兼看守所长；1947年春，又相继由张鹄、陆景清任所长，并改行动组为看守组，由杨进兴任看守长，周铁生为驻所法官，负责审讯工作。

据西南公安部第四处工作人员刘丕光介绍：在白公馆看守所从未见过罗世文、车耀先。刘是1937年"七七"事变后成立的东北抗日联军秘书长、总指挥代表，1938年后任东北联军驻重庆办事处处长，1941年被军统以通共罪逮捕，被关押在白公馆，1942年3月被押往息烽监狱。在狱中他与罗世文、车耀先、黄显声、宋绮云等关系很好，并认识了很多共产党人。1946年8月他被移到白公馆看守所，1947年春由东北元老莫德惠、刘哲、万福麟等向蒋介石说情保释。

据白公馆驻所法官周铁生供述，他的确没有审问过罗世文、车耀先等人。

初步调查证明：罗世文、车耀先已在1946年8月前后被杀害。

对于屠杀罗世文、车耀先，国民党反动当局是作了周密布置的，曾任军统局本部少将副主任秘书，后随程潜在湖南起义的张严佛提供的材料中写到：

"1946年8月，我接到由蒋介石批准的保密局局长郑介民、副局长毛人凤签署

的密电,饬将关押在白公馆的罗世文、车耀先两人秘密制裁,并将尸体灭迹,摄影具报。接到密电后,我即召集军统重庆结束办事处秘书丁敏之、司法科长郭文翰及保卫组长侯桢祥、警卫组长庞世科、白公馆看守所所长张少云5人商量在歌乐山松林坡戴笠原住所下面的坪场执行,方法是用绳索勒杀,然后用木柴、汽油焚尸灭迹。木柴、汽油等物由侯桢祥负责;执行由庞世科负责,派定适当的人员;对白公馆到松林坡一带周围要派出武装及便衣特务队员严密警戒;执行时,禁止任何人在该地区通行,或任何没有任务的特务人员前往观看,必须保持绝对秘密;执行杀害后,将罗、车两人尸体各摄一单人照片,然后焚尸;尸体焚化后,由侯桢祥负责将坪场打扫干净,不得留下任何痕迹。同时,指派丁敏之、郭文翰、侯桢祥、庞世科四人共同负责现场指挥,其余必须人员,由侯、庞、郭等在白公馆看守人员及其警卫人员中自行调派。白公馆看守长杨进兴就是执行杀害罗世文、车耀先的刽子手之一。将罗世文、车耀先杀害之后,丁敏之、郭文翰备文报告了南京保密局郑介民和毛人凤。"

1950年9月24日,曾任白公馆看守所长的张少云从贵阳被押解到原中美合作所的梅园西南公安部嘉陵大队驻地,在众多军统特务参加的坦白会上,张供述了如下情况:

"1946年8月中旬,南京保密局电告重庆结束办事处:对罗世文、车耀先密裁毁尸,切不让共党知晓。16日,保密局重庆结束办事处主任张严佛在乡下造时场召集办事处秘书丁敏之、司法科长郭文翰和我开会商议密裁办法。会上,我提议用假开释去南京的办法秘密杀害;郭文翰建议将两人的头首和身体分开掩埋;丁敏之提议用汽油焚尸灭迹。8月18日,郭文翰率领原军统警卫组组长程永明、白公馆看守所副所长兼行动组长杨丘山、行动员杨进兴、徐贵林,先将罗、车骗到我的办公室,由我宣读开释后送南京交共党当局的假命令后,刽子手便将身背水壶的罗世文、车耀先挟持上吉普车;随车带了6加仑汽油。杀害的具体地点和具体经过,我因没有到现场,不清楚。"

晚上11点,囚车开进了石板坡监狱,杨进兴一下车便被押进预审室预审。程诚副局长一直在审讯室隔壁房间里倾听审讯情况。经过7个小时的短兵相接,在一桩桩、一件件事实面前,杨进兴终于供认了杀害罗世文、车耀先和杨虎城、宋绮云两家的具体经过。

据存于重庆歌乐山烈士陵园档案室中的重庆市公安局1955年6月22日晚对杨进兴的预审笔录记载:

预审员:"在松林坡停车场杀害两个共产党员的情况是怎样的?"

杨进兴:"由罗家坝军统局军法科打电话给望龙门程永明(行动组长),程派我、杨丘山（行动副组长）、徐贵林，还有个照相的。我们开了一部车去。车子到渣滓洞把他们提出来，我和徐贵林（行动组员）一个打一个。他们当时喊了两声共产党万岁，喊了之后就打，我用左轮手枪打了腰部两枪。后来程永明、杨丘山指示我们用汽油烧了。是下午两点钟打的……"

大特务杨进兴

7月31日，预审员和两位公安战士押着杨进兴来到松林坡原戴笠停车房后面的松林里，经杨进兴指认，挖出了罗世文、车耀先的遗骸和两只水壶。

1958年5月16日，重庆市中级人民法院在劳动人民文化宫召开宣判大会，判处杨进兴死刑，验明正身，押赴刑场立即执行。

执行的公安战士出于对杨进兴的极度仇恨，故而将子弹在鞋底擦烫后塞入枪膛，以此增加爆炸力，子弹射出，杨进兴脑袋爆裂，脑浆四溅……

罗世文、车耀先的忠骸暂存放于市公安局追残组，法医鉴定和查证核实后，他们的遗骸在车场前修墓安葬，周恩来总理亲笔题写了墓碑。

10. 天网恢恢，疏而不漏

1949年11月30日，解放军在老百姓的夹道欢迎声中进入重庆，在歌乐山中的白公馆、渣滓洞出现的那惨绝人寰的一幕，让胜利者们震惊不已，当即责成西南公安部，抓捕所有制造这一惨案的凶手，将他们绳之以法。

钟铸人、张界、刘志钦、杨进兴、漆玉麟、宋玉成、徐贵林，一个个军统杀手的姓名，被列入了"追残敌小组"的名单。

保密局西南特区行动总队的副总队长钟铸人在军统内部被称为"行动老手"，可见此人实为罪大恶极之徒。

"行动"一词，是国民党特务机关对搞爆破、逮捕、暗杀、绑架的统称。保密局西南特区行动总队的副总队长钟铸人在军统内部被称为"行动老手"，可见此人实为罪大恶极之徒。

在军统"行动"这一特定的业务圈里，钟铸人的确是声名显赫。他是四川威远县人，1934年在成都读书时便加入了"复兴社"，在军统内算得老资格。1936年入军统局庐山龙隐寺特训班，曾参加蒋介石在牯岭的外围警卫，被定为优秀"行动人员"，推荐到军统上海区第一站，上海淞沪警备司令部侦查大队任队员、书记官，在上海滩专事绑架、暗杀等特务勾当，1936年底担任蒋介石、戴笠在上海宏恩医院（今华东医院）住院期间的外围警卫。1938年1月11日，蒋介石在河南开封召开军事会议，钟铸人随戴笠在会议厅外绑架了国民党山东省主席韩复榘。24日晚，钟铸人扶韩复榘从武昌囚韩的楼上下到大门走道转弯处，跟在后面的中训团办公厅副主任陈芝良从背后连开两枪，钟将中弹的韩复榘放到地上，见韩呻吟不止，尚未断气，便命令警卫刘安连开三枪使其毙命。1940年钟到重庆出任军统特务总队直属中队长、行动室主任,除担任蒋介石黄山官邸便衣警卫外,还亲自率领特务队员在白公馆旁的后山坡上杀害了4名"囚犯",从广阳坝机场押解罗世文、车耀先、郭秉毅、汪导予到望龙门看守所,和季缕一道在神仙洞绑架民革领导人李济深的秘书;在小龙坎汽车站、遗爱祠军统四处无线电总台,逮捕了打入军统电讯总台的冯传达、张蔚林、张露萍等人。

钟铸人还在望龙门22号开办"特种技术训练班",刽子手熊祥、王少山、刘志钦都是他的门生。

1949年11月1日,人民解放军二野主力从北起湖北巴东、南至贵州天柱的千里战线上发起总攻,一举突破国民党的川黔防线,11月11日相继解放川东门户酉阳和黔江。

蒋介石继8月之后于11月14日第二次从台湾飞抵重庆,连夜召开军事会议部署川东和重庆防务。保密局局长毛人凤也来了,他和台湾的一批特务骨干,空运来的杜长城的爆破大队,加紧部署对重庆和云、贵、川、康的特务潜伏,游击和对重庆城的大爆破,以及对在押政治犯大屠杀的计划与行动。

毛人凤命令西南特区区长徐远举组建一支专门从事破坏、屠杀的特务武装"保密局西南特区行动总队",吸收大量从上海、广州、汉口等大城市逃来重庆有两年以上特务经历的职业特务充当队员。老牌职业杀手钟铸人就是被徐远举"慧眼相中",出任副总队长的。

11月27日,綦江、江津两近郊县解放,毛人凤决定对关押在白公馆、渣滓洞监狱的政治犯实施大屠杀。这天,钟铸人一面派行动总队队员从四处抢来大小车辆11部,自己亲自跑到民生路33号保密局重庆办事处领得活动经费黄金20两,准备与解放军顽抗到底。

28日晨5时,天刚蒙蒙亮,担任21兵工厂(现长安机器厂)破厂总指挥的张振武(此人系行动总队总队长)率领几十名行动队员,乘一辆大卡车和一辆吉普车朝牛角沱方向驶去,余下的行动队员由钟铸人率领,荷枪实弹分乘大卡车驶抵老街"慈居",准备执行行动任务。

15分钟后,西南长官公署二处二科(侦防工作科)科长雷天元、保密局西南特区二科(行动科)科长龙学渊率行动组副组长熊祥、组员王少山等刽子手,到渣滓洞监狱执行完"11·27"大屠杀任务回来。刽子手们一跳下车,龙学渊一眼就看到待命执行任务的钟铸人,他把钟喊到一起去找徐远举,一边还埋怨道:"你们不来帮忙,害得我们到现在才得200多人弄完,子弹都打了4箱,行动员全打红了眼,上车时把两个准备带回老街释放的人,也稀里湖涂地打死在上车的路口。"

徐远举听了雷天元、龙学渊关于渣滓洞监狱大屠杀经过的报告后,起身命令钟铸人:"你马上带行动总队队员到现场把渣滓洞看守所烧掉,要不共产党来了一定会拍照宣传,丑化党国的形象。路口那两具尸体也要处理干净。"

在旁的龙学渊拿出 100 块银元递到钟铸人手中作为赏银。

钟铸人转过身来就命令行动总队组长冯振清、许耀祖带领 10 多名队员,带上几桶酒精,乘坐一辆大卡车到渣滓洞去执行任务。

这一厢刚把任务布置下去,那一厢徐远举又在叫钟铸人进去。徐命令钟将二处地下室看守所还剩下的 5 名案犯立即处置掉。

雷天元递上打开的卷宗,徐远举边翻边在 5 人的姓名上画圈,画完对钟铸人提醒道:"弄到后门防空洞内就地处决,尸体要处理好,不要留给共产党拍照。"

钟铸人派肖光炯带人去执行屠杀任务,剩下的行动员一部分四处去抢汽油、酒精和汽车备件,准备撤退,一部分到米亭子银元黄金黑市抢劫黄金银元。那真是光天化日之下以政府的名义活抢,行动员们将黑市包围起来,所有贩子口袋里的金银全部被洗劫一空,满街一片鬼哭狼嚎。

深夜 10 点,钟铸人率领行动总队队员乘汽车到嘉陵新村毛人凤公馆,协助总队长张振武破坏 21 兵工厂。

29 日夜里 11 点多钟,21 兵工厂大板桥炸药库爆炸,刘家台、简家台一带房屋倒塌,尸横遍地。

钟铸人和张振武不顾西南长官公署二处"破厂后步行到华莹山打游击"的指示,在牛角沱集合起队伍,坐上抢劫来的汽车,一窝蜂往小龙坎、山洞方向逃去。

12 月 1 日一大早,在兵荒马乱的遂宁街上,钟铸人遇见正奉命赶往重庆领取枪支弹药的国民党成都稽查处侦查大队长李才干。李鼓动张振武、钟铸人把队伍拉到成都去,不要到华莹山受廖宗泽的指挥。他们接受了李才干的建议,准备到成都后向毛人凤面陈游击计划。

下午两点,行动总队的 80 多人沿遂(宁)简(阳)公路流窜。在安居坎,他们又封官又许愿,收编了当地袍哥武装 2000 多人,枪 500 多支。在乐至县城,他们抢了盐商的 5000 多斤盐巴。12 月 3 日他们到达成都近郊的龙泉驿,毛人凤命令他们并入国民党"川康人民反共救国军"第三纵队中将司令周迅予手下,钟铸人任第二支队副司令,开赴山区建立游击根据地。

9 日,钟铸人率领一支队伍离开成都向彭县进发,当进入灌县县境时,准备起义的邓锡侯部 59 军拒绝任何国民党军队过境进山,钟铸人只得率领队伍转退回成都,编入胡宗南成都防卫总督察处,钟被任命为督察长。在 4 天时间里,钟铸人亲自带领督察处行动组包围了玉纱街刘文辉公馆,监视刘的部下行踪,防备起义。

14日，成都防卫总司令盛文派兵与钟铸人的行动组一起查抄刘公馆。刘宅护卫人员紧闭大门。盛文派来的部队用无后座力炮向大门轰击两次，洞开大门，刘宅护卫争相逃命，钟铸人率行动员与盛文部下进入查抄，缴获许多黄金、珠宝、银元、鸦片及其它贵重物品。

24日晨，钟铸人率部撤到金堂县大同村，为了表示效忠党国的决心，钟铸人在这里下令炸毁了乘坐的汽车，徒步向赵镇方向行进。26日晚到金堂县康家渡时，队伍陷入解放军重重包围，四面楚歌。打到第二天凌晨，钟铸人率领余部换上早已准备好的便服落荒而逃，当逃到姚家渡河边时，他们个个疲惫不堪，刚和衣躺下，便听得猛地一片声音大吼："举起手来，缴枪不杀！"

钟铸人与67名行动员全部落入解放军之手。

1950年7月21日，钟铸人这个"行动老手"从成都政训班被押解到重庆白公馆西南公安部第二看守所。

1951年1月22日，最高检察署西南分署提起公诉，重庆市人民法院依法判处钟铸人死刑，立即执行。

早在抗日战争时期，驻下半城望龙门的军统特务5团就称霸重庆，当时老百姓乃至国民党的"军中之王"宪兵，谈起"望龙门的"就心有余悸。有一次，特务与宪兵在望龙门轮渡码头打架，双方拉开架势准备大干一场，后因空袭警报突然拉响，双方才急忙躲进防空洞没有打起来。事后，宪兵队被调到铜梁县整训，而肇事的特务却一点事都没有。特务团行动员刘志钦和徐贵林（渣滓洞监狱看守长）、熊祥（西南长官公署二处行动组长）、王少山（西南长官公署二处行动员），心毒手狠，残暴恶煞，是一伙杀人不眨眼的职业杀手，被称为军统"四大金刚"。

刘志钦身高1.8米，膀粗腰圆，一脸横肉，面目可憎，抗战时其随警察总队撤到重庆，先在张家花园总队部当警卫，后被军统特务团头子看中，调他到囚禁政治犯的魔窟"军统重庆望龙门看守所"当看守。经过军统举办的"国术技击特训班"的深造，练就一身擒拿格斗、绑架暗杀的全套特工技能，在"技击训练班"结业后，即被挑选到集中营蒋家院子囚室，专门看管叶挺将军，后来成为西南长官公署二处雷天元手下最得力的杀手。

这个生性凶残、嗜杀成性的特务鹰犬，是重庆"11·27"大屠杀的大刽子手之一。1949年11月14日，他参与对江竹筠等人的集体屠杀，他用左轮手枪连杀5人，屠杀结束后，他回城里苍垃街"无锡饭店"（解放后改名颐之时）设宴庆功，且得到100

块银元的奖励。

刘志钦常在夜间出入工厂、学校搜捕革命人士和爱国青年工人、学生,他曾到胜利大厦广告社逮捕高岚,到野猫溪逮捕周志远等3名进步教师,为镇压土湾豫丰纱厂工人罢工,他率领特务逮捕了女工皮晓云和牛筱吾,均送入渣滓洞看守所关押。

大屠杀后,刘志钦随西南长官公署二处副处长杨元森,乘上特务游击武装"四一"部队的卡车,携带一部特务电台,向广安县逃窜。到了广安县城,"四一"部队只剩下70多人,他们又弃车向蓬安县山区流窜;当这伙亡命之徒走到周口停下来准备弄饭吃时,被紧追而来的解放军打散。

刘志钦趁机逃脱,在路上又聚集了10多人向仪陇县溃逃。到了仪陇县城,他投靠兵工署警务处处长廖宗泽临时拼凑起的"独立师",妄图上华莹山打游击。途中被胡宗南的87师收编,刘志钦又随87师的残兵败将落荒而逃。当这支败兵12月30日逃到三台县一渡口正准备过河投奔河对岸国民党驻军时,对岸的国民党残部宣布起义,并阻止他们过河。刘志钦一伙如丧家之犬,扭头又逃,刚逃到离三台县城70公里处的柏树乡,就落入了解放军的包围圈,只有缴械投降的份。

狡猾的刘志钦以自己是87师的上等兵身份,蒙混过关,领了一块银洋被遣散后,又掉转脑壳往遂宁县方向跑。1950年1月3日,他碰上了西南长官公署二处警卫组长、刽子手漆玉麟和看守组长黄声扬等,他们结伙坐上一只木船逃到合川县。刘志钦走到当时的江北县两路镇就单独溜走了。他只有一个落脚点可以藏身,那就是离重庆15公里的江北农村唐家沱岳父家。这个走投无路的恶棍猜测偏僻的乡村不会有人认识他,于是,便像幽灵似地摸到岳父家,藏匿了下来。

1950年1月14日夜,重庆市军管会公安部二处侦察科科长刘祥纶的办公桌上,放着一份刚刚收到的急件(编号3b414)情报,上面写着:"据群众举报,渣滓洞大屠杀的凶手之一刘志钦今天下午已经潜回唐家沱岳父家……"

刘祥纶立即召集二野保卫部转业到地方来的侦察员刘二挺和郝志鹏,研究缉捕方案。刘祥纶科长详细介绍了刽子手刘志钦的罪恶和有关情况,估计这个凶恶的特务可能身藏武器,他们当夜就周密细致地制订出了缉拿"金刚"的办法。

唐家沱位于朝天门码头沿长江东下入铜锣峡口的一个水码头附近。刘藏匿在远离江边码头的偏僻山村,要到那里须先乘木船在寸滩码头上岸,再步行4公里乡间小路。

第二天一大早,两位便衣侦察员随着一位中年"向导",在朝天门码头雇了一条"中元棒"(一种小木船)顺江而下,时值隆冬,江风凛冽,江流急迅,小船在江涛中颠簸前进。舟行一个多小时后靠上寸滩小镇码头。上岸后,他们沿着江边羊肠小道向山村进发。对于追捕刘志钦,重庆市军管会公安部的部署是:一要快,必须以迅雷不及掩耳之势,不给他喘息之机;二是当地公安部门和村乡密切配合,以防狗急跳墙而拒捕或逃掉。

他们人不知鬼不觉地逼近山坳里一个单家独户的小院子。小院门虚掩着,底楼无人。

"向导"推门进去喊了一声:"刘大哥在家吗?"

只听楼上传来一阵细碎的声响,紧跟着刘志钦回应:"老四,快上来坐。"

"向导"老四在前,身着蓝布长衫的刘二挺和郝志鹏一手撩起长衫前摆,一手插进口袋紧握上了膛的手枪,紧随老四登上了楼梯。

只见靠墙的床沿上,坐着一个头缠白帕、一身农民打扮的彪形大汉,他神情惊慌地望着上来的两位陌生人,还未等大汉回过神来,刘二挺和郝志鹏已把他夹在了中间。

公安人员如此神速,刘志钦怎么也没想到,他昨天下午才惊魂未定地躲到这里,这么快就被公安人员发现了。他耷拉着脑袋,故作镇静地说:"本人昨天下午才回来,正准备到贵部去自首。"

刘二挺顺水推舟:"那好啊,就请你跟我们走一趟吧。"

刘志钦沿着朝天门、民国路被押进老街"慈居"这不久之前的特务巢穴,此事很快便在朝天门、苍坪街一带茶馆里传开了,茶客议论说:"解放军身上都装有个红本本,特务、反动军官的地址上面都有。老街军统二处的大歪人刘志钦,逃出去当土匪刚在老丈人家落脚,就被解放军抓住了。"

1950年4月18日,重庆市军管会在纪功碑(解放碑)前召开公审大会,昔日虎狼成性不可一世的军统"金刚"刘志钦,刚被押出石板坡监狱就浑身发抖,脚都抬不起来了。在群众愤怒的口号声中,刘犯被押赴储奇门江边刑场枪决。

1958年2月13日,鸡年的腊月二十五,时近年关,车站、码头挤满了回家过年的旅客。

重庆市朝天门四码头,三个分别是河北、山东、重庆口音的年轻人,急匆匆地登上了东下的客轮。他们不是归家的游子,而是前去缉捕原国民党西南特区长官公署二处中校行动组长、重庆"11·27"大屠杀刽子手漆玉麟的侦察员。

湖北武汉、湖南株州、江西萍乡,轮船、汽车,三位侦察员昼夜兼程,马不停蹄……

数九寒冬,萍乡县安源镇九荷村,从一幢一楼一底四间一厢的新屋里,走出一个

50出头的老头。他叫宋玉成,背犁牵牛,向田畈走去。人们从这房子建筑和正堂挂着的三张劳动模范奖状,自然会得出这样一个结论:这是一户勤劳致富的人家。

大年三十,三位侦察员与萍乡县公安局一同商定了逮捕漆玉麟的方案。

正月初一,三位侦察员和安源镇派出所沈所长来到九荷高级农业社,周密地作出部署。

初二的早晨,九荷高级农业社的男女老少,穿着一新,邀伴结伙,从四村八院来到高级农业社门前大坪里。九荷村治保主任王祥云和劳动模范宋玉成也结伴而来。十时许,农业社主任宣布团拜仪式开始,老表们相互热烈祝贺之后,公安人员登台宣布:宋玉成,又名漆玉麟,化名高文斌,国民党西南长官公署二处中校行动组组长……

"啊!"在场的乡亲们,情不自禁地发出了惊讶声。

与此同时,两名侦察员将漆玉麟控制起来。

1931年,宋玉成改名漆玉麟,由武汉三大叛徒之一、军统局行动科长、堂侄宋惠和(化名周大烈)荐送,从武汉到南京参加中统前身国民党中央党部调查科大叛徒顾顺章主办的训练班受特务训练后,第二年便到豫、鄂、陕剿共司令部第三科当特务员,开始了职业特务生涯。

1933年,漆玉麟到国民党保定行辕调查科,参与破坏河北保定共产党组织,逮捕共产党员马玉龙等56人,并将马玉龙杀害。后又参与破坏河北容城县共产党组织,逮捕共产党员陈金波等3人;10月又参与破坏石家庄、元氏县等共产党组织,逮捕了元氏县党组织负责人周某某。

1935年4月,漆玉麟随国民党中央参谋团入川到重庆,任重庆行营办公室调查科特务员;1939年1月,任军统局重庆特区(渝特区)调查科特务员,9月,任国民党重庆卫戍司令部稽查处社侦组长;1944年后任军统局特务总队望龙门看守所行动员,国民党别动军警卫组长、代副官。在此期间,漆和特务到綦江、内江破坏中共地下党组织,还阴谋趁抗日将领蔡廷锴在重庆珊瑚坝飞机场下飞机时进行暗杀。

抗日战争胜利后,军统特务机关出于镇压民主运动的需要,调漆玉麟到军统沙磁区任侦防组长;1946年7月后,历任重庆绥靖公署二处警卫组(行动)组长、侦防大队二中队中队长、西南军政长官公署二处警卫组中校行动组长。在此期间,他干了许多镇压民主运动的罪恶勾当:1947年3月间,漆玉麟率特务强行闯入德兴里《新华日报》办事处,抢劫文件,强行抓走报社工作人员49人。六一重庆学生运动,漆玉麟率警察、宪兵,到国立女子师范学院,逮捕共产党员、进步学生汪盛荣等9人,后又率特务到綦江汽车配件厂逮捕共产党员王某某和民主人士李荫枫。1948年4月初,地下党中共重庆市委和其主办的《挺进报》遭破坏。6月10日,漆玉麟带着叛徒冉益智前往川东万县、涪陵一带,破坏中共川东工委组织,逮捕江竹筠、李青林等13位共产党员。7月8日,又带叛徒两次去广安破坏共产党川北工委组织,逮捕共产党员马正恒等和进步人士共13人。11月又率特务到营山县逮捕了该县党组织负责人王敏等6人;在荣昌县城逮捕了中共重庆沙磁区负责人刘国誌与未婚妻曾紫霞;随即又赶往合川逮捕中共重庆工委负责人王厂果(未获),将其怀孕的妻子左绍英逮捕。1949年初,漆玉麟又率特务前往成都,逮捕中共川康工委负责人蒲华辅、副书记华健等数十人。漆因破坏地下党有功,多次受到国民党国防部二厅的嘉奖,获得奖章、奖金。

1949年9月初,云南民主运动高涨,蒋介石密令镇压。漆玉麟随徐远举乘飞机到昆明,阴谋暗杀民革中央委员杨杰将军。后又同保密局云南站站长沈醉一道,共同指挥了震惊全国的昆明"九·九"整肃,查封报社,逮捕进步人士杨清田等240余人。

重庆解放前夕,1949年10月28日,漆玉麟在大坪刑场公开枪杀了陈然烈士。11月7日,漆玉麟与西南长官公署二处科长雷天元、渣滓洞看守所所长李磊、行动员熊祥等在原中美合作所造时场研究商议,决定将中美合作所电讯总台岚垭作为执行密裁计划的地点,并作好警戒、挖尸坑的准备。14日,漆玉麟率刽子手将江竹筠、李青林、王敏等42位志士分8批杀害。

漆玉麟这个恶贯满盈的军统职业特务,在近20年的罪恶生涯中,参与逮捕和杀害了数以百计的共产党人和进步人士。

重庆解放前夕,漆玉麟当上了由军统死硬分子仓促组成的"四一"部队副支队长兼警卫大队长,以邻水、广安、仪陇为主,准备在川北开辟反共游击根据地。谁知走到盐亭县,前方便传来了仪陇解放的消息,惊惶失措的"四一"部队警察队的一个警察,枪走火打伤了漆玉麟的左腿。在盐亭县柏树场,"四一"部队被解放军追击围歼,打得落花流水,腿部受伤的漆玉麟也成了解放军的俘虏,被送进了潼南伤兵医院。

漆玉麟在伤兵医院里治好伤后,冒充文书宋世元被资遣。他怀揣骗取的释放证和回家的路条,和特务黄声扬、章佳惠一起,犹如三只丧家之犬,徒步从潼南走到江北县。漆玉麟连安顿在江北县农村的老婆娘家的妻小都不敢去看一眼,三人便从重庆唐家沱坐木船顺长江而下。

在巫山黄声扬老家躲藏了两天后,漆玉麟心想:村里人只知道我叫宋玉成,不晓得我叫漆玉麟,中国这样大,共产党是查不出来的。

于是,他拿定主意回老家栖身。他和章佳惠坐木船到了宜昌。在宜昌,漆一人搭上了到汉口的轮船。在轮船上,他遇到了从重庆外逃的国民党重庆市警备司令部稽

查处二组组长严守三,两个心怀鬼胎的家伙,低头擦身而过,连招呼也不敢打一个。

轮船到汉口,漆玉麟又立即改乘到湖南株州的火车。

腊月二十,株州宋家桥贺家段上青塘农民,正喜气洋洋地忙碌着迎接解放后的第一个新春。傍晚,地主宋其成家突然闯进了一个40多岁的中年汉子。

"四哥!"

宋其成听到陌生人的声音,骤然一惊。

"我是宋玉成啊!从重庆来。"漆玉麟急忙提示道。

"啊,玉成……你怎么一个人,你老婆孩子呢?"

"他们都回重庆乡下我老婆娘屋里去了,我这次是孤身一人,千里迢迢前来投奔你啊……"听漆玉麟的口气,看到他这凄凄惶惶的神情,宋其成心中立即明白了几分。

春节刚一过,农村开展了征粮剿匪运动。政府工作人员经常到地主宋其成家催粮。漆玉麟感到老家不是久留之地,于是由堂兄宋其成介绍,认识了江西萍乡九荷村回来探亲的农民贺桂生。

"贺哥,我家里兄弟不和,想跟贺哥去江西找工作。"漆玉麟递上一张路条,恳求道。这张路条是前几天漆到长沙15区和平乡找当乡长的远房舅子帅仁祥开的。

元宵节后,贺桂生带着身材魁梧、皮肉白嫩、着整洁长袍的一个外乡人,出现在九荷村打铁炉前,拜托他的一个朋友收留此人在九荷村暂住些日子。

村民们最初对这个外乡人投以好奇的目光,但很快,大家便对这个叫宋玉成的人有了很好的印象。宋玉成帮贺桂生的朋友当长工,他对人和气,肯帮助人,干活又卖力,挖土、种菜,菜出土后就担到安源镇上去叫卖,煞是个菜农的样子。

宋玉成虽然卖力地干活,但人们还是看出这老倌不是正宗的庄稼汉,而是跑过大码头的角色。

"老表,看你这架势,原先不是干这活的吧?"村治保主任王祥云问。

"老表你真有眼力。解放前我在长沙当茶房、拉黄包车,现在革命了,没得人坐黄包车了,我也就没得活路干了。屋里内客(老婆)死了,与哥哥一家又不和,干脆出来自立门户。"宋玉成报上早就编好的一套自己的身世。

群众怀疑宋玉成来历不明,1951年土改时,人、户分田要有原籍证明,宋玉成通过帅仁祥开了一张假证明:"兹有本乡第6组农民宋玉成一名,于1949年赴安源一带当雇工。该民确系良善,并无非法等情,特给证明,敬希查明准予注册。"因而得到村农会小组的认可,分得一块宅基地,并被介绍到安源老街参加摊贩业卖蔬菜。

1953年初,土改复查。土改工作组明确告诉宋玉成,没有迁移证,不能落户。

宋玉成又到长沙，找到帅仁祥，办了一张迁移证，在九荷村分得四分半水田和一间房屋。

在互助组和初级社阶段，宋玉成总是积极劳动，热心公益事业，而且逢人便说："现在比解放前好一万倍，我们穷人硬是翻了身哟！"

1954年，他盖起了一楼一底的新房，经邻居介绍，又和已被镇压的安源煤矿恶霸把头赵海涛丢下的寡妇王顺兰成了家。

1955年宋玉成带头参加农业社，第二年成立九荷高级农业社，由于村里平时哪家盖屋修房，哪家有事人手不够，宋玉成都热心义务帮助，换来了好人缘，加之他又能识文断字，所以被推荐担任生产大队会计，评为农业社乙等劳动模范。

解放后，重庆市公安局将缉捕、惩办"11·27"大屠杀凶手，为死难烈士报仇列入了重要工作日程，也相继抓捕了杨元森、张少云、杨丘山、徐贵林等一批刽子手。但是从他们口中，均未能挖出有关漆玉麟、杨进兴等人的情况。

1955年4月，市公安局追残组派出两名侦察员，辗转追捕漆玉麟到仪陇、遂宁、盐亭县，以期能发现其行踪。原"四一"部队成员陈钢供称："漆玉麟从盐亭逃跑时，化名叫宋世元。"

在押的原重庆市警察局刑警队麦公傅、李文远交待："'四一'部队被打散后，在遂宁看到漆玉麟拐着左腿，估计他那以后就回到湖南老家了。"

一天，九荷高级农业社治保主任王祥云见镇上有个骑自行车的人来到宋玉成干活的地边，蹲在田埂上和宋说了一会儿话，后来，宋玉成接过自行车，在田埂上骑了起来，引得在地里干活的乡亲们拄着锄头看稀奇。在众人羡慕的目光和恭维声中，宋玉成也显得洋洋得意。

王祥云想：旧社会这里的农民，连自行车都没有见过，哪还会骑？他又联想到：宋玉成收工进门，老婆必须茶到水到，吃饭碗筷到，洗脚、洗澡，一切准备周到，居家派头完全不像个穷苦人。

1957年，帅仁祥从长沙来到很少有来客的宋玉成家，动员宋回株州到公安机关自首。不几天，宋玉成向王祥云请假回老家，说有些重要事情要向原籍公安机关交待一下。

"中国所有的公安机关都是一个共产党领导的，有什么事情向安源镇派出所交待也一样，何必花路费，耽搁生产呢？"王祥云稳住宋玉成。

第二天，王祥云与宋玉成到镇上挑粪，路过镇派出所门前，便动员宋进去找派出所的人谈谈。宋玉成随王祥云进去，找到了王所长。但是，宋玉成只交待了一些无关紧要的历史，对自己的罪恶只字不提。

7月19日，派出所从帅仁祥口中了解到宋玉成解放前曾在重庆市干公事这一线索，向重庆市公安局发出调查函。

8月28日，贺桂生、宋玉成来到安源新街聂玉和缝纫店做衣服。

抗战时在重庆军统特务机关做过事的聂玉和十分惊奇。他把贺桂生叫到一边，低声问："这人我在重庆见过，他不是叫漆玉麟吗？怎么从重庆跑到安源来了？"

"他叫宋玉成，不叫漆玉麟，你莫看错了人。"贺桂生说。

聂玉和赶紧打幌说："哦哦……那恐怕是我认错人了。"

等二人一走，聂玉和立即跑到派出所向王所长报告："现在住在九荷村的宋玉成原名叫漆玉麟，过去在重庆二处是抓共产党抓出了名的人物。他现在改名换姓，很可能是政府捉拿的重大罪犯。"

宋玉成的原形显现出来。王所长一面布置力量对宋玉成进行监控，一面向县公安局汇报。1957年12月，县公安局向重庆市发去调查函，索要宋玉成的照片。

宋玉成、宋世元、漆玉麟，多影叠合，这个潜藏8年之久的军统行动组长的狰狞面目终于暴露。

1949年重庆磁器口"11·27"大屠杀后的第二天，三百多个丘八装、摩登服混杂的男男女女，似兵非兵，似民非民，从市区曾家岩水码头挤上木船，逆嘉陵江而上。

到了兵荒马乱的合川县城，这伙人便打出了"四一"部队的旗号。虽然这帮人都是军统中的死硬分子，但局势发展到如今这个地步，谁都知道国民党大势已去，他们是因为欠下了太多的血债，害怕解放军来了向他们清算，才不得不拖家带口，纠合在一起，作这无奈的逃亡。

离开合川后，他们吵吵嚷嚷、稀稀拉拉地向川北徒步行军。可是，一路上，身为这支队伍政工处处长的张界则默不作声。此人40出头，戴一副金丝眼镜，心里正盘算着个人的一本经……

在广安县城，张界把自己的老婆、"四一"部队妇女大队长邓德华和小孩安置在川军旅长杨纪元家中，单身一人随大部队继续往遂宁方向开拔。部队到达离盐亭县城不远的一处地势险要的隘口，突然听到一声大吼："缴枪不杀！解放军优待俘虏！"

众人抬眼一看，不禁魂飞魄散，只见两边山岩上忽地立起一彪人马，无数黑洞洞的枪口已经对准了他们。

残兵败将们本已毫无斗志，更加之大多数官佐妻儿均在身边，怎敢作困兽犹斗，只得乖乖地将枪扔到地下。解放军的这支野战部队为完成自己预定的作战任务，根本无法处理这一路上随处可俘的国民党的残兵败将，只能将其缴械后遣散。

"我是独立师副官赵明，这是我的武器。"张界改名换姓，缴出身上的手枪，骗得了一张写着赵明姓名的被俘人员遣散证，反而增加了他的安全系数。

赵明来到一户地主家中，用身上的黄卡其布军装换得一身庄稼人的破旧衣裳，摘掉了金丝眼镜，用泥土擦拭脸膛、手脚后，才徒步又往广安赶去。

到了广安，得知老婆带着孩子回重庆大姨夫邓某家去了，次日天不亮，他又马上坐下水船赶回重庆。黄昏时分，刚解放的重庆市区街头，行人稀少，赵明见四处无人，才钻进大溪沟邓姨夫家，见到了老婆和孩子。第二天蒙蒙亮，赵明便带着老婆孩子坐上一只到宜昌的木船，到宜昌后，又转乘客轮到了沙市。

"到家了，我们怎么说？"轮船靠近沙市时，邓德华焦急地悄声问。

"到家后先同岳母和大哥商量好，请岳母出面对左邻右舍和派出所说我女儿回来了，她以前的男人张界早已得病死了，在重庆结的第二道婚，第二个男人叫赵明。解放了，生活没办法，只得来投靠我们。就说我过去是'四一'部队的副官，我这遣散证上也是这样写着……呃，不行！"赵明马上改口道，"这样说不行，'四一'部队是军统精英分子组织起来的队伍，共产党一查就会查出我的真实身份。就说我过去一直在重庆做香烟生意好了。"

于是，赵明一家就在沙市江卖街20号岳母家隐藏下来。1950年夏，沙市人民积极行动起来检举揭发反革命分子，心中有冷病的赵明顿感寝食难安，惶惶不可终日。他心里明白，抗日战争期间，他在湖北的国民党32师当中校军法处长时，曾犯下了屠杀新四军被俘干部20多人的罪行，杀人偿命，参加屠杀的当事人会坦白交待，当地的群众也不会忘掉他的，对这笔血债，共产党绝对不会不追查，公安机关清查起来，他还能有活路么！于是，赵明对老婆说："沙市不是久留之处，我们还是尽快离开这块是非之地吧。"

第二天，邓德华拿着自己过去教过书的证件，编造了一段历史，来到失业人员登记处被分配到江陵县菱湖小学当教师。

过了一段时间，邓德华见学校缺老师，便顺水推舟地向学校领导推荐。"张校长，学校不是缺老师吗，我男人解放前教过书，字也写得很好，可以来代课。"

于是，赵明当上了这所小学的代课教师。

俗话说，江山易改，本性难移，赵明解放前颐指气使、作威作福惯了，这种恶劣作风在生活中不时暴露了出来。他动辄打骂学生，训斥村民。群众纷纷向乡干部反映赵明不像老师，加上他俩的教学水平很低，赵老师又拿不出当过教师的任何证明，不久他们夫妇就被辞退了。

1951年2月21日,《中华人民共和国惩治反革命条例》颁布,全国城乡开展了轰轰烈烈的镇压反革命的运动。赵明和邓德华回到沙市的第二天,派出所户籍警查户口,做贼心虚的赵明吓得心惊肉跳。户籍警刚一出门,他便向邓德华提出:我不能在沙市久呆了,得马上离开,否则事情败露,便是死路一条。若回南京江浦老家,那里的邻居、亲戚只晓得我叫张宝兴,没有人晓得我在四川做的事情。他看了看邓德华的脸色,宽慰说,那里离上海、南京近,国民党反攻大陆,一旦在沿海登陆,我就马上出去接应,等到国军光复的那一天,我会来沙市接你和孩子的。

邓德华明知这是骗人的鬼话,但是,她肚子里也在敲着自己的算盘:张界在江浦老家还有一个大老婆,一山难容二虎,自己当然不能跟着去。张界呆在沙市,目标太大,弄不好军统面目暴露,肯定会拔出萝卜带出泥,暴露自己在"四一"部队当过妇女大队长这码事。便顺势答应了下来。

接着,赵明到派出所办了一张到南京鲜鱼巷的迁移证。

赵明刚在南京鲜鱼巷亲戚家住下想探探风声,当地派出所的民警便来盘查赵明的历史根底。他见民警问得很详细,第二天就溜回了江浦县建设乡老家。

抗战胜利后,张界的大老婆余盛萱得知丈夫早已在重庆另纳新欢的消息后,气得不久便和本村的地主王德春勾搭成奸。

张界怕村里的人看见自己,便故意等到夜深后才进村。因不了解家中情况,他连门也不敢敲,看见卧屋窗口透着朦胧的光亮,便摸着黑从院墙上翻进去,却没想碰见王德春与余盛萱正睡在一张床上。张界大怒,拿起板凳便向王德春头上砸去。

王德春早已从余盛萱口中听说过张宝兴的底细,第二天便去向政府报告国民党军官张宝兴昨夜偷偷回到了家里。当地政府马上派人去把张宝兴抓进伪职人员集训队管制起来。在集训队期间,张宝兴坦白了自己1933年在国民党江浦县党部当干事,1935年到陕西鄠县国民党县政府当第一科科长这些当地群众都知道的历史问题,至于后来当军统特务的罪恶历史,他编造了一套谎言加以搪塞。

1952年,张宝兴被当地政府判处管制。

1957年秋的一天,江浦县公安局接到被管制的地主分子王德春的一封检举信:"我在一个偶然的机会,从管制分子张宝兴的老婆嘴里得知,张宝兴还有一个名字,叫张凌翔,解放前在重庆军队机关里做过事,还是个国民党的官。"

江浦县公安局立即将张宝兴的照片和有关情况寄往重庆市公安局,请求协查此人。

在重庆市公安局档案室里,有一宗案卷是这样记载的:"张界,又名张凌翔,西南长官公署二处中校侦讯股长。据徐远举等在押人犯供称,张界曾主持审讯陈然、许建业、王朴等一批革命烈士,其中对江竹筠还亲自用竹签子行刑。1948年至1949年间,他代表西南长官公署到万县、梁平、合川、武胜、岳池巡回审判革命人士。1948年7月,张参与国民党特务机关在复兴关杀害许建业等烈士的行动。由于侦讯《挺进报》案有功,由少校晋升为中校。1949年10月28日在大坪又参与杀害王朴、陈然等烈士,任监斩官。1949年云南昆明'九·九'大逮捕后,张界率田光辉等特务前往参与过对400多名党员和进步人士的审讯。11月24日,国民党特务在磁器口松林坡杀害江竹筠、李青林等42位革命烈士时,张界负责验明正身、摄影上报备案的工作。解放前夕,张界随西南长官公署二处副处长杨元森到川北打游击,迄今未捉获归案。"

公安机关将张宝兴的照片交有关群众和在押人员识别,肯定张宝兴就是未捉获归案的军统特务张界。

1958年11月4日,江浦县公安局局长朱建华批准对张宝兴执行逮捕,这只三窟狡兔终于原形毕露,被押回重庆归案。

当白公馆的大屠杀已快落幕时,渣滓洞的大屠杀才刚开始不久。

雷天元、龙学渊与熊祥、王少山等刽子手坐吉普车赶到渣滓洞,立即在办公室召开会议,向看守和警卫连官兵布置屠杀任务。

晚上8点过后,看守李福祥拿着名单,将刘石泉、邓惠中等24人分3批押出,由熊祥、王少山与西南长官公署警第5连连长宋朝贵带兵押往松林坡枪杀。

雷天元见屠杀行动按计划进行,便和龙学渊等又一起回到张秉午家中一面等候完成任务的消息,一面喝酒吃饭。

到夜里11点多钟,电话突然响起。雷天元抓起来一听,是徐远举打来的。原来,徐远举从罗广文部情报处长林茂口中得知解放军已经打到南泉,司令官罗广文下落不明的消息后,便马上打电话给雷天元:渣滓洞的警卫部队28日一早就要撤走,渣滓洞的事天亮前要办完。越快越好,事不宜迟。

惊恐万分的雷天元扔下话筒,立即和龙学渊重新赶到渣滓洞看守所。在半途上,雷天元还找何铭要了4箱(2000发)子弹。

在看守所的办公室里,雷天元命令将所有未处决的犯人全部集中关押在楼下的牢房中,用卡宾枪、机枪进行扫射,以最快的方式进行屠杀。

凌晨一时许,李磊从办公室跨出来,装模作样地在坝子上向着各间牢房破口大骂:"他妈的,要来接收白天又不来,深更半夜地怎么移交嘛!楼上的人都下来,让那些龟儿子来点。"

徐贵林带着看守将楼上的男犯集中到楼下17室，女犯集中在楼下8室后，李磊便逐一把监房门锁上。

这时，警卫连三排长刘建中已在兵房外面紧急集合起全排人员，说："共党已经打到南岸罗家坝，奉上司命令，连长召集我们排长开会，今晚要把关在这里的共党分子全部处决，原来准备分批拉出去杀，现在来不及了。大家都拿卡宾枪、机枪打，越快越好，慢了谨防大家都跑不脱。"

接着士兵们就在监舍门口各就各位，由公产管理处人员编成的交警总局直属大队7中队的十余人也在监舍外就位。徐贵林一声哨响，扫射就开始了。

当时大屠杀的具体指挥者之一、渣滓洞看守所看守长徐贵林在被俘后，则对屠杀经过作了避重就轻的交待：

渣滓洞监狱

"11月27日半夜，雷天元和龙学渊、熊祥、王少山同特区派来的5个人到渣滓洞来，由李磊交给我一张纸条，叫我提出两人后，当时由雷天元将他二人送出所外放走的。雷天元回来后就向李磊说：'徐处长刚才打电话告诉我，共军已经打到南温泉了，天亮前我们必须全部撤走。再分批搞时间来不及了，对余下的人就在房里处理，打完后把房子烧了，要快些。'当时由雷、龙俩人与李磊叫警卫连宋连长来商量，叫他派十几个人带卡宾枪进行屠杀。另外叫他派兵放火。当时为了集中处死，我就把楼上的60多人调到楼下房间里来，调完我就回屋去整理行李，由龙学渊带来的熊祥等人及警卫连派来的刘排长带来的兵十余名，回到各房门口去枪杀集中在屋里的人。由刘排长鸣哨为号，大家一齐开枪扫射。枪响有数分钟后，熊祥来叫我，他说恐怕有的人没有打到，叫我将各房的门打开，让卫兵们进去补枪。当时我就吹哨子集合看守人员去开门。我同看守和龙学渊带来的人分别到各房内去检查并补枪后，李磊和我们带着行李到煤二厂门前集合，后由警卫连派兵将所内的房子及所外的营房一同放火烧起……"

读者想必希望了解小说《红岩》中的这只"猫头鹰"，是怎样落入人民的法网的。

春分时节，菜花飘香。重庆南岸弹子石裕结纱厂厂区内，40岁开外的纱厂托儿所叶兰英所长，正利用纱厂厂休日，串门走户收集潜藏的国民党特务分子的情报线索。这是因为头一天她刚参加了弹子石公安18分局召开的由各单位负责人参加的治安联防会议,会上,公安局的同志着重提醒参会者尤其要注意发现磁器口大屠杀的刽子手,而且还把杨进兴、徐贵林、熊祥、王少山这一帮刽子手的简历作了介绍,把他们身穿美式军装时拍下的照片给大家传看了一下。还说,如果发现线索,请马上打电话直接向二处情报科报告。

这时,叶兰英忽地看见一个30出头的彪形壮汉,草帽遮颜,挑着一挑飘儿白菜从家属区一角钻了出来,还不时地扭头后窥。叶所长见这大汉挑担子的样子不像是卖菜的,也不像是黄泥巴脚杆(庄稼人),而且又显得鬼鬼祟祟的,不由得感到有些好奇,便走上前去,想看个明白。

"嘿,飘儿白哪个卖?"

"150元(旧人民币)一斤,末牛(没有)少。"菜贩子答道。

一听是河南口音,叶大姐更加警觉起来。"我买一把。"她借着看秤的机会靠拢去,看清了菜贩的尊容。……呀,这人好面熟啊!叶大姐心中一惊!这不就是昨天会上公安局的刘同志介绍的那个杀人魔王"猫头鹰"吗!她真是又紧张又高兴,灵机一动,摸摸口袋:"啊,钱忘记带了,我马上回屋去拿钱,你稍等一下。"

叶大姐走进一个朋友家,叮嘱朋友的孩子马上出去暗中跟随菜贩子,然后出门去付了钱。一会儿,叶大姐就弄清楚了,这位有着河南口音的菜贩子就住在附近的惠工村57号。

叶大姐立即打电话向公安部二处情报科报告:"我发现有个卖菜的男人很像是公安局要抓的国民党刽子手'猫头鹰',他住在弹子石惠工村57号。"

布控、调查迅速展开,警民编织的侦捕"猫头鹰"之网急速收拢。

1950年3月2日深夜,尚在睡梦之中的"猫头鹰"被侦察员按在了床上。

公安部二处情报科根据各方面的情报和从渣滓洞监狱脱险同志的辨认,证实这个菜贩子就是原国民党西南军政长官公署二处渣滓洞看守所的看守长徐贵林。

徐贵林,本名徐天德,河南安阳郭里村人,生于1919年。1939年参加国民党学兵团,1940年随内政部第1警察总队到重庆,编入军委会特务第5团当班长。特务5团的前身是军统特务总队,是称霸重庆的特务武装。特务5团一部分驻军统望龙门看守所,人们习惯叫望龙门的。这伙人掌红吃黑,估吃霸赊,连国民党宪兵都不敢惹他们,群众当然只能敬鬼神而远之。徐贵林是望龙门特务队的有名打手,被列为"四大金刚"之一。1945年1月调到巡察总队警务组当组员、分队副。1946年5月调到军统白公馆看守所当看守员。这年8月18日,他在军统警卫组长程永明的率领下,和杨进兴一起将罗世文、车耀先杀害于松林坡戴公祠车房前。1947年3月,徐贵林被调到重庆行辕第二处警卫组当组员,1947年12月15日,调第二看守所(渣滓洞)当看守长。由于他杀人不眨眼,用刑如恶煞,残酷迫害革命人士出了名,号称大力士,恶号"猫头鹰"。关在渣滓洞看守所的新四军战士龙光章以及彭汝中、吴学正等革命烈士,就是被徐贵林折磨死的。此人反动透顶,一次,狱中难友肖中鼎准备对他进行策反,他非但不接受,反而公然叫嚣:"你少给我来这一套!就是共产党打拢磁器口来了,老子还是照杀不误!"

重庆解放前15天,徐贵林亲自先后4人一批地将江竹筠等30几位烈士从监狱舍提出,由张界、李磊验明正身制作笔录并签名后,押到电台岚垭,由雷天元、龙学渊、漆玉麟等刽子手集体杀害。

11月27日深夜,徐贵林等对渣滓洞革命人士执行集体大屠杀。

11月28日清晨,渣滓洞看守所上尉所长李磊率徐贵林和看守员、看守兵到小龙坎准备和解放军打巷战、打游击。10点来钟,他们搭上了西南军政长官公署二处副处长、"四一"部队(四月一日为戴笠确定的军统组织建立纪念日,"四一"部队为国民党崩溃前夕由军统中的反动死硬分子匆匆成立的一支武装力量)司令杨元森的车队,经江北、邻水向广安方向流窜。到了广安县境内的回龙乡,徐贵林和李磊、事务员邓凯、看守员戴仲文便瓜分了洗劫渣滓洞烈士的3只金戒指、5只手表和7支钢笔等财物,然后继续流窜。到南部县后,在西南军政长官公署二处科长、"四一"部队军务处长徐信元的率领下,徐贵林和二处、警察局刑警处的游击武装50多人,编入了胡宗南部76军80师。这伙人在三台县柏树乡被解放军一举围歼缴械。当时,解放军因不了解这伙人的底细,用对待一般俘虏的办法把他们资遣了。

1950年元旦,徐贵林只身潜回重庆南岸弹子石惠工村57号岳父王德功家。11日开始,他挑起菜担子,走背街串小巷卖起了小菜,顺便察看一下社会上的动静。他满以为弹子石这远郊区是不会有人认出他来的。

3月22日,重庆市军管会公安部向公安18分局下达了逮捕徐贵林归案的电话指示,当晚,"猫头鹰"就被绑进了18分局。

3月31日,徐贵林从第18分局看守所被押解到市区石板坡监狱关押、侦讯。在监狱中,他拒不交待具体罪行,还指使同舍的案犯徐兴中伪造供词。重证据,不轻信口供,公安人员进一步搜集徐贵林的罪证,4月27日,渣滓洞脱险志士刘德彬向公安机关递交了关于徐贵林特务的情况的书面材料,紧跟着蓝又耕、徐树森等8位脱险志士被请到石板坡监狱分别进行辨认。大家都不约而同地肯定,此人就是渣滓洞监狱里的看守长"猫头鹰"。

5月4日,西南公安部二处张若千处长、程诚副处长在向刘明辉部长、中共重庆市委的报告中提出对徐贵林拟请批准执行枪决,以慰烈士英魂。5月16日,中共重庆市委书记、重庆市军管会副主任张霖之在报告上签下了"准杀"二字。同月18日,重庆市警备司令部在解放碑召开万人群众大会,宣布重庆市军管会对徐贵林等执行枪决的命令,并押赴刑场,立即执行。

11. 红色女囚与特务看守成为朋友

戴笠在建立庞大的特务系统时，为了控制手下的特务，制定了严格的纪律，规定凡是参加了军统的人员，必须先写一份详细的自传，填写一份名目繁多的履历表，宣誓时，面对蒋介石威风凛凛的大元帅像，桌上放一本《三民主义》、一支手枪。誓词是：奉行三民主义，服从领袖，遵守团体纪律，尽忠职守，严守秘密，如违誓言，甘愿受最严厉之处分，□□□谨誓。宣誓后，监誓人、宣誓人均须签名盖章，誓词归档保存。

参加军统后，戴笠规定不得发给任何证明文件，只是在人事部门和工作单位具名而已，并且从此不得离开军统，也不得请长假或辞职，戴笠把这称为生的进来，死的出去。一旦参加军统，人就被训练成为杀人的工具，为了控制手下人员，他建立了庞大的监视网络，互相监视。

但是尽管这样，军统内部也并不是铁板一块，特别是戴笠死后，军统内部郑介民、唐纵、毛人凤三人为争夺军统大权，互相倾轧，内部出现分崩离析的局面。到了解放战争后期，随着人民解放军的节节胜利，国民党统治的垮台成为必然，一些中小特务不得不给自己寻条后路。当时被称为两口活棺材的白公馆、渣滓洞监狱，有几十名看守人员，其中像绰号"猫头鹰"的渣滓洞看守长徐贵林、绰号"猩猩"的所长李磊、事务长邓凯，以及号称"狗熊"的看守员李福祥和曹登甫，白公馆的看守长杨进兴，均为军统骨干人员，思想一贯反动，手段十分毒辣，纯属怙恶不悛、不可救药之徒。

然而深入鉴别，也有少数看守人员，或是因为生活所迫，误入魔窟，虽沾上反动宣传的灰尘，毕竟中毒不深；还有些本身就没有加入军统，在蒋家王朝行将就木之际，他们再无心为濒临死亡的反动派垫背，通过狱中难友的帮助，他们在自己力所能及的范围内，也为难友做了一些有益的工作。

在重庆歌乐山革命烈士纪念馆里，展出的胡其芬烈士的《最后的报告》中有这样一段文字："……蓝先生此次见你时，定将里面的情况，对政治犯处理的消息，组织上的准备，以及盼望我们在这里进行的事项，详细告知，不日他将离开，不能再带你的回信给我们了。"

胡其芬烈士在信中谈到的蓝先生，就是时年23岁在渣滓洞监狱担任看守的黄茂才。

1995年和1998年，厉华因工作关系，两次和已70多岁、时任四川荣县政协委员的黄茂才接触。黄先生戴着一副近视眼镜，显得相当斯文、和善，使人怎么也不能和那些面目可憎的军统看守联系起来。厉华请他详细地谈了当时渣滓洞监狱中的情况。

黄茂才，四川省荣县人，家庭贫苦，父亲种地主刘老太爷家的田，刘老太爷的儿子刘重威时任川康绥靖公署稽查处副处长，在成都颇有权势。黄茂才初中毕业后，因家贫辍学，去成都求刘重威介绍工作，先是在刘家当杂役，后由刘引荐在稽查处特务通讯队作司书负责造报表册、缮写文件。1947年8月，稽查处裁撤后并处重庆绥靖公署二处。黄茂才即来到重庆，在二处管档案，不久派往太平门邮检组，因不懂吹牛拍马的功夫，以无成绩表现，又无邮检技能为由，1948年5月，被列入裁员名单，经稽查处同来的赵科长说情，才改派渣滓洞作看守员。

到渣滓洞之前，二处总务科科长安国华训诫他说："渣滓洞是专门关共产党重犯要犯的地方，你要认识清楚，共产党是杀人放火，无恶不作的，这些人狡猾得很，关在牢房里，个个也都是笼中老虎，你到了渣滓洞后一定要严格看管，不许他们串通案情，要分别放风，不许走漏消息。军法无情，若要查出包庇袒护犯人，你这颗脑袋就保不住了。"

到了渣滓洞后，所长李磊发给他一支左轮手枪和30发子弹，并再次警告他："这不是一般的监狱，既作看守，就得严格执行监视，不许他们交头接耳，发现情况，要随时向我和徐看守长报告。"

黄茂才初进渣滓洞时，为了争得表现，对难友们非打即骂，十分凶恶，但时间一久，他发现这些人并不是像上司说的那样可怕，相反说话做事都表现得很文明。他们之中有很多是作家、记者、教授、大学生，言谈举止很有水平，互相之间也很友爱。尤其是像江竹筠、曾紫霞（小说《红岩》中的孙明霞原型）这样的大学生，怎么能够同杀人放火的匪徒画等号呢？由此，他对长官的训示不由得产生了怀疑。带着这样的想法，他对政治犯虽仍心存戒意，但并不像初来时那样凶了。而且，他还感觉到听这些满腹经纶的人摆龙门阵很有教益，比和那帮不学无术的看守们闲聊有意思多了。从此后有事无事,他总爱和难友们待在一起。长期的监狱生活,给难友们练就了一双火眼金睛。黄茂才身上的细小变化,难友们都注意到了。

一次,黄茂才到各监舍查房,女牢的曾紫霞就问他:"小黄,听口音你好像也是川南人吧?"

黄茂才回答:"我是荣县人。"

曾紫霞高兴地说:"我是内江白马庙人,算得上是小老乡了。"

黄茂才说:"唉,真没想到能在这里碰见过个小老乡。"

曾紫霞说:"你家每年能收多少石租谷呀?"

曾紫霞等人看到黄茂才刚来就是上尉,家里肯定有钱有势,或者是在军队里有靠山。

不料黄茂才听后竟长叹一声,苦笑着回道:"要收百十石租子哩,可惜那是东家刘老太爷的。我老爹命苦,只能给人家当长年。"

随后,黄茂才便把自己的身世和盘托出。他还谈到他14岁那年父亲因病去世,他和祖父去向刘老太爷讨点地埋父亲,被刘老太爷恶言拒绝。谈到白发苍苍的老祖父跪在地上叩头求人时,不觉已是泪水滢滢,呜咽失声。

曾紫霞、江竹筠等人对黄茂才深表同情,决定策反黄茂才。难友们彼此暗通消息,注意他的一举一动。

此后,在他值日的时候,男牢的何雪松、陈作仪、成善谋都尽量找机会,通过问长问短、聊家常,有意识地和他接近,女牢的曾紫霞、江竹筠进一步关心他,通过给他织毛衣、作鞋垫,使他认识到共产党员并不是敌人宣传的洪水猛兽,也不是他上司说的笼子里的老虎。

长时间的接触后,黄茂才也逐渐地敞开了心扉,与难友们坦诚相谈。

一次黄茂才巡查囚室时向曾紫霞、江竹筠等人诚恳地表白说:"我这个人从不捧上压下,更不想整人害人,当这样的差,只不过是为了混口饭吃。说实在的,我在这里,也不过是个随时都可能被开销的人。"

曾紫霞半开玩笑半认真地对他说:"小黄,你本来是个好人,但是你现在已经陷进这坏人窝子里来了。不过,我看你还算是个坏人中的好人,还可以转变过来。"

江竹筠趁势开导他:"小黄,你还年轻,你家里也是给地主当长年的,你总该知道,现在的社会上有很多的穷苦人吃不饱,穿不暖,还要受有钱人的压迫,这种制度太不合理,所以共产党才要领导人民起来当家做主,所以也才有那么多的老百姓都愿意跟着共产党闹革命。"

曾紫霞说:"你要是个正直的、有良心的人,就应该为国家为劳苦大众的利益着想,不要做危害人民利益的事,只要你多做有益的事,人民夺取江山掌握大权后,是会谅解你的。"

李惠明也说:"现在解放军到处打胜仗,国民党肯定长不了的。我们共产党有政策,只要你现在少做坏事,多做好事,今后共产党胜利了,还会奖励你的。"

一次,曾紫霞悄悄塞给黄茂才两张小纸条,黄茂才躲到外面的林子里打开一看,一张是江竹筠写的,内容是:"小黄,你还年轻,有好多事都不晓得,现在社会上穷的穷,富的富,将来要实行耕者有其田,工厂资本家再不能欺压剥削,工人要当家做主人。你要懂得共产党的政策……"

曾紫霞给他的纸条上写着:"小黄,你要好好争取多做好事,共产党是不会忘记你的,将来政治上我们可以成为朋友。"

日久天长,水滴石穿,通过大家的循循善诱,黄茂才终于表示愿意为革命做一些工作。而且,他也的确开始在他的职权范围内给难友们提供一些方便。比如,每次轮到他当值日看守时,不但尽可能地延长放风时间,处处给难友们方便,就连楼上楼下互相递条子,他也总是采取睁只眼闭只眼的态度,从而支持、掩护了狱中的革命活动。

江竹筠、曾紫霞还教他,当着李磊、徐贵林的面要对难友们凶恶一些,要学会保护自己。以后他学会了装两面派,见李磊、徐贵林来查房时,便故意对难友们骂骂咧咧的,有时还动手打人,做出一副与共产党不共戴天的样子,李磊、徐贵林之类的家伙一走,他马上取下戏脸壳,恢复友好姿态来对待难友们。

曾紫霞、江竹筠见时机成熟,便决定请黄茂才办点事。

第一次是曾紫霞要黄茂才带一封信出去,交给市中区一家银行的刘姐。信中当然不是什么机密,曾紫霞在信中告诉刘国誌的姐姐刘国淑,她和国志已经从城里的第二处看守所转押到歌乐山了,她在渣滓洞,刘国誌在白公馆。黄茂才一口便答应下来了。

恰巧第二天轮到黄茂才休班,他搭巴县汽车从磁器口到七星岗,再转朝天门附近的一家银行。

在重庆城里,只要是佩戴上行辕二处证章的人,是很神气的,连军警宪特都不敢过问,看电影、坐车也不买票,可以畅通无阻。

黄茂才下车后在会客室里等了一会儿。

刘姐被杂役叫出来后,黄小声问她:"你就是刘国淑吗?"

"是的。你找我有什么事?"

"曾紫霞托我给你带来一封信。"

第一次任务得以顺利完成,黄茂才非常振奋。而女牢的难友们对他的关怀,也使他感觉到从未有过的温暖。江竹筠还亲手给他织了一件毛线衣。投之以桃,报之以李,黄茂才也尽力照顾她们。一次,黄茂才还把所里分的肉悄悄地送给生病的难友徐以速,使徐的营养得以改善,身体很快恢复了。

　　有一天,渣滓洞突击搜查牢房,黄茂才随"猫头鹰"徐贵林来到楼上六室,在陈作仪的枕头下发现了一张摘录报纸新闻的纸条。在此关键时刻,黄茂才趁徐贵林没注意,悄悄把纸条揣进裤袋,掩护了难友。

　　1949年8月,解放战争形势大好,狱中的难友们考虑迅速着手进行警卫连的转化工作。

　　一天,黄茂才当值日,春节到来之前,李磊、徐贵林和其他特务不在,难友们通过黄茂才把后山警卫连的邬连长找进牢房内院,由陈作仪、何雪松出面进行谈话。两位同志晓以大义,希望邬连长认清形势,等时机一到,便起义投诚。几天以后,又选择了一次放风的机会,让黄茂才再度把邬连长找进来,由韩子重、刘石泉继续做工作。邬连长对难友们的指点、开导表示领悟,对革命事业表示同情,但以此事非同小可,一旦事败,定遭杀头之祸而婉言谢绝。难友们见邬连长思想处于犹豫之中,正欲继续做他的工作,不料几天后,邬连长被调走了。策反虽未成功,但黄茂才在这一过程中表现得相当不错。

　　1948年12月,新四军战士龙光章,不堪徐贵林的虐待,在狱中病逝,难友们决定为他举行追悼会。筹备追悼会的时候,难友们欲书写挽联,扎制花圈,苦于没有纸笔,黄茂才设法将纸笔墨砚秘密地送到牢房里。

　　何雪松的妻子莫凌志,在丈夫被捕后,贫病交加,稚子弱女,嗷嗷待哺,处境相当困难。通过黄茂才两次传书带信,莫凌志一家才在刘德惠(因许建业失误而被捕,后牺牲于渣滓洞大屠杀)妻子的接济下,度过了贫困危机。

　　曾紫霞的同班好友况淑华(解放后在西安市科委工作),是重庆大学医学院的学生,也是地下党员,况淑华的上级领导是中共沙磁北碚区领导小组长刘康,黄茂才按照曾紫霞的嘱托,以进城休假为名,多次奔波于中一路协合里4号和重大女生宿舍,将一封封秘密信件面交况淑华,直接沟通了狱内党员和狱外组织的联系。

　　渣滓洞是不允许囚犯会见亲友的,可是黄茂才利用自己的身份,巧妙地安排了地下党员李玉钿(解放后在四川省妇联工作)与她弟弟见面。他还进城给江竹筠捎回寄养在狱外的儿子彭云的照片。狱中的难友们争相传看,尤其是江竹筠激动得热泪盈眶,悲喜交加。

　　一年半的时间里,黄茂才为难友们送了上百封信,同时还用自己的或难友们的亲戚朋友资助的钱买书报带进监狱,除《新民晚报》《大公报》《国民日报》《中央日报》等外,还带进《社会发展简史》等进步书刊和药品等物。

黄茂才以自己的实际行动赢得了难友们的信赖,江竹筠曾给黄写过一张这样的纸条:"小黄,你的行动已经证明你有了很大的转变,我们都替你高兴,希望你一如既往为我们多做事。将来人民的新政府一定会欢迎你和我们一起参加社会主义建设。"

1949年春节到来之前,一天放风时,值日官黄茂才像往常一样在院坝里来回踱步。

忽然,身后轻轻传来一声轻唤:"小黄。"

他回头一看,是曾紫霞,便警惕地看看左右。

曾紫霞悄声说:"难友们想在春节那天搞个联欢活动,庆祝一下,派我来同你商量。"

"庆祝啥子?"

"庆祝辽沈战役和平津战役胜利呀!国民党马上就要垮台了,能不高兴吗?"

黄茂才想了想,告诉曾紫霞先不要声张,等他弄清楚了李磊和徐贵林春节那天回不回家。如果他们中有一个留在所内,这事就肯定办不成,如果两人都不在,他争取那一天能当班,这事就成了。

除夕这天,李磊和徐贵林两人都进城回家去了。黄茂才果然争取到了大年初一当班。所长、看守长一走,他这值日看守便成了所里的最高主宰。

初一这天上午,黄茂才跑上跑下,把楼上楼下所有的牢房门全部打开了,宣布过年放假一天,大家在监狱内自由活动。

很快,一间间牢房门口都贴上了春联,女牢门前贴的是"洞中才数月,世上已千年",楼一室贴的是"歌乐山下悟道,渣滓洞中参禅",楼二室贴的更有意思"看洞中依然旧景,望窗外已是新春",横额是"扭转乾坤"。

紧跟着,大家都汇聚到了院坝上,互相抱拳鞠躬拜年。还有好几个人拿起脸盆敲得当当响,更给联欢会增添了欢乐的气氛。女牢的江竹筠、曾紫霞、杨汉秀等人用彩色被面披在身上,扭起了秧歌,还唱起歌来:

　　解放区的天,
　　是明朗的天,
　　解放区的人民好喜欢……

难友们的联欢直到下午四五点钟才尽兴而归。

其间,黄茂才一直守在监狱门口,阻止他人入内。狱外站岗巡逻的警卫连的士兵见有值日官坐镇监视,也就不加过问。

但这事第二天一早就被李磊知道了,他把黄茂才叫进办公室,拍着桌子大叫大嚷:"谁叫你准犯人在监狱里唱歌跳舞的?如果今后再这么胡闹,小心你的脑袋!"

由于黄茂才经常与曾紫霞接触,看守中竟传出了这样的流言,说黄茂才是被这位年轻漂亮的大学生囚犯给迷上了,单相思。甚至连不少不知内情的难友也持有这样的看法。"文化大革命"中,曾紫霞也因此遭受了许多磨难。

1949年11月20日,也就是大屠杀开始前的一个星期,黄茂才被视为不可靠分子遭到资遣,告别了一年多以来朝夕相处的难友们。难友们与黄茂才的心情一样沉重,黄茂才离开渣滓洞那天,他(她)们扒在风门口默默地注视着他,眼里含着惜别之情,为这位忠诚的朋友送行。

半个世纪后的1999年金秋时节,已经74岁的黄茂才被重庆电视台邀请赴渝,在该台的金牌栏目"龙门阵"上与傅伯雍("11·27"大屠杀渣滓洞脱险志士、身中两弹未死)、刘康(当时沙坪坝、磁器口党的负责人)聚首,三位古稀老人,面对现场和屏幕前的千万观众,回首往事,热泪滂沱。

原来,黄茂才被资遣时,狱中党组织曾给他一封信(即胡其芬烈士的《最后的报告》),让他到沙坪坝某处找某人,此信不仅通报了狱中的警卫情况,希望外面的地下党组织武装力量趁国民党溃乱之际里应外合以施营救行动,并且特意嘱咐组织上见信后安排送信人蓝先生今后的生活。

可是,黄茂才把这信送到时,那秘密交通点的一位妇女见他穿着国民党的黄皮子,害怕中圈套,由于过于警惕,始而不允他进门,继而见信后便进了屋,许久没有出门,好像把黄茂才忘记在了走廊里。

黄茂才在门外呆了一会儿,不愿给人添麻烦,便径自离去,到储奇门码头登上轮船,回到了荣县老家。

刘康见信后,回头再寻找黄茂才,已是难见其踪影了。

黄茂才回到荣县老家,依旧以务农为生。1951年镇反运动开始,黄茂才被荣县公安局收审。他一五一十地讲了自己的经历。听说黄茂才曾在渣滓洞当过看守,审查人员大吃一惊,脸色立即严厉起来。"什么?你在渣滓洞那样的人间魔窟里干过?你必须老实交待,你在那里面干了些什么罪恶勾当?"

"我说的全都是实话,我与江竹筠、曾紫霞、何雪松都有联系,冒着被砍脑壳的危险帮共产党送过许多信,办过许多事。"

"渣滓洞、白公馆的特务都是反动派严格挑选出来的,你这种死心塌地反对共产党的家伙还会帮共产党的忙!江姐早就被你们杀掉了!你们在渣滓洞、白公馆杀了我们那么多的共产党员,你居然还想来卖乖讨好!"

"啪!"黄茂才脸上重重挨了一记耳光。

"你老实讲,你在'11·27'大屠杀中杀害了我们多少革命烈士?"

"冤枉!我是在大屠杀之前的一星期被资遣的……"

"你狡辩!把资遣证拿出来看。"

"搞丢了。"

实际上,镇反运动开始后,黄茂才害怕别人拿到他过去在国民党军队里干过事的证据,悄悄烧掉了资遣证。

"当时国民党到处抓丁和我们共产党打仗,还会主动放你这个特务走?"

就这样,黄茂才被罚跪、鞭打,最后在重压之下对所犯罪行供认不讳:

一、参加过重庆渣滓洞"11·27"大屠杀;

二、被组织派回家乡做潜伏特务。准备破坏电厂。

根据黄茂才本人的交待,既有历史,又有现行,荣县人民法院准备召开公判大会,判处黄茂才死刑。

1953年7月19日,黄茂才一家老小听说第二天县法院要开公判大会枪毙黄茂才和其他4名反革命分子。全家人哇地一声就哭开了。

第二天一大早,黄茂才的妻子杨淑芳和她的弟弟饭也顾不上吃,就扛着张竹席急匆匆地忙着赶往县城去收尸。

半道上,看见黄茂才的幺公黄大元也去县城。他的脸色很难看,慢吞吞地对他们说:"黄茂才有可能判成无期徒刑"。

两人一听,稍微地松了口气。

果然,在当天的公判大会上,那4个反革命分子被枪毙了,法院以年纪轻,交待好,判处黄茂才无期徒刑。

原来,黄大元是乡农会主席,参加了这次公开宣判前的审判工作。县法院的人问黄大元:"黄茂才在地方上的罪恶有多少?"黄大元如实相告:"他从小读书,稍大点就到外面做事去了,在地方上没有做过坏事。"就这么一句话,居然保住了黄茂才一条性命。

1955年1月18日,黄茂才因表现好又改为15年徒刑。1962年8月28日,内江地区中级人民法院又以服刑中有立功赎罪表现予以减刑两年。1964年,黄茂才刑满释放回家,但头上仍戴着反革命分子的黑帽。

由于小说《红岩》与电影《烈火中永生》加上歌剧《江姐》在全国人民中造成的强烈影响,人民在崇拜许云峰、江姐、成岗、刘思扬等英雄形象的同时,对所有在白公馆、渣滓洞干过事的国民党军警的痛恨,是恨不能啖其肉、剥其皮、碎其骨的。正因为如此,黄茂才在"文革"中再一次受尽折磨,多次被毒打得死去活来。

1978年12月党的11届3中全会后,黄茂才不服原判,多次向荣县人民法院申诉。面对这起时间跨度大、历史背景复杂的案子,荣县检察院的检察官们本着对党和人民负责的精神,进行了大量的调查核实工作。而且,通过他们的努力,终于找到了健在的曾紫霞。

1981年初秋时节的一个傍晚,黄茂才身着浅蓝色中山装,脚穿黄胶鞋,头戴一顶褪了色的军帽,手上提着一个布包,来到了成都华西医科大学的校门前。

他四下踯躅张望了一会,才走到传达室窗前,胆怯地问道:"同志,请问曾紫霞、曾先生是不是住在这里?"

"你找曾教授?"传达打量着这位土里土气的老人。

"啊,她现在是教授了?"黄茂才脸上露出了笑容。

在传达的指引下,黄茂才来到了曾紫霞的家中。

"你是……?"岁月沧桑,曾老已经认不出当年那位年轻的看守员了。

"我姓黄……啊啊,你认不出我了么?我是黄茂才呀。"

"黄茂才!"曾紫霞愣住了,满是皱纹的脸颊上颤抖得厉害,好一阵,才惊喜地叫道,"你是黄茂才,唉呀呀,我的表哥呀……你是从天上掉下来的么?"

解放后,他们都生活在四川,可是由于种种复杂的原因,彼此间却是音讯渺无,无法往来。此番劫后重逢,那种欣喜与激动,真是无以言表。

曾紫霞是在黄茂才被资遣之前出狱的。曾紫霞真正的身份没有暴露,在叛徒看来,她不过是刘国誌的女友罢了,而且年轻、不懂事,所以没有加害于她,再加上党组织与刘国誌家族的多方活动营救,1949年8月15日,曾紫霞终于获释出狱。出狱后,她马上按照事前的约定给黄茂才写了一封信:"表哥,你14日中午到国府路8号来找我,有要事相商。表妹。"

到了14日,黄茂才应约前往。在大门口,黄警惕地看了看四周,轻声说:"这儿不好,目标大,还是到我一个朋友家里去安全些,就在国府路附近的一条小巷子里。"

以后黄茂才又到过国府路两次,传出狱中情况,带进地下党的指示。曾紫霞还向黄茂才介绍党的政策,提供进步书籍给他看。一个月后,因工作需要,曾紫霞被组织上调往成都。没多久,黄茂才收到了一封信:"表哥,情况有变化,我已回成都去了。表妹。"

从此,黄茂才与曾紫霞的表兄妹关系就这样定格了下来。

"文化大革命"中,造反派们把曾紫霞揪出来批斗时,造谣说她在人间魔窟渣滓洞关押期间,曾与特务看守员讲恋爱,即缘出于此。

当曾紫霞教授与农民黄茂才在成都华西医科大学的校园里重逢,谈起这件事的时候,两位饱经沧桑的老人都开心地发出了纯洁而真挚的笑声。

也正是这一次的重逢,曾紫霞才了解到与黄茂才分别后这几十年间,他所遭遇的种种磨难与不公正的对待。曾紫霞教授既愤怒,又内疚!既然当年自己与江竹筠、李青竹、李惠明等共同向黄茂才许下了庄重的承诺,既然黄茂才正是因为有着这样的承诺才敢冒险为狱中的难友们做了那样多的工作,那么,这样的承诺就一定要兑现!非但自己应当样去做,她相信如果江竹筠、李青林她们还活着,也一定会这样去做的。

这位经历了生死考验的老共产党员诚恳地向黄茂才谈到了共产党这些年走过的弯路,谈到了毛主席晚年发动"文化大革命"犯下的严重错误,一片好心反倒给全民族带来了一场巨大的灾难,也谈到了江青的"3·15"讲话。江青在这次讲话中信口雌黄,说"川东地下党全烂掉了,没有一个好的"。正是这些挫折、错误,与江青的讲话精神在四川造成的种种恶果,促使罗广斌、郑业瑞等脱险志士饮恨而亡,死不瞑目(罗广斌有本书有专述,而郑业瑞曾任万县农科所所长,"文化大革命"中在万人大会上被宣布为反革命分子,验明正身,立即押往刑场枪决。三中全会后虽然平反,但是却给他今犹健在的妻子余淑云和儿女们的心灵上造成了永难愈合的创伤)。

为了使黄茂才几十年前冒着掉脑袋的危险帮助狱中共产党人的壮举能够得到承认,为了尽快地替饱受磨难的黄茂才求得一个公正的对待,曾紫霞不断地打电话、不停地写信,邀约当年曾经在渣滓洞关押过的田一平(曾任四川省政协副主席)、仲秋元(曾任中华人民共和国文化部副部长)、刘德彬(小说《红岩》作者之一)、张坤璧(宁夏回族自治区教委干部)、李玉钿、况淑华等人,联名给中共四川省委统战部呈递材料,反映黄茂才在渣滓洞监狱当看守期间冒死帮助难友的种种情况,并表示均愿为黄茂才证明。

厉华与重返渣滓洞监狱的黄茂才亲切交谈

四川省委统战部于1981年9月24日发出通知:黄茂才在重庆渣滓洞看守期

间,为我地下党同志做了许多好事,当时是担了很大风险的。建议安排黄茂才为(荣)县政协委员,每月发给生活费30元。

那时的30元,足够开支一个人每月的基本生活费用。三天后,荣县人民法院宣布黄茂才无罪。

只有在恢复了正常的社会环境里,人的感情也才能正常起来。历史也印证了一句老话:好人总归有好报!成为老百姓的黄茂才从此后在荣县老家当农民,与老伴杨淑芳过着清贫而宁静的日子。

在重庆电视台的龙门阵直播现场,数以千万计的观众包括笔者,从屏幕中看到了傅伯雍、刘康、黄茂才三位白发老人重聚一堂话当年的动人情景。

解放前夕重庆地下党沙磁区的负责人刘康在听完黄茂才的遭遇后,再也控制不住自己的感情,上前紧紧抱住黄茂才失声痛哭道:"我对不起你呀!黄老弟,假如我们当年的那位秘密交通员工作细致一点,假如那一天你受了冷遇不慌着去坐轮船回家,假如当时我们能够及时地找到你,你这一辈子,哪儿会受这么多苦哟……唉,可惜的是,历史不能假设啊!"

黄茂才同样也是老泪纵横,激动地说道:"我黄茂才虽然受了不少苦,可是,想想这几十年,想想十年'文化大革命',蒙冤受屈的人还少了么,连刘少奇主席、彭德怀元帅、贺龙元帅那样的大人物也都被整死了,连罗广斌那样有名的人物也死得不明不白,我一个国民党的丘八能活到今天,还有什么想不开的?共产党能够自己纠正前人包括毛主席他老人家犯下的错误,能够为这样多受到冤屈的同志落实政策,这就证明了共产党的英明、正确、伟大!"

那一刻,笔者也是泪水涟涟……

12. 杨森毒杀亲侄女

在重庆歌乐山烈士陵园保存的 B 类档案 211 卷中,有特务宋世杰的亲笔供词:

在重庆"9·2"大火以后的一个多礼拜,张明选处长对我说,奉到杨森的密令,将其侄女杨汉秀密裁,并说杨是抗大毕业的,以前就由军统逮捕关押过,后来由她伯伯杨森保释出去,并让她住在自己的家里,可杨汉秀出狱后不听杨森的招呼,居然在杨森的公馆里秘密从事共产党的地下活动,所以杨森很生气,这次要大义灭亲,把她解决了。张明选叫我们先行将其逮捕,再商议密裁办法。领受任务后,我们决定中午出发抓人,并准备吉普车二辆,并派督导股长钟恕、第三股长宗慎云、看守所长项正邦、二股股长我负责专案。我则挑选了我股里的刘怀琦、黄雪中、谢春浓、杨玉书参加这个专案小组。到中午时,张明选考虑到是到杨森家里去抓人,怕我们捅出娄子,不太放心,遂亲自率领我们乘车到杨森的住宅中二路渝舍(今重庆少年宫)中一座山坡上的小洋楼里去执行逮捕。到达后,张明选让我们在车上等着,先由他带着刘怀琦一道进去洽询。过了一会儿张明选和刘怀琦出来,说杨汉秀不在家,到街上去了,并说已经和杨森约好晚上再去办理。她住的房间和四周环境刘怀琦观察了一下。杨森家的人全都通了气的,只瞒着杨汉秀一人,她跑不掉的。

到晚上 11 点左右,仍由张明选率领我们前往,进入杨公馆后人员散开,将杨汉秀所住的小洋楼警戒,然后由刘怀琦敲门进去,带着黄雪中、谢春浓直奔杨汉秀卧室,将门喊开,就把她逮捕了。等杨汉秀一押上车,我们马上回处。当晚就由我和宗慎云、钟恕在办公室里审讯杨汉秀,问她是否从事共党活动?"9·2"火灾是哪个主持的？是哪个放的火？她一概说不晓得。我们就把审讯结果告诉张明选。张说不必问了，杨森在电话里讲得很明白，他要大义灭亲，叫我们把她处死，我们就商量处置的办法吧。钟恕说弄一只小船在半夜里载到长江中心把她勒死后丢进河里。我说最好用汽车载到郊区，在车上把她勒死然后找荒地埋葬。张明选采纳了我的意见，确定就在第二天上午办理。

第二天上午，先由钟恕、宗慎云、刘怀琦、杨玉书驾车去重市西郊沿成渝公路从金刚坡过去，在巴县与重庆交界路旁的一座碉堡内选择好掘坑，然后派刘怀琦返回处里通知我，我就押着杨汉秀出发了，是分乘的两部车，一部是张明选的小轿车，开车的是他的司机郝□□，杨汉秀带着手铐，蒙着头坐在轿车内，两旁坐的是项正邦与谢春浓。我和黄雪中、刘怀琦坐吉普车在后随行押着，由刘怀琦开车子。在快到达碉堡前，项正邦与谢春浓就在车内用绳子把杨汉秀勒死，抵碉堡后，就由车内抬出放在坑里。刘怀琦用相机拍了照，然后我们就用土掩埋上，完毕后回处里复命……

杨汉秀烈士（1912——1949）女，四川广安人，中共党员，1949年9月被捕，9月23日殉难于歌乐山金刚坡。

杨汉秀，别名杨稚华，又名杨俊，在延安时期化名吴铭，1912年出生于广安龙台寺一个官僚地主家庭。其父杨淑身，字懋修，大革命时期曾在杨森的国民革命军20军第9师任师长。伯父杨淑泽，字子惠，别名杨森，是四川五大军阀之一。杨家拥有12000挑田土（近3000亩），是广安最大的官僚地主。

1926年杨汉秀随父亲部队驻扎在万县时，深受党代表朱德的喜爱，朱德经常抱她逗她，并给她讲一些浅显的做人的道理，这对她后来毅然背叛家庭，投身革命有一定的影响。1936年，杨汉秀随家庭教师朱一帆到重庆，从此，经常与地下党员陈联诗等接触。次年，她又到成都，经朱一帆介绍到地下党领导的《星芒报》当校对。1939年，杨汉秀从成都去延安，半年后，才绕道去太行山八路军总部，找到了朱总司令，朱德将她安排在八路军总部工作。1939年杨汉秀随朱德到延安，参加了南泥湾大生产运动，在1942年整风运动中入党。抗日战争胜利后，进行国共会谈，当时在延安的中共四川省委副书记王维舟把杨汉秀介绍给周恩来副主席，她于1946年9月随周副主席回到重庆。由于国民党破坏停战协定，发动了内战，杨汉秀一下飞机就遭到特务的监视，她在红岩村（八路军驻渝办事处）住了一个晚上，便转到渠县农村从事地下工作。下乡后，她积极从事革命活动，把佃户组织起来，以练团防和打太极拳的名义，培训地下武装，还把自己陪嫁的3000挑田土卖了购买枪支弹药，用以支援华蓥山游击队,或作革命斗争的活动经费。

1947年3月,渠县伪警察长漆旭怀疑她和延安有联系,把她抓起来送往成都,关在将军衙门政治犯监狱,后因找不到真凭实据,王陵基不得不下令取保释放。杨汉秀出狱后,革命意志愈加坚定,把7500斤黄谷和一些棉絮及两支枪交给地下党,支援华蓥山游击队,还经常往返于重庆、渠县之间,为筹集枪支和活动经费而奔忙。

1948年秋,川东地下党在华蓥山地区发动武装起义失败后,罗广文四处搜捕共产党员和起义群众,杨汉秀在渠县无法开展活动,又回到重庆,就在同年9月,杨汉秀第二次被捕,关在歌乐山下的渣滓洞监狱。

杨汉秀在狱中非常关心难友,常把家里送去的东西全部分给难友们共享。她坚贞不屈,视死如归。一次,她对到狱中看望她的儿子赵在民说:"你不要怕,不要哭,妈妈不怕死。妈妈死了,你要知道妈妈是被国民党害死的,是为广大受苦受难的穷人的解放而死的。我希望你成为一个进步的、革命的青年!"

她在敌人面前机智勇敢,敢于斗争,善于斗争。她经常组织同室难友开联欢会,唱歌跳舞,弄得看守们狼狈不堪。

杨森在族内亲人的央求下,不得已于1949年4月将杨汉秀保释出狱,接到杨公馆中住下,责令她不准再参与共产党活动,并提出送她到美国去生活,但遭到杨汉秀义正词严的拒绝。

重庆"9·2"火灾发生后,杨汉秀以其亲眼目睹之事实,当面斥责杨森并揭露国民党妄图将此重大事件的责任嫁祸于共产党的险恶用心。两人吵了起来,杨森恼羞成怒,命令刑警处处长张明选将杨汉秀秘密逮捕关押,随后又下令将其处死。

1999年4月5日,杨汉秀的女儿李继业来重庆歌乐山革命英烈纪念馆参加清明祭扫活动,厉华等在办公室对她进行了采访,当话题从妈妈谈起的时候,李继业饱含着热泪说道:"每个人都有妈妈,可是我的妈妈是谁?她在哪里?为什么不要我了?这一切在我年幼的心中,一直是个解不开的谜。我记得那时候,我还没有上学。有一天,与邻居小孩玩时发生了矛盾,突然,她们喊道:'你是抱的娃儿'。我一下子愣住了,我怎么会是别人抱养的孩子?那我的亲生母亲是谁呢?我不知所措,仿佛掉进了冰窟里。我不相信这是真的,心想,一定是小伙伴们为了要制服我,胡乱编造的谎言。但是,从那以后,她们总是用这样的话来攻击我,却从来没有用这样的话去对付别的孩子。我只好面对这个残酷的现实,我相信它确实是真的,因为我没有看见过我的妈妈!

"我家左邻右舍住的全是解放前的老邻居,他们都认识我的亲生父母,自然对我的情况很熟悉。平时大人们在议论我的时候,被身边的小孩听见了,就成了他们攻击

杨汉秀烈士遗像

我的炮弹。从此,屈辱、自卑笼罩了我,因怕别人骂我是抱的娃,只好处处忍让,尽量不与别人发生争执。表面上,我给别人的感觉是既开朗又活泼,但我内心深处却埋藏着不易被人察觉的痛苦和忧伤。我想问养母,我究竟是不是他们抱养的孩子?我的妈妈又是谁?可是,几次话到嘴边又咽了回去,因为我不愿捅穿这层包着的纸,怕从此打破家中的宁静与和睦。平时,我在养父母面前装着什么也没有发生一样,在外面如果受到委屈,晚上就躲在被窝里偷偷哭泣。那时,我感到好可怜,因为我没有地方可以倾诉。有一天晚上养母听到了我的哭声问我时,我只能用刚刚做了一场噩梦来搪塞。

"直到1961年我小学毕业,老师拿出履历表让我们填,其中就有一栏是否烈属。我拿笔首先就把烈属这栏划掉了,老师说我是烈属,让我把烈属这栏填上。老师的话把我惊呆了,以前,只知道我不是这家的亲生女儿,可是,现在又说我是烈士的后代。我那时虽不太懂事,但烈属的含义还是能明白的,我心中就像打翻了五味瓶,真是什么滋味都有,高兴与悲伤并存,高兴的是,我的身世之谜终于揭开了,悲伤的是,我做梦都想有一天能见到的妈妈,却永远也见不到了。就在那年的暑假,班主任老师、教导主任来到了我家,养父母终于将我的身世告诉了我。其实,我的情况,邻居、学校、派出所都知道,以前,他们怕我年纪小不懂事,所以一直瞒着我。

"我出生在于1948年5月4日,妈妈在重庆中央医院生下我,由于我是早产儿,生下来就像只小猫一样,妈妈说我长得很精灵,红红的小脸蛋又像五月里刚刚成熟的果子,妈妈就亲昵地叫我果儿。在生下我不到两个月时,妈妈急着要回渠县去参加龙潭武装起义,不能带我同行,因此给我请了一个奶妈,由于奶妈只有18岁,妈妈不放心,又请邻居(后来的养母)抽空帮忙照顾我。妈妈怕离我而去引起别人的怀疑,她对养母说:'我要回老家去收租,由于天太热,我不能带小孩去,大概要一个月左右才能回来。'那时大家都知道她很有钱,但究竟是干什么的却搞不清楚。所以,妈妈以回去收租为借口离开我,大家都不会起疑。当时,妈妈和爸爸用的都是化名,妈妈叫杨稚华。妈妈离开我回到渠县后,即给养父母写了一封信,署上了她的真名杨汉秀,遗憾的是这封信没有保存下来,而事隔多年后,他们竟将我妈妈杨汉秀错记为杨益秀。知道妈妈是烈士后,有一天,我偷偷地跑到烈士陵园,希望能找到妈妈的名字,那时烈士的名单存列在墓左侧的房子里,我翻来覆去地找了几遍,也没找到杨益秀三个字,我又仔细地看了所有的陈列内容,也没有找到杨益秀这个名字,我怀着失望与忐忑不安的心情离开了烈士陵园,一路上我想得很多,由于没有找到我妈妈的名字,我幻想着妈妈牺牲的消息只是误传,因为火烧渣滓洞后,家人曾去清尸,一直没有找到妈妈的遗体,我又怕妈妈是叛徒,所以才榜上无名。难道……这一个个疑团,当时只有13岁的我实在无法解释清楚,不知道该问谁。从那以后,我怕别人问我的身世,自己也从不提起。"

李继业还谈到:"鉴于地下斗争的特殊性,养父母知道我父母的事情很少。他们知道我妈妈是杨森的侄女这一重要线索,也因众所周知的原因,而不敢告诉我,怕我出去乱讲会受到株连。直到1972年我调回重庆工作后,了解到一职工的父亲解放前在渠县时曾见过我的妈妈两次,他还认识一个曾给我外婆家护院的人。当我得知这个消息时,激动得浑身发抖,话都说不出来了。他一见我便说我长得像我妈妈杨汉秀。可是我坚持说我的妈妈叫杨益秀不叫杨汉秀,我还请他回去打听杨森是否还有一个侄女叫杨益秀。他说:'据我所知,杨森只有一个侄女是从延安回来的,重庆解放前夕在渣滓洞牺牲的。'他回到渠县了解了一些情况后,来信请我亲自到渠县去一趟。1976年春节后,征得养父母的同意,我在厂党委开了一张介绍信,便踏上了寻亲之路。"

李继业先后到渠县、成都等地,找到地下党的老同志熊扬、陈云龙等,还有母亲生前的朋友及解放前给外婆家中护院的人,由于她模样、身材长得很像她母亲,所以,无论走到哪里,都得到了热情的帮助,有的老同志甚至说她走路的姿势和样子都像她妈妈。在母亲的一个战友家中,李继业第一次看见了妈妈的照片,那种复杂的心情,没有这种经历的人是不容易体会得到的。她带着这张照片回到重庆,为了证实她与照片上的人是否母女关系,她对养母谎称没有找到妈妈,并装出很不在意的样子拿出妈妈的照片给养母看,养母一见照片就叫了起来:"哎呀,这就是你亲妈妈呀,你从哪儿找到了她的照片?"这时,李继业一颗悬着的心才总算放下了。在渠县这些老同志的热心帮助下,很快就找到了他的亲生父亲、哥哥和姐姐。那一年,她都20岁了。

厉华:"你参加了1977年发现你妈妈遗体的收殓工作,请谈谈当时的经过是怎样的?"

李继业:"直到1977年,我们才知道了妈妈牺牲的准确地点和被杀害的经过。那年夏天,据歌乐山的农民反映,解放前夕,在金刚坡碉堡中发现一具戴手铐的女尸,烈士陵园派人调查核实后,请专家进行骨骼鉴定。又根据特务的口供,确认牺牲的烈士就是我的妈妈杨汉秀。有一天,通知我们亲属与烈士陵园、民政局的同志一道,到妈妈殉难地去挖掘清理遗骨。这一天我终身难忘，几十年来，我无时无刻不在思念我的妈妈，因为妈妈离开我时我还不到两个月，而妈妈牺牲时，我还不到一岁半。当我得知要去清理妈妈的遗骨时，心中异常激动，几乎不能控制自己。一路上，我在心里默默地叨念着：'妈妈呀妈妈，你知道吗？你的女儿今天终于找到你，就要见到你了，你再不会一个人冷冷清清地躺在荒郊野岭了。妈妈，你知道吗？你最最放心不下的小女儿，就要来到你的身边了！'由于妈妈是被仓皇弃尸，当时只浅浅地埋了一下，几十年来任凭山水冲刷，妈妈的遗骨已经剩下不多了。我们按照烈士陵园曾来调查过的同志指点的位置，用手在泥土中小心翼翼地扒着、找着，经过仔细辨认，才找到一些碎骨头。我轻轻地拿着妈妈的每一块骨头，小心地放在我手里拿着的纸口袋里。我把口袋放在我的胸前，感到妈妈和我贴得那样的近，仿佛把我搂在了妈妈的怀里。多少次，希望妈妈牺牲的消息不是真的，期望妈妈有一天能突然出现在我的面前；多少次，希望能与妈妈在梦中相见，又有多少次因为想妈妈女儿在梦中哭醒。我默默地念叨着：'这些，妈妈你都知道吗？女儿多么希望能得到妈妈的爱，多想喊你一声妈妈呀！'我知道，世界上哪个母亲不爱自己的儿女？又有哪个儿女不爱自己的妈妈呢？正是为了千千万万的儿女不再失去这种爱，我的妈妈才英勇地献出了她年轻的生命。年幼的我，从此失去了人世间最宝贵的母爱。但是，我们感到更多的则是自豪，为有这样一个好妈妈而感到无比骄傲。1980年11月25日，在歌乐山烈士陵园，党组织为我的妈妈举行了隆重的遗骨安葬仪式。

"妈妈自从参加革命后，历经了许多磨难和严峻的考验，也受到许多不公正的对待，但她从不气馁，对党对革命事业的追求永远是那样的执著。她对待同志、战友总是那么热情宽容，帮助别人十分慷慨，对待困难又那样乐观，从不叫苦。妈妈牺牲后，由于地下党是单线联系的，直接与妈妈联系接头的川东临委书记王朴同志也牺牲了，妈妈的真实情况很少有人知道，虽然妈妈在1950年第一批就被认定为革命烈士，但长期以来却寂寂无闻。1957年，哥哥从妈妈的遗物中，找到了一张吴铭同志见周副主席的介绍信，上面有王维舟同志的印章和周副主席的两处亲笔批字。至此，才推断出延安的吴铭，就是牺牲在中美合作所集中营的杨汉秀，这个谜才终于解开了。原周副主席的秘书龙潜同志听到这个消息后非常高兴，特写信将我妈妈的情况做了介绍和说明：'关于吴铭烈士，确系周副主席在延安经我介绍到交际处金城同志处，利用美军观察组的飞机随他一起到的重庆。那时想利用她同杨森的关系，派她去作地下工作。'而且还确认：'吴铭同志是共产党员，表现好，所以才派她去作地下工作，后来牺牲在渣滓洞。'"

厉华："你的身世是无法选择的，对你母亲所从事的事业你能够理解吗？"

李继业:"虽然妈妈曾经默默无闻了几十年,不为人知,但是党没有忘记她,人民没有忘记她。她背叛自己的剥削家庭,选择共产主义革命这条道路,我想绝不会是她一时的冲动,或者有什么功名之求。她有救国、救民、追求真理的革命斗争精神。假如,她不去革命,我可能现在有一个很富有的家庭;假如,她不去延安,她可能会有很多的产业留给我们;假如,她那时候按杨森的安排去了美国,我现在恐怕也是一个华侨子女……但是,她什么都没有留给我,毅然地抛弃了一切荣华富贵而冒着杀头的危险去干革命,直到献出自己的生命。从我个人本能的情感来说,从小失去母爱确实感到非常难过,我确实不愿意没有妈妈!而我的母亲在人们不理解她、怀疑她,甚至受到不公正对待时,都没有动摇跟党走的决心。她的精神得到人们的称颂。妈妈虽然离开我几十年了,但她的精神却永远地激励着我,成为我做人的准则。妈妈为革命献出了成百上千两黄金,虽然没有给我留下分毫,但她给我留下的精神财富,却使我取之不尽用之不完。要说遗憾,也有,那就是我今生没有聆听过妈妈的声音,哪怕是一次!"

13. 卧虎藏龙

　　1949年11月29日临近午夜时分,"慈居"内外依然是灯火通明,人来人往,十分忙碌,门外大小汽车一长串,大约有三四十辆。

　　从28日中午开始,所有接到撤离命令的二处人员都陆续带着家眷与行李赶到"慈居"报到待命,男男女女,老老少少,提箱背包,愁容满面,麇集在办公室、过道上、庭院中,"慈居"已变成了一座难民营。

　　为免遭地下党武装的袭击,徐远举和处里的几名头头早在两天前便将家眷接进了慈居,招待所不够用,便在办公室里打起了地铺。整个"慈居"已实行了临时的军事化管理,吃饭、就寝、熄灯、起床都听号音行动。

　　30日凌晨2时左右,徐远举与奉命负责领导潜伏工作的副处长李修凯交待完工作,心情沉重地道别后,带着副官卜正纯和卫士郭仪云到副官室去领武器。徐远举挑选了一支美造强力式快慢机手枪,子弹300发,美制纯钢匕首一把。卜正纯与郭仪云也各领了一支手提式冲锋枪,子弹各1000发,柯尔特手枪各一支,子弹各200发。还领了两只急救包和两箱手榴弹。武器应有尽有,不少家眷或出于途中安全考虑或出于好奇,也都领了武器,正在紧急操练,临阵磨枪。老人们也全都是和衣而卧,彻夜不眠,随时准备动身。

　　这时徐远举想到要带饮水,叫郭仪云拿着5只水壶去开水房灌满开水,又叫卜正纯检查汽车油箱,发觉油箱未装满汽油,心里很生气,斥责卜正纯竟在紧急关头如此粗心大意,不负责任,立命他去保管室领回汽油。除油箱加满外,还将3个预备油箱灌满汽油,同时又加了刹车油、机油,才算作好长途行车准备。

　　待一切准备就绪以后已是30日清晨,虽是隆冬季节,但好在是晴天,薄雾之中红日冉冉升起,倒真是个出远门的好天。

刚吃完早餐,集合号就吹响了,这是整队出发的信号。大家跟在徐远举后面鱼贯而出,到大门外上车。打头一辆是李磊、熊祥的开路车,后是大卡车,上面站满警卫营一个排的武装士兵,车顶上架了一挺重机枪,上了子弹转盘。兵车后面是几辆辎重车,后面是徐远举的一辆中吉普车,紧跟其后的,则是装满家眷的一长串大卡车。殿后的又是一辆装满武装士兵的大卡车。

7点钟左右,车队出发了,这时每个人的心情都是沉重的,祈盼菩萨保佑,途中不要和解放军遭遇,能够平平安安地到达成都。

沿途散兵游勇极为混乱,市区街道两旁的商店早已关门停业,显然是怕遭抢劫。昔日的繁华顿成一派凄凉。

为了对付意外情况,徐远举命令卜正纯将吉普车的车篷放倒成了敞车,便于观察情况,也便于射击。

二处的军官们在出发前都换上了士兵服装,徐远举的少将服装早已脱去,防备失利被俘后好隐瞒身份,而且为预防意外还带着一包便衣,由郭仪云拿着寸步不离左右,随时可以换上装,成为老百姓。

路上虽然拥挤,堵车不断,好在还算平安。两天后,车队终于驶进了成都。

徐远举把大队人马带到保密局设在成都娘娘庙的办事处临时安顿下来后,又换上将军服,亲自驾车将耿静雯和两个孩子送到陕西街72号、老朋友张志和的公馆中(现四川省劳动人事厅大院)。

张公馆是坐落在成都闹市区一条幽静小巷中的豪华巨宅。门房见是熟悉的徐远举一家人到来,赶紧通报。迎接徐远举的却不是张志和,而是张夫人李琏芳。

女主人告诉徐远举,张志和前些日子已经到雅安去了。

徐远举听后心中顿时一惊,作为大西南的情报首脑,他不仅知道刘文辉、邓锡侯、潘文华等川军高级将领靠不住,还早就知道张志和是一名秘密的共产党员,而且是有资格与周恩来直接联系的高级红色特工,但是,出自他对张志和的感激之情,他一直把有关张志和从事秘密活动的情报压下了。

徐远举此时万万想不到的是,新中国建立后,张志和还会以政务院参事的身份,到功德林战犯管理所看望他和王陵基等老朋友。

毫无疑问,徐远举登门未能见着的张志和,算得是一个极具传奇色彩的人物,须得浓墨重彩地写上一笔。

1930年9月7日夜,血战之后的江津县城一派死寂,地处城中心衙门口的县政府(今江津市公安局)内外笼罩着肃杀森严之气。大门外,武装士兵林立,院内,汽灯将大坝子照得亮堂堂。台上高踞着几名全副武装的军官。台下,是准备杀人的荷枪实弹的士兵。

随着担任军法官的第4团团长魏镛的口令声,在起义战斗中击毙师部副官长张伯卿和2营营长王文德的3名士兵被剃光头发,剥得一丝不挂地架了上来。所有起义失败后被捕的士兵和中共江津地下县委的同志被押上坝子等待处死和陪杀场。敌人先把那3名光头裸身的士兵反绑在木匠用的"马凳"上,再将"马凳"连同士兵一道立起。然后,用凿子、手锤在头顶打洞,塞进用煤油浸泡过的棉纱"点天灯",以祭奠张伯卿、王文德的亡灵。

随后,大屠杀开始了。被俘的士兵5人一批被拖出来,接连不断地遭到枪杀。坝子上骨肉飞溅,血水横流……中共江津县委的龚秉仁、龚尉农、曹泽芝,则被押来站在一边陪杀场。

在共产党人的斗争史上,大屠杀的场面屡见不鲜。可是,发生在江津的这一次屠杀的背景却是绝无仅有,因为高坐在大堂上监斩的当地最高军事长官张志和,本身就是一名忠心耿耿的共产党员。目睹自己的同志被杀害,此时此刻,他却无力营救。

张志和,原名清平,字志和。1894年出生于四川省邛崃县一个地主家庭。清末考上四川陆军小学堂,1912年离川前往北京清河镇陆军第一预备学校学习,两年后又入保定陆军军官学校2期,与刘文辉、邓锡侯系同班同学。1925年应刘文辉邀请担任川军总司令部参谋主任,执掌刘的机要。1926年国民革命军北伐,刘文辉派张志和作为全权代表前往武汉,表示响应革命,刘部遂改编为国民革命军第24军。在武汉期间,张志和与吴玉章、郭沫若、李一氓等川籍人士往来密切,并由他们介绍结识了李汉俊、董必武、林伯渠、邓演达、李立三、张太雷、张国焘等人以及苏联顾问鲍罗廷,常与之交谈,阅读他们给的进步书籍,开始接触马列主义,革命意识渐增。大革命失败后,许多贪生怕死之徒见风转舵改换门庭,而张志和却在白色恐怖下毅然参加了共产党(入党介绍人是四川省委派到他的部队中搞兵运工作的洪仿予,即洪沛然,建国后在纺织工业部工作)。

1928年初,刘文辉任命张志和担任24军暂编第1师副师长兼第2混成旅长,师长由刘文辉自兼。第2混成旅由重庆移防江津后,中共川东特委军委书记李鸣珂直接与张志和联系。省军委的工作,也得到了张志和的大力协助。张在江津城内小官山创办了一个"志和图书馆",购进大批马列著作与进步书刊,积极在士兵与群众中宣传革命思想。张还通过军委派到他部队里搞通联工作的李崇实,给李鸣珂送去了

10支手枪与3000发子弹。

张志和虽然对革命事业满腔热忱,但是,作为一个有着丰富军事经验的军官,他却态度鲜明地反对在条件不成熟的情况下发动武装起义。他曾向省委派到他部队里负责党的工作的杨云樵表示,没有广大民众的配合,士兵起义必败无疑。当省委在立三"左倾"盲动主义路线的影响下仓促组织的遂(遂宁)彭(彭山)起义、广汉起义连遭惨败后,张志和通过杨云樵将一份提案提交给省委,提出,他在军队上层作掩护,军支的同志在下面发展党员,团结教育士兵,然后将骨干力量派往四川各军阀部队,发展组织,积蓄力量,等到时机成熟,再行举事。遗憾的是,省委研究张志和的意见后,却对他产生了怀疑,认为他如今官当大了,怕起义影响他显赫的地位,政治上已不可靠。更为荒唐的是,为了避免张志和成为起义的障碍,省委决定趁张志和奉刘文辉之召回成都开会之机,在江津突然举行武装起义。而在此之前,省委已将赞同张志和观点的杨云樵调到重庆,另派狂热地支持武装起义的李克俊①前往江津,担任张部军支书记。

1930年8月28日上午,省委负责人罗世文在重庆通远门外"嘉尔登茶社"秘密召见项鼎和于渊,向他俩交待任务,即往江津与驻军军支书记李克俊接洽,尽快组织士兵起义。起义成功后即组成中国工农红军四川第1路军,由于渊任军长,项鼎任党代表兼苏维埃主席。

项鼎在任川东特委书记时领导过张志和。于渊号邦齐,行伍出身,官至川军杨森部少将旅长。万县"9·5"惨案时,他系万县卫戍司令,因亲自率兵登木船痛击英舰"嘉禾"号而成为名震全国的传奇式英雄。

罗世文交待完任务,将项鼎、于渊送至观音岩方握手告别。项、于二人当下一路疾行,至晚便赶到了江津北岸与县城一江之隔的中渡街,地下县委龚秉仁、龚慰农与曹泽芝3位同志已在此等候。

29日夜,在江津县城对岸德感坝曹泽芝同志舅舅家中,召开了第一次联席会议。会上出现了严重的分歧。县委书记龚秉仁和项鼎争执起来,龚认为江津目前根本不具备起义的条件,县委总共只有4名党员,团员多一点,也不过5、6名,没有群众基础,起义万难成功。且以少数兵力与刘湘的数万大军抗衡,行几千里路去会师武汉,前途凶多吉少。项鼎反复说服也不奏效,最后只好以组织名义来压服龚,严肃地说:"党的决议,你究竟执行不执行?"龚秉仁只好表示服从,并答应地下县委尽一切力量协助。

---

①原名李德孚,后背叛革命,成为国民党特务。

于渊在相继听了军支和地方的同志介绍情况后,明确表态,这次起义必须撤销。他认为这样的行动无异于把革命士兵往敌人的虎口里赶,他不能干这样的蠢事。项鼎激动得不能自制,与于渊争吵起来,措辞尖锐地谴责于渊临阵脱逃,革命意志不坚定,并断然表示,起义计划决不能更改,省委的任务必须完成。于渊迫于无奈,只好答应服从,但决不担任起义总指挥。项鼎[1]马上批准,改任李克俊为起义总指挥,并成立了起义行动委员会,却将县委书记龚秉仁排斥在外。

会议决定:9月5日起义。

不料,起义计划不慎泄露了,敌人立即采取了防范措施。张志和离津赴蓉后,部队被反动的第4团团长魏镛(该团全体驻扎在江津城区内)控制。魏镛下令各驻地部队将所有武器收缴起来,分别封存在各驻地的武器库里,派人严加守护。晚点名后,士兵的衣服裤子集中保管,每人仅留一条裤衩睡觉。同时派人进驻邮局,检查来往信件。风云突变,空气紧张万分,准备起义的士兵中出现了恐慌的情绪。

面对如此险恶的局势,9月3日上午,起义行动委员会在县城东门内"郭家公馆"曹泽芝家中召开了紧急会议,商讨对策。于渊再次提出,起义决不能贸然发动,蛮干只有失败,甚至会把军支与地方党的力量全赔进去。结果是,于渊遭到了项鼎更为严厉的批评。紧急会议最后决定,起义提前到当晚电灯亮时举行。

可是,却因为出现了偶然的情况,打乱了预定计划,使起义提前爆发了。

这天下午,驻军机枪连在大西门外坝子[2]上操练,因为要示范,才发了两挺捷克式轻机枪。李克俊得知这一情况时已经是下午4点钟左右,因机枪连连长池树森是进步军官,赞同起义,李当机立断,带领李崇实、江国勋从城中师旅部赶去,在机枪连池树森等人的配合下夺取了机枪。得手后方知,只有一挺能用,另一挺没有撞针。

震惊全川的江津士兵起义,就靠着这一挺用着虚张声势、一挺用着实战的机关枪开始了。

激战至半夜时分,这场仓促发动的武装起义终告失败。

大搜捕中,100多名起义士兵和下级军官被捕。地下党的4名党员中龚秉仁、龚慰农以及左腿中弹的曹泽芝也落入敌手。

刘文辉得报后,把张志和叫到他家中训斥了一通,埋怨张志和平时纵容共产党,姑息养奸,以致酿成今日之乱。并要他火速赶回江津,严厉处置。

张志和回到江津,团营长们顿时就把他包围了,逼着他把关在牢中的100多名

---

[1] 四川邻水县人,即苏爱吾、苏幼农,建国后任邮电部部长兼党组书记。
[2] 现江津驻军师部大操场。

造反官兵和江津地下共产党的人全部枪毙。

此刻，张志和高坐在大堂之上"监斩"，他想到此事的前前后后，内心的复杂、痛苦以及愤怒之情可以想象……

枪声不断地响着，被俘起义士兵5人一批接连倒在了血泊之中。地下党的同志则被押来陪杀场。

当第9批士兵被押上来时，张志和看到里面有师部录事李崇实和江国勋。

刽子手举枪欲对他们射击时，两人向着张志和大喊起来："副师长，救命啦！""副师长，我是李崇实啊！"

张志和再也坐不住了，沉下脸喝道："把李崇实、江国勋给我押到一边，我要亲自审问处置，抓出他们的后台！"

当夜，魏镛与参谋长兼江津县长刘中生杀害了48名起义士兵，又把其余被俘士兵的脸上刻字，涂上蓝靛，驱逐出境。地方县委的龚秉仁、龚慰农、曹泽芝均被判处1年至6个月有期徒刑。

在张志和的鼎力相助下，李崇实、江国勋得救了。出狱后，他俩曾三次去找张志和。第一次去师旅部时，周副官给他们一张纸条，上面写着：1、立刻出境，不准在此逗留；2、凡是亲友熟人，半年内不准通信；3、已垮的组织暂不恢复。第二次，他们在晚上12点以后去了张志和公馆。张与他们见了面，批评他们莽撞行事，给革命造成不可挽回之损失，并抱怨省委将他视作外人，在他的部队里举事，竟然避着他这个共产党员。第三次去，张志和给了李崇实50块银元，江国勋30块银元，要他们尽快离开江津。

江津"9·3起义"失败后，省委根据脱险回去的项鼎、李克俊的汇报，认为起义失败的原因，一是张志和思想右倾，政治上不可靠。二是于渊临阵脱逃，放弃指挥。省委做出决定，将张志和、于渊二人开除出党。

不久，中共中央的机关刊物《布尔什维克》上，将江津起义作为教训，严厉谴责了张志和与于渊[①]二人。

笔者有理由认为，中国共产党的史书上理当重重地镌刻下"张志和"这个极富传奇色彩的名字。

江津兵变失败后，共产党开除了张志和的党籍，刘文辉则削去了他的统兵大权，但因两人私交甚笃，遂将他调回成都，改任四川省兵工厂总督办。

[①] 于渊（1895-1949），号邦齐，四川省射洪县人。江津兵变失败后被开除党籍，于1932年经张澜介绍加入民盟。1949年12月7日，于渊等34名革命志士被枪杀于成都西门外12桥。

1934年初至1935年春,张志和前往印度、新加坡、埃及、意大利、瑞士、法国、英国、荷兰、比利时、奥地利、匈牙利、捷克、波兰、苏联诸国考察,深感"眼界洞开,颇有收益"。

　　为了了解日本,他又去日本考察了近半年,与住在千叶县的郭沫若过从甚密,并从经济上给郭以帮助。回国后,去两广,向李宗仁、白崇禧、陈济棠、胡汉民介绍日本情况,鼓动他们积极抗日,并说服他们将"反蒋抗日"的口号改为"抗日民主"。后者表示接受第一点,不接受第二点。胡汉民态度尤为强硬,将口号改为"抗日反共"。

　　1937年,抗战全面爆发不久,李一氓突然来到成都,对张志和说,毛泽东极想见他一面,望能即刻去延安。

　　听到这一消息,张志和悲喜交加,悲的是他被开除出党并被党中央机关刊物点名批判的经历;喜的是,作为中国共产党实际最高负责人的毛泽东,居然会专门派李一氓同志来成都请他赴延安——这不仅是荣誉,更让他感动的是信任啊!

　　张志和与李一氓坐飞机到西安后,在七贤庄八路军办事处见到了在武汉久别的林伯渠。林老为他安排了专车,而刚刚从南京监狱释放出来的张琴秋与前往延安采访的美国记者贝特兰这天早晨也与他同时出发,却只能安步当车,这让张志和十分过意不去。

　　到延安后,张志和被安排住在外交部招待所。除张闻天、任弼时、周恩来、朱德等中共领袖分别亲切会见他外,不定期安排他参观了各机关的学校,在此期间,毛泽东让李一氓先给张志和一本用连史纸印刷的有关红军在江西四次反围剿作战的胜利战史以及第5次反围剿失利的教训的材料给他阅读。张志和也托李一氓送给了毛泽东两部书,他和陈静珊出资在上海创办的辛垦书店翻译出版的克劳塞维茨大将著的《战争论》,和他自己著的《现代战争论》。

　　9月21日傍晚,李一氓通知张志和,毛泽东约他当晚面谈。

　　晚饭后,李一氓陪同张志和来到凤凰山中央机关驻地。进得毛泽东窑洞后,李一氓便离开了。毛泽东与张志和虽是第一次见面,却亲切若老朋友。两人对坐在茶几两边,茶几上摆有茶点招待。"主席一面同我谈话,一面喝着白酒,吸着香烟,态度随和亲切,胜似家人骨肉"。

　　毛泽东认真地听着张志和的谈话,认为重要的,马上在一个白纸本上记下来。最使张志和感动的是,当谈到1936年在上海创办辛垦书店,他曾以"李凡夫"为笔名主编过《研究与批判》杂志时,毛泽东居然马上从书架上找出了一本《研究与批判》。

　　张志和向毛泽东谈了他毕生的重要经历,唯独避开了因江津起义被开除出党这一段历史。谈话进行到凌晨,毛泽东毫无倦意,最后,毛泽东交给张志和一项重要的秘密任务。他说:"你莫看蒋介石现时对我们还好,这是靠不住的,将来他一定会打我们的,而我们的一些同志却被这种假象所迷惑。蒋介石与各地军阀是有矛盾的,你与四川军阀的关系最深,刘文辉、邓锡侯都是你在保定军校的同学,又一起共事多年,私交甚笃,你应该去策动他们。第一步要影响他们不要做蒋介石的忠实走狗,不要认真与我们作对,只是随便应付一下;第二步要争取使他们在今后的国共战争中保持中立;第三步呢,当然最好把他们拉到我们这边来共同革命。志和同志,这项工作很重要,中央对你是寄有厚望的。"

张志和感谢中央对他的信任,但他同时又向毛泽东倾吐了他不愿意回四川过军阀生活的心情,要求留在延安工作。

毛泽东说:"白区党的组织已多被敌人破坏,我们眼下正力图加强秘密战线的力量,而四川,以后肯定是最重要的地区。以你在四川军政上层的地位和关系,是我们最理想的人选。留你在延安,岂不是抑长扬短了么?"

听毛泽东这样一说,张志和只好放弃了留在延安的想法,说:"那我就遵照主席指示,努力去干吧。"

天色破晓,毛泽东送张志和出了窑洞、院子,叮嘱他事关重大,一定要注意保密,而且在政治上一定要保持灰色。

10月20日,张志和参加了二、四方面军甘孜会师纪念大会和陕北公学的开学典礼。与毛泽东等中央首长并排坐在主席台上,而且在这两次会上,他都应邀发表了演讲。

离开延安前,毛泽东还送了张志和一张自己的照片,亲笔题字称他"志和同志",落款是毛泽东。

回到成都后不久,毛泽东果然派邹风平同志①到成都传达党中央的指示:恢复张志和的党籍,今后在张曙时同志直接领导下工作。

1938年春,第七战区司令长官刘湘在武汉突然逝世,川省盛传是被蒋介石派特务毒死的。蒋介石派张群为四川省主席,川军各部以曾任过刘湘老师的王陵基为首群起反对,声言拒绝国民政府迁川。中共中央认为大敌当前,川军反蒋实不利于抗日救国,指示张志和劝告王陵基反蒋实为亲者痛仇者快之举,动员王陵基率川军出川抗战。张志和做了大量工作,终于说服了王陵基。

王陵基同意出川抗战后,即请张志和作代表去重庆,与重庆行营主任顾祝同商

---

①邹风平曾任四川省工委书记,在省委恢复前代行省委职责。延安整风时不堪羞辱毒打上吊自杀。

妥，将王部改编为第三十集团军，王陵基任总司令，开赴江西作战。王并请张志和出山，担任该集团军总参谋长，与他共挑重担。张志和征求党组织意见，张曙时写下一函，要张志和去汉口八路军办事处向周恩来亲自汇报此事。张志和即赶到汉口，与周恩来、叶剑英见面，待向毛泽东去电请示后，同意张志和出任三十集团军总参谋长一职。

川军武器窳败，在瑞昌与敌一接触便遭重创。王陵基受到蒋介石"撤职留任，以观后效"的处分后，意志十分消沉。张志和恪尽职守，积极协助王陵基指挥作战。当麒麟峰战况激烈时，张志和与王陵基各在火线指挥战斗。在日军连续数日的疯狂攻击下，川军伤亡惨重。王陵基动摇了，在电话中命令张志和率军后撤。张志和大惊，从公私两方面痛陈利害，晓以大义，要他血战到底，抓住时机将功补过，倘若再退，必将遗臭万年，"即便战死，也不愧为中华民族之千秋英烈"。在张志和强有力的鼓励下，王陵基终于下定决心死战，并将预备部队悉数投入，最终击退了敌人的进攻，将敌阻于武宁以东，未能陷我长沙。麒麟峰之战转败为胜，成为当时重大新闻。王陵基也由待罪之身一变而为民族英雄，处分自然也随之撤销了，并且受到褒奖，出尽了风头。第九战区司令长官陈诚与政治部第3厅厅长郭沫若亲到武宁前线慰问劳军。郭沫若在《洪波曲》中写到了这次慰问的经过，以及他与老友张志和在火线重逢的情况。

装备、素质均落后于中央军的杂牌队伍也能打败日本人，这就引起了蒋介石的注意。蒋叫戴笠派人去调查，得知该部"战地军官训练团"曾用毛泽东的《论持久战》作为主要的训练教材，并查明负责训练团的是张志和，遂怀疑张是共产党员。

蒋介石密令王陵基让张志和离开部队，王感到左右为难，抗令，他不敢；执行，于情于理他都说不过去。一者，张志和是他恭请出山的，并且在麒麟峰一役挽救了他，使他由懦夫摇身一变成了英雄。二者，张志和与延安方面有关系，请来有共产党背景的军官到军官训练团担任教官等情形，他早就知道，不过这并不影响他的利益，所以睁只眼闭只眼，从不过问。

怎奈老蒋这次催逼得紧，王陵基无法推诿，只好将内幕如实向张志和说了。张志和得知情况后，方想起毛泽东当初叮嘱他"政治上保持灰色"的重要性，正因为忽略了这一点，才酿成今日之被动。

张志和只好离开部队，回到了成都。

1941年，张志和奉周恩来的指示，参加了中国民主政团大同盟。这一期间，除了参加民盟的活动，张志和把主要的精力，投入到了争取保定军校的两位老同学，刘文辉、邓锡侯，以及另一位重要人物潘文华身上。他介绍邓初民、马哲民、黄松龄、张友渔等同志先后为刘文辉讲授政治经济学及国际形势等，以提高刘文辉的政治认识能力,使其免受蒋介石的愚弄、利用。他还安排刘文辉在重庆机房街吴晋航家中与周恩来第一次秘密会见。从那以后,刘文辉与中共的关系,也就由一般联系进入了实际配合的阶段。刘文辉、潘文华两处可直接与延安通报的秘密电台,也是张志和向周恩来报告后派去的。设在雅安刘文辉军部的电台,由中央派去的王少春夫妇负责,一直工作到刘文辉宣布起义,历经八年而未遭军统破坏。

张志和做的是秘密的革命工作,过的却是令革命者深恶痛绝的奢侈生活。他那坐落在陕西街72号的张公馆(今四川省劳动人事厅大院)如同一个精巧雅致的大花园,每天总是宾客不断,名流汇集。每日花天酒地,纸醉金迷。他出门不是私人汽车便是专用包车,频繁地与达官贵人们往来酬酢,或玩牌,或吃酒,或跳舞,或打猎。家中分别雇有西餐大厨与中餐大厨,就连革命阵营中许多不知内情的人,也视他为典型的反动军阀。

张志和对此也十分厌倦,有一次,王明、吴玉章、林伯渠赴重庆出席国民参政会回延安路经成都时,张志和在家中尽地主之谊,席间,张志和郑重地向他们提出不愿再过这种腐化生活,想到延安为党工作。三人一致认为,再难找到具备他这样条件可与川康高级将领接触的人选,不允所求,嘱他应继续在川工作。

张公馆门前车水马龙,院里鱼龙混杂,连后来成为军统大特务,当时在西昌行营情报处任处长的徐远举每到成都,也必去张公馆走动,既能吃喝玩乐,也能借机结识许多上层人物。那时的徐远举,不过30来岁,瘦高个子,眉浓眼狠,鼻梁也高,来时常穿未带肩领章的美军重磅黄咔叽军便服,腰围金灿灿子弹带,斜吊着一支大号左轮手枪。张夫人李琏芳对他却不客气,见了他那副样儿,就当着其他客人的面对他吼道:"徐远举,你是到我家来耍的嘛,做起那副凶神恶煞的样儿干啥子?安心把客人都给我吓起跑嗦?赶快给我收捡起来!"挨了骂,徐远举还得笑嘻嘻地答应着,赶紧把手枪和子弹带取下来,放在一边。

徐远举结婚时,带着新娘耿静雯来成都度蜜月,也住在张公馆里。耿静雯的父亲是大革命失败后被蒋介石杀害的革命烈士,她本人为蒋介石西昌行营主任张笃伦收养,人长得十分漂亮,也很有气质,徐远举被她迷得神魂颠倒,为她把湖北大冶的老婆孩子全抛弃了,很费了些功夫才把耿静雯追上手。对这桩婚姻,李琏芳却不以为然,她曾愤愤地在女儿张弢英、女婿金拾珊①面前说道:"这姓耿的也太没出息,老汉被蒋介石枪毙了,她妈还身披黄表在大街上喊过冤哩,现在她就忘了杀父之仇,嫁给

---

① 文中张志和生平经历根据江津党史办相关资料写成,参阅了张志和1952年写给政务院参事室的"自传",以及由张志和之女张弢英和女婿金拾珊提供给笔者的资料。二老今犹健在,住北京。

徐远举这样的人了。"

而张志和对徐远举,自然会表现得"慷慨大方,热情关怀"。徐远举在张志和面前,也显得格外的谦恭。即便是在他后来高升委员长重庆行营2处处长、保密局西南特区区长,手握生杀大权后,依然视张志和为父执,优礼有加。张志和常去重庆,当面向周恩来请示汇报工作。为了保护张志和,这样的见面必须是秘密进行的。而且每一次都是在周恩来的亲自安排下进行,时间大都在深夜里。而张志和一到重庆,徐远举准会知道,并敬张若上宾,亲自跟在张身边周旋服侍,请吃饭,请跳舞,请看戏,请打牌等。只有到了深夜,张志和才去与周恩来见面。见面地点一在临江门《新华日报》营业部的楼上,一在曾家岩八路军办事处。事先约好张志和先坐着自己的汽车,到指定地点后,马上换乘周恩来派去接他的汽车。其实,以徐远举的精明,以他所控制的西南四省庞大的特务系统,他对张志和多年的地下活动,不会毫无觉察的。而张志和最终能安然无事地活到解放后,委实是因为他人所不及的地位与社会关系所致。

比如,1947年5月,蒋介石撕毁和平协议,向解放区大举进攻的同时,还在国统区大搞法西斯统治,向"政治异己"全面开刀,把大批共产党员和民主党派人士投进监狱,大开杀戒。张志和身为川盟主要负责人,自在当杀之列。而省主席邓锡侯一得到风声,马上派他的副官长刘雄抢先一步将张志和与川盟的其他几位负责人范朴斋、潘大逵等"抓进"厚生农场软禁起来,每日好酒好肉款待。国民党特务机关来要人,则遭严词拒绝。

再如,1948年,蒋介石任命江西省主席王陵基为四川省主席。王由南昌回成都赴任后,曾到陕西街72号告知张志和夫妇一项机密情况,王陵基说他回川就职前,蒋介石在南京召见他时曾向他亲授密令,要他一到成都即将张志和秘密处决。张志和与李琏芳闻此言不禁惊出一身大汗,猜不透王陵基葫芦里卖的什么药。谁知王陵基却对张说:"志和兄,你想我两个这么多年的交情,我对你哥下得了这种毒么?这种不够朋友的事,我姓王的是不会做的。"他又对李琏芳拍着胸口说:"大嫂,你放心,我和志和是生死之交,情同手足。只要我在四川一天,天王老子也不敢动他一根汗毛的!"

有意思的是,新中国建国10周年之际,中央政府开始特赦国民党战犯。但王陵基、徐远举等人还需留在功德林监狱继续改造。组织上为了做好续留战犯的思想工作,稳定他们的情绪,特地邀请了一批民主人士去探监。担任国务院参事的张志和也去了。三位昔日的老朋友相见于狱中,忆及往事,自是感慨万分,也煞是亲热。徐远举告诉张志和,那时张志和每次去重庆,他其实完全知道他是来与共产党秘密联系的,但是,出于私人情谊,他却采取了睁只眼闭只眼的做法。

作为中国传统文化熏陶出来的旧式军人,张志和也追求"修身、齐家、治国、平天下"的修养与人生境界。他在家乡邛崃县城独资捐款20万银元创办了后来颇负盛名的敬亭小学、敬亭中学,以优厚待遇延揽优秀人才到这两所学校任教,并且不惜重金聘请最好的建筑设计师规划校园和校舍。后来又与吴景润、陈静珊、吴中英在成都西胜街创办了被誉为"陕公第二"的协进中学。学校的领导人和教学骨干力量都是中共党员和进步民主人士,如谷醒华、丁华、胡一哉、沙汀等。在他们的教育影响下,许多学生认识到只有共产党才是领导民众抗日救国的中坚力量,不少学生陆续奔赴延安参加了革命队伍。一些革命前辈和烈士的子女也都在协进求学。如朱德的大女儿朱敏,钱壮飞烈士的儿子钱江,李鸣珂烈士的儿子李瑜珊等。

军政要员、各界名流云集的张公馆里,也是革命烈士后代的避难地。李鸣珂烈士的儿子,就长期住在张公馆里。

李鸣珂,生于四川省南部县,曾任中共四川省军委书记,红军第6军军长,是中国共产党早期的优秀军事指挥员。

1926年秋,李鸣珂从黄埔军官学校毕业,被分配到叶挺部下任中队长,并随师北伐。在北伐中,李鸣珂作战勇敢,深得叶挺信任。1927年,党决定在南昌举行起义,李鸣珂的中队承担了周恩来、叶挺等人的警卫任务。8月1日凌晨,起义的枪声打响了,李鸣珂奉命率部接应朱德领导的教导团,完成任务后,又主动支援友军战斗,在起义中立下战功。

李鸣珂在起义中的出色表现,受到中央领导的赏识,将其调到中央前敌委员会任警卫营长。部队南下广东时,李鸣珂奉命率部在蜈蚣岭阻击敌人,激战了三天三夜,敌人未能前进一步,保证了我军安全转移到了潮汕地区。事后,周恩来亲口表扬李鸣珂"打仗骁勇,指挥有方"。

潮汕失败后,李鸣珂到了上海,中央军委任命他为中央军委特科队队长,在周恩来同志领导下工作。1928年,李鸣珂奉周恩来委派,回四川任省军委书记,领导武装革命。李鸣珂在主持四川省军委工作期间,在艰苦恶劣的条件下,为党做了很多卓有成效的工作。他策动了瞿联承旅两个团起义,起义部队改编为"中国工农红军四川独立师第1旅";领导、协助邝继勋率全旅起义,成立了"中国工农红军四川第1路总指挥部";3次领导了涪陵驻军郭汝栋部起义,组建了"中国工农红军四川第2路游击队"。这一系列武装斗争,给了反动派以沉重的打击。国民党21军政训部主任戴弁,是蒋介石派到四川监视川军、镇压革命的军统特务。中共四川省委决定除掉这个家伙。李鸣珂亲自带着几个特工人员,潜伏在戴弁住处附近,伺机将其击毙。

曾任中共四川省委士兵运动委员的易觉先叛变了,被敌人委任为上校参谋、侦缉队队长。易觉先常带着一帮便衣特务，往来于重庆、成都各地，破坏党的组织，追捕党员和进步人士。李鸣珂决定为党除害。这时，党中央任命他为红6军军长，有同志劝他赶快离开重庆赴任，免遭易觉先的毒手，但李鸣珂坚决表示："杀了易觉先再赴任"

李鸣珂带着特工队员邓文书、汪治国，到处寻找易觉先的踪迹。1930年4月18日，李鸣珂等与叛徒易觉先及其带领的特务相遇，易觉先惊叫："抓住李鸣珂！"话音未落，李鸣珂已抬腕连发两枪，将易觉先击毙。一时间惊动了敌人，大批军警齐出，全城戒严，搜捕李鸣珂等。战斗中，邓文书牺牲，汪治国脱险，李鸣珂被捕。在狱中，李鸣珂从容地给同志们和妻子留下遗书，鼓励他们将革命进行到底，不久慷慨就义。据当时重庆《国民公报》报道："内有一犯，年约三十余岁，八字短胡，毫无惧色，沿途大呼'共产党万岁'口号，如登讲演之台，闻系共产党著名首领李鸣珂。"

李鸣珂

李鸣珂牺牲后，张志和即资送李妻和长子政文回老家，生活上给予妥善安排，并将烈士次子李瑜珊收养，与發英一起生活多年，由小学、初中直至1946年高中毕业后，才将李瑜珊送到重庆交周恩来同志，由八路军办事处转送延安学习工作。

1946年3月，朱德总司令会见了刚刚来到延安的李瑜珊，并为瑜珊泼墨题词："父是英雄儿好汉，父子相继要使工农把身翻。"

瑜珊到延安后更名从珂，解放后在河北省军区工作。

1951年9月30日，李鸣珂长子李政文被选为烈属代表赴北京参加天安门国庆观礼，并受到毛泽东主席的亲切接见。

曾于抗战中任第三十集团军72军政治部主任的中共地下党员汪道余，在成都被捕后，家属生活困难，张志和马上承担起照顾老母、兄弟、儿女共六人的全部生活的责任，直到抗战胜利后，全家返回原籍安徽。

钱壮飞烈士的遗孀和儿子钱江，也在张公馆居住多年。钱江后经周恩来介绍前往延安，入延安鲁迅艺术学院学习。后导演了《中华儿女》、《光荣人家》、《白毛女》、《林家铺子》、《以革命的名义》、《革命家庭》、《洪湖赤卫队》、《阿娜尔罕》、《东方红》等影片，成为新中国第一代著名电影艺术家，全国人大代表。

省委书记刘愿庵牺牲后，其妻周敦婉（江津白沙镇人，中共地下党江津首任县委书记）改嫁时任省军委书记、后成为国民党军统大特务的文强为妻，随文强去了湖南长沙。所遗子女,也由张志和资助生活费。

1949年,刘、邓大军进军大西南后,数十万残敌拥挤到了成都平原。党中央分析,蒋介石、胡宗南、王陵基必然会逃往西康,再由云南入缅甸,或向西藏、印度逃窜,指示张志和,要川盟在四川、西康即作准备,组织地方力量予以阻击,不让残敌安全南逃。必要时,还可动员西康民间武装进入成都平原,协助解放军和各地人民武装消灭蒋、胡、王军队。张志和接受任务后,考虑到要达成这一目的,必须做好三件事:第一是消弭西康军民的对立;第二要使军民团结;第三要使军民共同走上革命道路。因为,1946年春,西康省人民曾爆发武装起义(史称"天、芦、宝、荥事件"),同刘文辉作对。刘文辉虽用和平手段平息了这一波及全省的事变,但并未根本消除军民间的对抗情绪。朱世正系国民党中央军校毕业,年仅29岁,"天、芦、宝、荥事件"平息后,刘文辉委任他担任国民党西康省保安司令部雅、荥、汉联防总队长。但朱、刘之间仍有隔阂,互有戒心。朱急于另谋出路,看到国民党已兵败如山倒,朱世正又一次乘乱而起,串联了雅安、荥经、天全、宝兴、芦山各县武力,被推举为总司令,号称革新派,率众与刘文辉对峙,势力已相当强大。

而当时的刘文辉经中共、民盟、民革多年工作,已经决定起义。

对此,张松涛在《我参加西康民盟武装斗争》一文(未刊稿)中回忆到:"1948年6月中旬,我从香港带回中共华南局负责人连贯、民盟张澜、民革李济深,以及朱蕴山、杨杰给刘文辉的信件。6月下旬,经张志和约请刘文辉,安排在陕西街72号张宅会面,当时张志和同志在座。我向刘文辉转达了香港各方面的意见和要求,并将几封信件当面交给了刘文辉。李济深还专门写了密函绢条,要我交给张志和。"

此密函绢条现由张弢英保存,其内容如下:

> 志和吾兄勋右:别来匆匆又将3载,至念。张、张两兄转港具道吾兄领导革命,努力不懈,至佩贤劳。独裁政权的总崩溃即在目前,唯川康地居重要,一篑之功,乃在于此,至盼与自乾(刘文辉字)、晋康(邓锡侯字)、耿光(即杨杰,民革西南执行部负责人)诸兄策定进步计划,迅付实施。外交方面,此间可负全责,余由松涛兄面详,专此敬颂筹祺。
>
> 深上　8.29

因此,帮助刘文辉消除武装对立面,自然成了张志和的首要任务。

1949年8月25日,张志和在王陵基处探得蒋介石已在前一日飞到重庆的消息后,立即同刘文辉的参谋长杨家桢同车前往西康。张志和到雅安后,刘文辉告诉张,起义后西康军政人员跟他走毫无问题,他现在唯一担心的,是西康各地的袍哥武装。焦点人物,就是新冒出来的荥经袍哥舵把子朱世正。

朱世正的突然崛起与鸦片紧密相关。

1946年,刘文辉派保安大队司令张禄宾率1000多士兵到荥经禁烟,被年仅28岁的反刘总指挥朱世正①一举歼灭。1947年朱世正又纠集天全、芦山、宝兴等袍哥武装5000多人向刘文辉的地方政权发起大规模武装攻击,一度攻陷天全、芦山,逼近雅安,此事被称为有名的"雅属事件"。

刘文辉最终被迫改剿为抚,委任朱世正为西康省保安司令部雅、荥、汉联防总队上校总队长,但朱世正并不信任刘文辉,对刘始终保持高度警惕。

在雅安民间拥有极大声望的袍哥武装舵把子朱世正,即成为了张志和主要的工作对象。这时,恰好有荥经县民盟盟员赵锡骅前来毛遂自荐,说朱世正与他自幼有同乡同窗之谊,私交极深,他可以出面去拉朱过来。张志和大喜,即请赵锡骅去完成这一工作。赵锡骅回到荥经,先与朱世正最尊敬的老师黄汝杰联系,将黄发展为民盟盟员,再由黄汝杰与他共同出面做朱世正的工作。不久,朱世正也加入民盟。

张志和得知朱世正入盟的消息后,致函与他,要朱约集该部首脑人物,由他前去讲话。朱同意,并将时间定在农历八月十五中秋节这一天,地点在他家乡荥经县天宝山寨子里,那天到会的民间武装大小首领有400多人,全都带着短枪保镖。张志和向他们讲解了世界大势、中国当前局势,说明民间武装应当从事民主革命,团结起来配合解放军消灭蒋、胡、王残余军队才有出路等问题。全体到会人员表示服从民盟领导,听从指挥。但张志和并不放心,旋即将他们中间威望较高、势力较大的人物挽留下来,由他分别与之谈话,解答他们提出的问题。如此三天后,他们才各自回去准备。

张志和并邀朱世正前往雅安与刘文辉见面,尽释前嫌,朱答应同往,终于与刘文辉言归于好,使西康内部安定下来。

此后,张志和继续与刘文辉商谈如何进一步策反川康军队,配合人民解放军消灭蒋、胡、王军队的各种措施,以及如何改造24军和改善军民关系等问题。两人决定,刘文辉速返成都负责领导策动邓锡侯、潘文华及川康军队、绅耆、地方知名人士、民众团体,配合解放军解决反动军队。张志和则留在雅安,抓紧武装群众的工作,相机对流窜入西康的国民党军进行阻截。

后来,在西康战役发起后,张志和与24军参谋长杨家桢一道协助24军代军长

---

① 朱正世,1918——。荥经县人,1939年毕业于中央军校,1943年冬参加湘西战役,1944年参加衡阳保卫战,均立战功。抗战胜利回乡后深孚众望,遂成袍哥武装舵把子。1957年被关入抚顺战犯改造所,25年后获释平反,享受离休干部待遇,今犹健在。

刘元瑄阻击胡宗南军的作战,并通过王少春领导的电台,每日数次向周恩来直接报告战况。

张弢英至今仍保存着一封中共中央军事委员会拍给他父亲的紧急电报原件。全文如下:

张志和并转刘、邓、潘三先生第二野战军刘邓
来电转如下:

恩来巧亥

军委:我先头17军与10军已于铣日攻占乐山青神,正向西发展,战果待报。11军12军今(筱)日可到达新津、彭山之岷江东岸地带。
特此专告。

刘伯承　邓小平

张志和在1952年给政务院参事室的"自传"中写到:"我在当军阀时(师、旅、团长),尽管没有直接剥削过人民,干过那些卑劣贪污的事,但仅凭当时一个旅长每月3000元的津贴,师长5000元的津贴,这样积累好些年我就存了二三十万银元的财富。自然,这些钱的来历,还是从剥削人民来的,因此我思想上一直认为应该还给人民,所以抗日战争前、抗战期中,以及解放战争中,我历年从事团结抗日和民主运动、反蒋革命工作,所有开资经费,总是尽其所有,我的个人家业,已全部献给了革命事业。"

即便如此,江津起义却仍然给张志和造成了难以洗涮的污垢。张澜曾提名张志和担任西南军政委员会委员,却遭到一些不可能了解张志和工作性质而只看到其表面的同志的强烈反对,并导致负责西南军政工作的一位主要领导人写下:"张志和在江津起义中的行为,古今皆不能容"的批示。幸亏毛泽东、周恩来了解张志和在秘密战线上为革命所做出的特殊贡献,张才因此担任了政务院参事、民盟中央委员、全国政协委员。

1957年,全国风声鹤唳,"右派"落花流水,知识分子人人自危。8月30日《人民日报》上,发表了该报记者纪希晨的报道《四川的右派群丑》。报道说:

材料证明,章罗联盟为独霸被称为民盟"发祥地"、"根据地"和"大阵地"的四川,早在解放前就已经作了部署和准备。刘邓大军渡河以后,他们认为"国共南北对峙"局面下,正好大有可为,为达到在"三分天下"中"割据西南"的目的,

民盟右派分子潘大逵、范朴斋、张志和、张松涛等,根据章伯钧的扩充实力搞军事投机的指示,除拉拢大批袍哥(即哥老会)地主恶霸特务入盟(如川西15个县668人中,有一半以上是地主袍哥特务),同时还在川北、川南、西康等地收编袍哥、土匪,建立反动地方武装,阴谋与人民争天下,企图抗拒解放军向川康进军。拥有3000多袍哥土匪,到处抢劫群众的土匪头子朱世正,被他们委任为民盟西康省委的主任委员。解放后,这些反动武装纷纷发动反革命暴乱。民盟中央委员张志和亲自发展的伪保安团长王德全首先叛乱之后,朱世正等匪部也都参加了叛乱。

真是字字充满杀机!

当时经过张志和深入天宝寨做工作,才同意支持革命、阻击国民党军队的朱世正、王德全等袍哥武装首领,西康解放后全成了"袍哥土匪"、"反动地方武装"、"地主恶霸特务"。配合解放军作战的行动,变成了"抗拒解放军向川康进军"的反革命罪行。

这一错案的严重后果是:1950年"镇压反革命"时,在西康省荥经县错杀了109个民盟领导的起义有功人员;另有36人于服刑中死亡,共计145人冤死,近千人受株连,遭管制;所有这些被关、管、杀人员两代家属子女均受到极不公正的待遇。

34年后的荥发(1984)25号文件称:"经复查,解放前夕民盟地下组织,为配合迎接西康解放,在中共地下党支持参与下,派张志和、彭迪先等盟员负责争取国民党西康保安司令部,雅、荥、汉联防总队队长朱世正率部起义。并在起义后对人民做了有益工作。但解放后,对他们没有按照党的政策作起义人员对待,更为严重的是1957年反右派斗争中又把这支部队错误地定性为'以张志和为首来荥经勾结地主、土匪组织的,暴乱性质的武装组织'"。

解放后在历次运动中,除这支队伍的军事人员外,其他参加策反起义的政治工作人员均因株连而被残酷处理,有文书档案可查的有51位。

颠倒黑白,指鹿为马,张志和当年为党立下的旷世奇功,到了1957年,竟然变成了他从事罪大恶极的反革命活动的证据!

张志和的不白之冤还不仅仅如此,在"反右运动"中,他被扣上"右派"帽子揪了出来。

而且,还有一个活生生的"历史证人"永远也不能原谅张志和。1930年9月7日深夜,她亲眼目睹了张志和"屠杀"了那样多的起义士兵,并将她与她的同志判刑入狱。她发誓要为死难的烈士们报仇。

她，就是从江津调到省政府文史馆担任馆员的曹泽芝同志。

《江津县志·人物志》载："曹泽芝（1905——1974年），女，又名曹诚。江津县吴滩乡人。1926年下半年，在江津女子中学加入中国共产主义青年团。1927年初，赴武汉入中央军事政治学校，又是江津选派四川省妇联的早期代表。同年加入中国共产党，参加'8·1'南昌起义，失败后辗转上海、香港、湖南、四川等地进行地下活动，后与党失去联系。在江津驻军举行的'9·3'兵变中，任行动委员，起义失败被捕。后秘密为党做统战工作。解放初期，军粮紧缺，她率领民间武装在油溪镇截获国民党军5船大米，押赴重庆支援人民解放军。江津县人民政府成立后，主持公安工作，后调四川省文史馆任研究员。1974年1月28日病殁于四川医学院附属医院。"

1957年底，曹泽芝一到成都，没想竟会与张志和狭路相逢！曹泽芝怒不可遏，马上向组织反映了她亲眼目睹的张志和在江津"9·3"兵变中犯下的"滔天罪行"！

在那样一种特殊的政治气候下，再加之许多同志对张志和的历史本来就有看法，他理所当然地被当作屠杀起义士兵的元凶揪了出来。

可怜张志和面对活着的历史见证人的检举揭发，百口莫辩，只有仰天长叹……

历史，往往充满了误会而且染着斑斑血迹与泪痕。

1975年初，长期遭受"四人帮"迫害，刚刚恢复自由的李一氓和中央情报总署副署长王少春前往北京辟才胡同国务院分给张志和的宅院，看望生病的张志和。这是他晚年最感欣慰的一件事情。数月后（该年10月），张志和在北京死于车祸，终年81岁。1979年改正"右派"。1980年彻底平反，落实政策，1981年2月1日，骨灰移放八宝山革命公墓。

1983年，中共四川省委川委函(1983)51号文件姗姗迟来，文件认为："……1957年反右派斗争后，又把这支起义部队错误地定为'以张志和为首来荥经勾结地主、土匪组织的'、'暴乱土匪性质的武装组织，并决定对中队长以上人员均以土匪骨干论处'。这就混淆了历史的功过是非，以致使参与策反起义工作的一大批民盟成员、中共地下党员和其他进步人士受到株连和影响。这实属一个错案，省委同意予以平反。"[①]

20余年如一梦！

1980年4月，最高人民法院认定了朱世正在任雅、荥、汉联防总队长期间率部起义的事实。撤销了1954年对朱世正判刑15年（因朱世正不服判决，被关押了25年才

---

① 此省委文件由张志和之女张弢英和女婿金拾珊提供。

得以释放）的处理决定,宣布按起义人员对待。并对朱世正、王德全二人作了政治安排（分别为省与地区政协委员）。

张志和、潘大逵、范朴斋、张松涛等人的右派问题,属于错划,均先后得以改正。张志和的骨灰,已于1981年2月安放在八宝山革命公墓。

但,张志和的在天之灵,并不能因此而得到彻底的安慰。他的已成垂垂老妪与老翁的女儿张弢英、女婿金拾珊,在给笔者的信中多次谈到,最令他们遗憾的是,父亲在江津起义中的表现,迄今仍未作出公正的评价。甚而还有人坚持认为后来为张志和平反,仅是因为他在策反川康高级将领起义过程中发挥了重要作用,故而对他残酷杀害45名起义士兵的罪恶免予追究。有人还说,已经让他的骨灰安息在八宝山中,不就已经充分证明历史对他还是公正的吗？

今犹健在的朱世正老人,对当年引导他走上革命道路的张志和刻骨铭心,永不能忘！2007年8月15日的《雅安日报》发表了陈显波与陆睿采写的文章《袍哥江湖的乱世传奇》,二位记者写到：

从朱家祠堂故地出发,往铜山上走半把个小时,就是天凤和宝峰两乡的交界之地。

"那石碑就在上面。"为记者带路的朱子游说道,遥指一个孤零零的山头。

举着伞一步一滑地爬上山,绿草丛中,立有一块石碑,上书"父亲张志和之墓"落款是"女张弢英,婿金拾珊"。

"那块碑,是我代志和远在北京的后人立的。"朱世正对记者说道。

记者问："你为什么要在碑上署张志和女儿张弢英的名字？"

朱世正回答说："我和志和是好朋友,代他的后人为他立碑,我认为是我纪念好友的最好方式。"

张志和去世后,骨灰保存在北京八宝山革命公墓。

朱世正说："对于志和老友,我希望他长眠在这铜山上,因为在这里,他让我这个袍哥舵把子懂得了进步,把我变成了一个革命的同盟者！我到北京参加完张志和的葬礼后,就告诉他的女儿张弢英和女婿金拾珊,我希望带志和部分骨灰回到我的家乡,回到我们并肩战斗的地方,以后我死了,就埋在他旁边,到阴间还做好朋友。"

记者感慨道："你与张志和相处的时间并不太长,却愿意生前逝后与张志和做朋友。这种友谊,真是让人感动啊！"

朱世正感慨万千地说道："早先我们未见面时,就听地下党和民盟同志谈起志和的情操与为人,对他已生敬佩。志和初来天宝寨,我对他是又感激又敬重,几番长谈,一见如故。以后共同战斗,更是磨炼出了我二人的默契和友谊。1957年,听说我被当作'反革命'关进监狱时,志和毫不顾忌我的身份,专程从北京为我家里送来200元钱,那个时候,200元钱是一笔不小的数目。"说到这里,朱世正咳嗽起来,他努力地压了压情绪,"而志和,就因为这200元钱,受到了更严重的处分。"

说完这句话,一生在刀尖上闯荡的朱世正眼中禁不住流下泪来……

14. 徐远举昆明被擒

　　徐远举逃到成都的当天晚上,李琏芳在家中设便宴为徐远举接风。陪同徐远举一家四口吃饭的,还有她的女儿张弢英、女婿金拾珊。

　　桌上虽然摆得丰盛,好客的主人也不停地给客人夹菜,徐远举强忍住离别之情,表面上装得镇定如常,可耿静雯则早已是以泪洗面,面前摆的纵是山珍海味也绝难下咽。

　　席间,李琏芳话中有音地说:"徐远举,你看你这一对金童玉女长得好啊,如今这局势,依你那精灵脑壳,不会想不透,看不穿,就算不为自己,也该为你这两个娃娃作些打算嘛。"

　　徐远举愣了一下,感叹道:"您说这话,我懂,我也晓得你是为我一家人好。可是,我做的事情与其他人不同,我这半辈子杀了多少共产党,连我自己都记不清楚,共产党来了,头一批会掉脑壳的就是我这种人。"

　　李琏芳道:"那倒未见得,听说共产党有政策,说话也是讲信用的,过去是各为其主嘛,只要眼下有所表现,就算以前干了天大的事情,一概都可以不追究的。我跟你透个风吧,你不要以为你这个少将就不得了,比你领章牌牌上还多一颗星、两颗星的人早就看清形势,都在打主意。连张长官都在为他老娘和兄弟安排后路了。"

　　徐远举重重地叹了一口气:"你谈的情况有的我早就晓得,有的我能够猜到。不过,我是被逼到绝路上,转不过身来,没办法,只好跟老头子跟到底了。"

　　第二天下午,徐远举将耿静雯、两个孩子以及在重庆大屠杀中欠下累累血债的李磊、陆景清、熊祥、王少山等人及他们的家眷送往新津机场,搭乘国防部拨给西南特区的运输机飞往台湾。

机场上,不时有飞机在降落、起飞。每一架飞机前都挤满了提着行李,惊惶不安大叫大嚷的人群。

在舷梯边,徐远举和部下们一一握手告别时,那一帮杀手们全都流了眼泪,都劝徐远举登上飞机,以免夜长梦多,弄出不测之事。李磊甚至提出大家强行把徐远举架上飞机一起飞走。耿静雯也流着眼泪劝徐远举同飞台湾。小女儿玲玲则扑到徐远举怀中嚷道:"爸爸,快同我们一路走吧!"

那一刻徐远举心如刀绞,泪水在眼中溢出,却强撑着以一种严肃的声音说道:"你们都想错了,我是军人,从穿上军装的第一天起,就只知道服从上司的命令,火海刀山,也在所不惜!党国有难,就是死了也是应该的。你们走,是因为我有命令。我不能走,是因为毛局长要我留下,有许多重要事情需办,我如果连招呼都不打一个就跑到台湾,以后就算不以临阵脱逃论罪,也没有脸皮再见毛局长了。再说,我这么做,还有什么脸皮做你们的上司?"继而又转脸对耿静雯说:"你与我8年夫妻恩爱实难割舍,孩子尚小,我也不该抛下不管,但眼前军情紧急,顾了国事就顾不了家事,望你能够理解。我和总裁、毛局长在一起,不会有危险的,很快就能和你们在台北见面的。你们都走吧!"说罢,便将部下和妻儿推上舷梯。

这一帮杀人不眨眼的刽子手,此时却都大哭起来。

耿静雯更是泪如泉涌,紧伏在徐远举的肩膀上不忍松手。

徐远举一把将小玲抱起来,塞进她的怀里,含着泪说:"孩子全交给你了,快上飞机!"

徐远举猛地抹了一把眼泪,转身向吉普车走去,不待飞机起飞,便吩咐卜正纯驱车离去。

就在这时,却发生了一件令徐远举许久也难以忘怀的事,他极喜爱的德国狼犬大虎突然从机舱里箭一般地窜出,顺着舷梯奔下,向着徐远举的吉普车扑来,这时车已启动,右边后轮竟从大虎后腿碾过,只听得一声惨叫,徐远举赶紧叫卜正纯停车。下去一看,大虎后腿已断,血肉模糊,他忍不住一阵伤心,拔出手枪对准大虎的头,横了横心,一声枪响,大虎一声惨叫,顿时毙命。

此后,徐远举便与毛人凤一起,随伺在蒋介石身边,秉承主子的意旨,继续布置破坏、潜伏、屠杀计划。当传来卢汉有异动的情报后,又随张群一道飞往昆明,做卢汉的工作。

12月8日徐远举随张群飞回成都,次日,又给远在昆明的沈醉打电话,说是中午前将飞到昆明,希望沈醉为他和郭旭(国防部保密局经理处处长)、成希超(国防部保密局总务处处长)安排第二天飞往台湾的飞机。

沈醉满口答应下来，并通知驻在飞机场的保防处航空检查组组长，待徐远举等人的飞机到达昆明巫家坝机场之前半小时告诉他，他到时亲自去机场迎接。

当时，沈醉是伪国防部云南专员兼保密局云南省站站长及云南绥靖公署保防处处长，还正在筹备成立伪国防部云南游击总司令部，非常忙碌。由于他和徐远举以及与徐同来的郭旭、成希超两位处长都是多年的深交，所以还是决定挤时间去接他们。可是，那一天找沈醉的人太多，直到徐远举等人坐的飞机已到昆明上空，他才匆匆赶到了飞机场。

进城后，沈醉即把三人请进昆明当时最好的皇后饭店，吃了一顿丰盛的午餐。

这三个过去每天都必须洗澡的人，便向沈醉诉苦，他们自从在重庆处决了囚禁在白公馆、渣滓洞的大批共党分子，纵火焚烧了中美合作所大礼堂与几座装满美式军火的仓库，赶在共军进城之前逃往成都后，好些天连澡也没洗上一次了。于是，沈醉饭后即开车送他们到昆明最高级的一家洗澡堂，大家在池子里一边洗澡，一边听沈醉介绍昆明的情况。他们对沈醉谈到的许多情况深感不安，担心卢汉突然宣布起义，把他们全抓起来送给共产党邀功请赏。

徐远举气愤地说了一句："老先生为什么还不给你下命令执行预定计划呢？（指阴谋暗杀卢汉）你得马上去催问一下，我看根据你掌握的情况，再不动手，恐怕就再也没有动手的机会了。"

澡还没有洗完，沈醉的副官进屋来报告，说飞机场来了电话，报告张群的专机又飞到昆明来了。而且卢汉已经命令所有飞抵昆明的飞机，不准加油起飞。

徐远举等人听后情绪立即好了起来，认为张群与卢汉的私交极笃，既然他现在赶来，就完全有可能说服卢汉，不会背叛蒋介石，至少卢汉不会马上宣布起义。

沈醉的看法却与徐远举等人相反，认为张群一来，可能促使卢汉提前起义。因为那天卢汉把他的几个保安团都调到昆明附近，扼守几处重要据点，而卢汉命令停在巫家坝机场上的飞机不让加油起飞，就是一个明显的不祥之兆。

毕竟沈醉对昆明情况的了解强于徐等三人，大家听他如此一分析，顿时紧张起来，马上准备离开洗澡堂，赶回去做最坏的打算。

沈醉就将郭旭、成希超两位处长送到皇后饭店休息，单独将徐远举邀到他的家中。沈醉的老母妻小早已在一年之前送到了重庆，重庆沦陷前又飞去了香港，所以家中便成了保密局云南站的办公地点。

在沈醉的办公室里，他拿出毛人凤11月20日给他的一封亲笔信给徐远举看，信上主要是说为了确保云南这一反共基地，让沈醉便于统一指挥在云南的游击武装部队，他已呈请蒋介石批准，把国防部驻云南区专员办公室改为专员公署，把国防部云南省游击司令部改为总司令部，晋升沈醉为中将，并附来国防部委任沈醉为云南专员公署主任与游击总司令的委任状。

沈醉劝徐远举不要去台湾，小小弹丸之地，一下子拥去那么多高官，去了也没有什么前途，不如和他一起留在云南，这两个新职务由徐远举任选一个。如果徐两个都愿意，他愿当徐的助手。徐远举看完毛人凤的信，听完沈醉的话之后，沉思片刻，把头一摇，说："到了这个时候，委我当西南军政长官，接替张群的位置，我都不干！现在才来加官晋级，顶个屁用！我看眼下的昆明，好像是一个随时可能爆炸的火药桶，如果有借口，你也和我一起到台湾去吧。"

沈醉说："我怎么走得了？我已接到上峰任命，重任在肩，我跑到台湾算是临阵脱逃。再说，我真要跟你跑到台湾，跟我这么多年的旧部和大批家属怎么办呢？"正在这个时候，周养浩也由成都飞抵昆明。他在飞机场打电话给沈醉，要沈醉立即安排他去台湾或海南岛的飞机，他不准备进城来看望沈醉了。沈醉答应马上设法安排，只要有离开昆明的飞机便让周养浩先走；同时告诉他徐远举、郭旭、成希超均在昆明，准备派车去机场接他进城大家一起吃晚饭。周养浩则说，看来情况不太妙，来昆的飞机已经一律不准加油了。沈醉告诉周养浩，他晚上见了张群和卢汉，加油问题不难解决，一定能让他先走。但周养浩仍是疑窦丛生，不同意沈醉派车接他进城吃晚饭。

就在沈醉和周养浩通电话的时候，徐远举在办公桌上信手翻看堆着的文件。当他看到卢汉的副官处长朱家材刚送来的几张汽车特别通行证时，等沈醉刚把话筒放下，便苦笑一声说："不能飞走，就滚着走吧。"说完就拿起一张特别通行证向口袋里一塞，还问沈醉有没有别的证件。

沈醉打开抽屉，抓出一叠来说："多的是，你要什么都有。"

徐远举把云南绥靖公署、云南保安司令部、第26军、第8军等证章证件都拿起来看过之后，便拣出一张保安司令部的证章向口袋里一放，说："必要时，我看这枚证章可能还管用。"

正在这时候传令兵送来了张群要沈醉晚上10点钟去卢汉家中开会的通知。沈醉看罢通知后，心里疑窦丛生，去还是不去，一时拿不定主意。按保密局的系统，他不归卢汉管，可以不去，但他同时还兼着云南绥靖公署保防处处长，所以不去就不妥了。

沈醉很不放心地问徐远举："你看这通知上是不是张长官常用的图章？"

徐远举接过去仔细地看了看，肯定地说："没错，是张群的。"

但沈醉还是不想去。徐远举说："我看你还是去的好，张群来了，一定会有具体布置，你还是去听听张群的意见。"

沈醉于是决定去，但为了慎重起见，他拿起电话，接连向绥靖公署的其他几个处长探询，问他们接到开会的通知没有。回答都说没有。沈醉又打电话到卢汉家直接找张群，想把情况弄清楚。得到的回答是："张长官很忙，你准时来开会，有事当面向他请示。"

听到这样的回答，沈醉已经预感到不妙，但事已至此，也只有硬着头皮去了。

本来徐远举那天晚上原决定住在沈醉家中的，但看到沈醉晚上要去开会，临时又改变主意，带着副官卜正纯住到朱家材家中去了。朱家材虽然是跟随卢汉多年的亲信，但和军统要员的关系一向很深，徐远举过去到昆明，常常住在他家中，所以他要去朱家材家，沈醉也只能随他所意。送徐远举上车时，徐叮嘱沈醉随时和他保持联系，还要沈醉第二天亲自送他们三人去飞机场，让他们尽早飞走。

徐远举走后，军统人员把保安团在城内频繁调动与当晚准备戒严等情况不断向沈醉汇报。沈醉估计情况已到了十分危急的地步，为以防万一，马上用限即刻到的电报向毛人凤表示：形势已发展到无可挽救的地步，自己判断失当，有愧职守，无力完成任务，恐只有来生再见。同时，沈醉又与警务处长苏子鹄及副站长胥光甫商定，如果晚上11点钟他还不打电话回来，他们便立即将档案、名册烧毁，把交警部队、刑警大队等城内所有人员，以及电台、文件等迁到26军军部，并将国防部委任沈醉的国防部云南游击总司令的名义公开出来，所有一切力量均编入游击总司令部。出门前，沈醉又将随身带的两支手枪、笔记本全留了下来。因为他估计若卢汉今晚真设下了鸿门宴，没有武器想必反而会安全一些。

当晚9时50分，沈醉开着一辆吉普车忐忑不安地来到卢汉住所，故意不从卢汉的旧公馆正门进去，而绕道翠湖东路，驶向卢汉的新公馆。进得庭院，沈醉下车后刚走上台阶，看到张群一个人坐在一间大客厅里。

沈醉正想向他招呼，看到客厅门中有两个便衣警卫模样的人站在那里。而此时的张群看到沈醉，只是把双肩一耸，舌头一吐，两手一摊，表示什么都完了。

沈醉看到这种情况，心猛地往下一沉，连忙抓起走廊上的一部电话机想打电话，卢汉的几名副官立即围了上来，吼道："你想干什么，电话线早剪断了，打不通的。"随后便将他带出大门，朝着青云街卢汉老公馆走去。

当沈醉故作镇定地走进会客室时，一抬头就看到了第8军军长兼第6编练司令李弥、第26军军长余程万、师长石补天、宪兵副司令李楚藩、空军5军区副司令沈延世等，已经坐在了里面。

沈醉一看在座的都是中央驻云南的高级军官，没有一个人是卢汉的部下，立即意识到是怎么一回事了。

11点半左右，卢汉的特务营龙营长带着十几个提着手枪的士兵迅速地冲进老会客室，只说了一声："奉命检查！"便由两个士兵看住一个，由龙营长亲自逐一搜查。

龙营长在沈醉身上搜出了10两黄金，却没有武器，焦躁地问："你的手枪呢？"

沈醉把两只手举得高高地说："我是故意把枪放在家里，才来开这个会的。"

正搜查李弥时，突然"砰"的一声枪响，7位军容整齐、胸佩将军勋标的人全都吓了一跳，以为卢汉会在他这间豪华的客厅里把大家给解决了。不少人本能地闭上了眼睛。

谁知却听到龙营长大声呵斥士兵，才知道原来是一个士兵不小心，枪走了火。待睁开眼一看，地板上被打了一个洞。

午夜两点以后，这帮将军分别被叫出去，坐上汽车，由两个士兵挟住一个，被送上五华山云南省政府主席办公室去软禁了起来。

第二天上午，卢汉的民政厅长杨文清便把被囚的将军们请到三楼会议室，在便衣警卫的严密监视之下，杨文清拿出一份事先拟好的起义通电，要将军们签名。而且还专门为沈醉拟好了一个要他的部下听从卢汉指挥，不准抵抗的手令，要沈醉签字。

沈醉拿起代拟的手令一看，便发现这份手令并不符合军统内部的行文习惯，部下一看便知道这不是他本人写的。沈醉这时想到，事情已到了这步田地，既然不签不行，索性做得彻底一点，于是对杨文清说明，这个手令不会起作用，反而会露出破绽，应当由他按照军统习惯的行文法，亲笔另写一张手令，才能生效。

杨文清当然高兴，马上吩咐送上纸笔。沈醉拿起笔来，一挥而就，大意是：所有在云南的公、秘单位的人员，都要服从卢汉主席的命令，立即停止一切活动，并交出武器、电台、文件等，到指定地点办理登记手续，听候另派工作。

杨文清拿到沈醉亲笔写的手令后，非常高兴，马上下令把手令制成锌版，大量印发，满城张贴。并在12月11日的《云南日报》头版上刊登出来。广播电台也配合着连续广播了3天，好让分散在各处的特务都能看到、听到。

到天亮后，沈醉一不做二不休，又将徐远举、郭旭、成希超的住处，以及周养浩正在巫家坝机场等情况全说了出来。

徐远举很可能由于连日太疲乏，他到朱家材家中后，朱不在，朱家的佣人都认识他，便把他招待在客房中休息，上床后，他很快便睡过去了。这一夜云南发生的巨大变化，他居然完全不清楚。

第二天一觉醒来，他一看朱家材还没有回来，便问朱的副官，朱到什么地方去了。这位副官支支吾吾地回答了他几句。

徐远举知道大事不好，连脸都没有来得及洗，就带着卜正纯跳上停在汽车间外面的一辆小吉普车,从口袋里摸出从沈醉那儿拿来的特别通行证,贴在汽车的挡风玻璃上,又把挂在胸前的西南军政长官公署的证章扯下来,换上云南保安司令部的证章。

　　这时,朱家的司机赶出来,让他们不要离开,说朱家材马上就要回来。徐远举把手一挥:"我们自己驾车去找朱处长,一会儿就回来,你们帮我收拾一下行李吧。"说完,就和卜正纯上了汽车,开出了大门。

　　当卜正纯匆匆忙忙把汽车开出来,准备赶到26军军部去的时候,正遇上乘着大卡车赶来逮捕徐远举的武装官兵。他们看到徐远举自己坐在吉普车里,便把车一横,挡住了吉普车的去路,士兵们争先恐后从大卡车上跳下,直奔吉普车而来。

　　卜正纯刚欲掏枪,徐远举招呼道:"算了,没用的,我们还是听天由命吧。"俩人遂下车就擒。

　　落网这一天,恰好是徐远举35岁的生日。

　　住在皇宫饭店里的郭旭和成希超看到卢汉的保安团突然封锁了大门,禁止旅客走动,士兵和便衣人员挨室查问,知道无路可逃,只好主动向搜查人员交待了自己的身份,郭旭还把满满一手提箱保密局的金条交了出去,恳求能作为自首人员对待。

15. 云南不稳

而此时,周养浩却在巫家坝机场。昨天,当他乘坐的专机在巫家坝机场降落后,飞机和机上的所有人员就成了瓮中之鳖,只能呆在机场里,任何人不能外出,飞机也不准起飞。当时,周养浩就预感到情况极其不妙,他对卢汉从来就不放心,所以,当沈醉请他进城,并告诉他徐远举、郭旭、成希超也在城里时,他谢绝了。

在重庆的军统特务都称他周主任,他与不苟言笑,眉浓眼狠,总显得不怒而威的徐远举不同,平时面带笑容,对部下客客气气。

但是,这是一只名副其实的笑面虎。

周养浩(小说《红岩》中沈养斋的原型),又名周文豪,化名周霞民,是戴笠、毛人凤的浙江江山小同乡。周养浩少年时即在家乡江山县吴村乡颇有才名,16岁时考入浙江省立衢州第八中学,毕业后被地方中心小学聘为教员。他教了一段时间的书,不久被校方送至省防军政治部受训,时逢"四一二"事变,蒋介石大量搜罗浙江籍知识青年充实其政权机构,训练结束后他被分配到江山县党部任执行委员。他不安于现状,再度投考上海法学院,录取进法律系就读,毕业时刚好戴笠主持复兴社特务处回江山招兵买马,于是他投到戴笠麾下效命。由于他是正牌的大学生,与戴笠是江山小老乡,所以曾三度出任军统公开机关的司法科科长,长期出入公众场合的特殊阅历,养成了他耻于与军统内部狗窃鼠偷之辈为伍的倨傲心理。

他本名周文达,读衢州八中时仰慕博古通今的文坛高士,意欲以文名蜚声天下,遂改名周文豪。1935年4月,他被派到国民党政府武昌行营调查科任司法科员。5月,蒋介石派贺国光率参谋团入川,周养浩不是蒋介石的门生,但因他搞司法有一套,也随参谋团入川在重庆行营调查科当司法科员。10月,为加强对付延安以及张学良、杨虎城的情报力量,被派到西北调查科。1936年5月后,历任陕西西安省会公安局三科(司法科)科长、浙江杭州省会警察局专员、重庆市警察局三科科长、军统局司法科审讯员、军委会运输统制局监察处科长。

抗战期间,国民党不断掀起反共高潮,大肆屠杀共产党人和进步人士,周养浩立下了汗马功劳。35岁那年,他晋升为陆军少将,而这种升迁速度,除了黄埔嫡系将领拥有战功者外,非军统莫属。

1941年3月,周养浩上任贵州息峰集中营当主任,在出任息烽集中营主任之初,他再度改名为周养浩,以示清高。何子桢主持息烽时,因肆无忌惮地虐待政治犯,曾激起共产党人发动绝食斗争,闹得不可收拾,所以当他接手狱政之后,当务之急便是尽力缓解政治犯的斗争,以期用怀柔政策来促使共产党人中意志薄弱者变节自首。他以改革狱政为幌子,把囚犯改称为修养人,在集中营里办工厂、农场、商店,残酷榨取修养人的血汗,也攫取了大量金钱,同时也欺骗了不少人,人称笑面虎。周养浩还利用权势和他得天独厚的男性魅力(周除了在军统特务中拥有高学位外,人也长得高大英俊),诱奸了不少女修养人,漂亮的女护士周小娟就长期被周养浩霸占。

1940年春天,打入军统电台的张露萍、张蔚林、冯传庆、王席珍、陈国柱等7人先后在重庆被捕,后被转往息峰集中营关押。1945年7月,周养浩派人将张露萍等7烈士杀害于息峰快活林。抗战胜利后,周养浩奉命把遭软禁的张学良送到南京时,原想钻营个新职位,也去发一发接收财,怎奈他的第二位夫人毛超群为了防止他和江南老家的原配夫人重温旧梦,竭力反对他见异思迁。而周养浩也因为周小娟的原因,巴不得偏处一隅,求个清静快活,所以靠着毛人凤在军统中的赫赫地位和炙手可热的权力,领到了一桩美差,奉命把杨虎城带到重庆,交给战时的大本营、当时的留守处后,他也升官晋爵,回贵州主持全省的情报工作。

留守处的张炳武,凭着是戴笠汽车司机的关系,当上了少将留守处长,这是个不学无术的草包,既无能力管理磁器口周围数十公里内的留守处,也使得内部的人在戴笠摔死后对他颇有责言。于是,周养浩便通过妻子的关系,大走毛人凤的门路,很快便如愿以偿地取张炳武而代之。1948年11月,保密局西南特区成立,周养浩又兼任副区长。因为他和徐远举关系不融洽,不到一年后,毛人凤又让他改任保密局西南督察室主任、重庆卫戍司令部保防处处长。

在重庆时,不管是住在杨家山毛超群的家里或是市中区青年路周小娟家里,周养浩每天的生活几乎都是一个样,吃罢中饭,到杨家山处里办一下公,晚上,便去一些相熟的高级军政要员家中打牌,赌得极大,却满不在乎。例如有一次,他从香港买回两辆刚刚出厂的流线型轿车,自己还没有坐过,就毫不皱眉地输给了中央银行的经理。

在军事上连遭失利的情况下,周养浩仍安之若素,除了有公事的夜晚以外,他差不多都是打牌和与周小娟厮混度过的。而杨家山毛超群那里,则偶尔回去应付一下。

1949年11月14日上午,周养浩收到了毛人凤发来的一份密电,通知他:蒋介石这天下午就要飞抵重庆。

在微带凉意的晚风中,周养浩与徐远举、廖宗泽等几个军统在重庆的大头目,前往机场接驾。他们把引退了的总统,以及随同前来的张群、肖毅肃、钱大均、俞济时、毛人凤、蒋经国和侍从们接到了郊区的杨家花园。

这幢宁静的别墅是戴笠生前建造的,园内栽种着繁茂的夜来香。多年以来,拂晓前嗅这种花的香味,是蒋介石的一个癖好,因此,深知主子习性的几位在重庆的军统特务头子,就让蒋介石下榻于杨家花园里。

蒋介石的神色是憔悴的,在这个曾经做过他的陪都的地方,跟他五年前那种踌躇满志的样子,形成了一种反差强烈的对比。他命令立即通知几个人,当晚就在杨家花园里开会。

参加这次会议的有张群、毛人凤、肖毅肃、徐远举、周养浩、廖宗泽,以及负责重庆卫戍工作的杨森。

蒋介石威严地扫视了一下他的大员们,严肃地告诉大家:前一段时间,由于中共派遣大量的奸细到国军中拉拢蛊惑,也由于非嫡系将领纷纷变节,战争受到挫折,局势也一天天严重起来。

但是,蒋介石依然如过去一样自信地给部下们打气:匪军虽然暂时猖獗,但我们并非就到了山穷水尽的地步,我们还有着和匪军决死一战的能力,鹿死谁手,还没有定局。

他要大家考虑一下,怎样稳住后方,决战到底,从而获得全面反攻的胜利。同时也考虑一下,万一共军真的打进大西南,重庆守不住,该怎么办?

关于稳住后方,大家认为,云南举足轻重,非常重要,无论如何必须控制住。

当徐远举汇报卢汉有些不可靠的情况时,蒋介石立即对张群命令道:"岳军,你给卢汉打个电话,叫他尽快到重庆来见。"

毛人凤说:"对,他要心中有鬼,就肯定不敢来见总裁。"

杨森说:"要是他来了,就扣住他,另外派可靠的人去接替。我们就没有后顾之忧了。"

徐远举也表态说:"像卢汉那样的人,还是尽早用武力解决算了,以免日后生乱。"

蒋介石沉默着用目光扫视每一个发言的人，意思是让他们都说出自己的意见。

周养浩叼着烟，做出一副深思熟虑的样子瞟着张群，等徐远举表完态后，他转向了张群，话中有音地问："张长官觉得怎么样的好？"

大家的目光顿时全落到了张群脸上。

张群缓缓言道："依我看，卢汉是不会投共的，他一向都感激总裁的提拔，总裁引退后，他发过依然拥戴总裁的电报。"张群沉吟了一下又说，"叫他来见总裁是应该的，由总裁亲自召见他，鼓励他板荡识忠臣，他一定会听从的。"

当所有人都表完态后，蒋介石摆出未卜先知的神气说，他早就考虑到云南的重要，也想到了卢汉的不能完全相信，曾经打算派孙渡去云南取而代之。但是，这样做，会弄得人心惶惶，扣留他，也不是好办法，狗逼急了就容易跳墙嘛。现在看来，一切都得在我和卢汉谈话后再定了。我知道的，自从龙云被我收拾了一下后，卢汉对我始终是不放心的。岳军（张群字），你这次不妨给卢汉施加点压力，务必让他到重庆来见我。

不过，肖毅肃插言道："我们必须在云南增加兵力，才可以防止不测之变，现在中央只有余程万一个军在那里，力量太单薄了。"

"这个意见很好！"蒋介石斩钉截铁地说，"查一查李弥兵团的情况，让他马上开进去，卢汉排外，李弥也是云南人嘛，情况熟悉，容易相处一些。"

关于重庆守不住怎么办的问题，蒋介石对徐远举下了命令，要他迅速拟定好一个破坏方案，以备在最后关头时实施。

会开完，已经是午夜一点以后了。

虽然张群在电话里向卢汉拍了胸口，卢汉仍不放心。姓蒋的过去解决异己的毒辣手段，卢汉了解得太清楚不过了。可是，总统召见，不应付一下又不行，所以第二天卢汉仅派了他的秘书长朱景煊和省府委员杨文清到重庆去谒见蒋介石。可是，当天晚上，朱景煊就来了电话："总统一定要卢主席亲自来重庆见他。"

"你就说我病了，病得很重，实在来不了。他有什么指示，你们带回来我一一照办就是。"卢汉害怕蒋介石给他设鸿门宴，说啥也不去重庆。

第二天，朱景煊和杨文清回来了。他们告诉卢汉，张群私下对他俩说了，蒋介石这次务必要卢汉亲自飞一趟重庆，抗命不去会对卢汉非常不利的，至于安全，他可以完全负责，如果卢汉不放心，他还可以让自己的眷属到昆明来做人质。卢汉有些犹豫了。

当天下午，一架从重庆来的飞机在昆明降落，这是蒋介石派来面请卢汉的特使、原来侍从室的主任、当时任总统府军务局长的俞济时。俞济时一见躺在床上装病的卢汉便催促他赶快动身。

即便如此,卢汉也坚持不去重庆。他让朱景煊写好一封信,说是病体尚未康复,加上省内共党地下分子猖獗,局势动荡不稳,怕离开后发生意外,总裁要有什么指示,敬请来电示知,当即照办就是。他把这封信交给俞济时,请俞面呈蒋介石。俞济时无奈,只得悻悻离去。张群紧跟着又打来好几次电话,表示保证卢汉的安全。朱景煊、杨文清向他分析说,如果执意不去重庆,激怒了蒋介石,可能导致蒋采取军事行动,以云南目前掌握的武装力量与中央军抗衡尚有困难,反而会造成更加不利的后果。

这样,卢汉只好把省内的军政事务略作安排,终于带着朱景煊飞到了重庆。对他的接待规格之高,连卢汉自己也未曾想到,张群、肖毅肃、杨森等好几个大员都来到了机场。当晚,蒋介石在杨家花园接见了卢汉。卢汉由张群、肖毅肃陪着走进客厅后,看到蒋介石坐在正中的沙发上,毛人凤和周养浩分坐两旁,不由有些紧张。卢汉赶紧上前,两个脚跟一碰,向蒋介石敬了个军礼。

"坐下吧。"蒋介石板着面孔挥挥手。卢汉、张群、肖毅肃都在面对着蒋介石的沙发上坐下了。

蒋介石并不说话,把卢汉从头看到脚,又从脚看到头,这样看了好几遍,才责备道:"卢汉,你是怎么搞的呀,学生闹事,你不管!报馆进行反动宣传,你不管!省参议员反对政府,你不管!滇南的土共闹得那么厉害,你也不管!"蒋介石的火气越来越大,声音也越来越高,蓦地一拍沙发扶手,大喝道:"卢汉,你到底想干什么?"

卢汉立刻起身,立正回道:"报告总裁,部下那里还算安定。毛头娃娃上街闹闹事,新闻记者耍耍烂笔杆子,参议员搬点口舌,成得了啥子火候?虽然如此,部下已经下令取缔。至于土共,实力不强,余军长所部早已采取行动,部下等保安团的力量再充实一些,就马上配合余部予以剿除。"

毛人凤说道:"卢主席,如果我下面的报告属实,至少也说明你太轻敌了。对于闹事的学生,攻击政府的报馆和参议员,以及你防区内的土共到处暴动,你还要等到什么时候才采取断然措施?"

"我已经下令禁止学生上街,取缔了发表攻击政府文章的报馆,并且命令保安团协助余程万军长的部队向土共攻击……当然,我回去后,当会采取更加严厉的手段来处置。"

蒋介石有意瞥了周养浩一眼,严厉地对卢汉说道:"回去?如果照你过去的行为,我会放心仍然让你回去吗?"

"卢主席,你真能心口如一,回去后马上用行动来证明你效忠党国的赤子之心么?"周养浩平和地问道,同时,他向张群示意地点点头。

"卢主席,请坐下吧。"张群缓和地说,接着,他转向蒋介石道,"总裁,卢主席对党国是忠贞不贰的,这一点,我可以担保。他之所以不能及时以严厉手段对付危险分子,我看倒真像毛局长刚才一针见血指出的那样,太轻敌了,这一点,今后倒真应该注意纠正。"

"好吧,先让他好好想想,岳军,你和卢主席是好朋友,就让他住到你家里去吧。"蒋介石挥了挥手。

张群站起来,和卢汉一道,向蒋介石鞠躬告退。第二天晚上,肖毅肃又驾着汽车,把卢汉接到了那座别墅里,张群当然也去了。这一次,蒋介石没有再板着面孔。他微笑着接见了卢汉,还询问他对时局和一些投共将领的看法。最后,推心置腹地对卢汉说道:"你一定明白了吧,云南和台湾,现在成为两个重要的反攻基地。你们两个省主席,你和陈辞修(陈诚),都是党国的柱石。辞修是一级上将,你将来也不例外。你要钱,我给你钱,你省里的中央队伍,包括正在开进云南的李弥兵团,我马上给他们下命令全归你指挥,你的保安团也可以扩充为军的编制。你说吧,你回去后打算怎么干?"

卢汉马上奉上他的治滇方略……

9月8日吃中饭时,张群从杨家花园匆匆赶回来了。

"恭喜你,总裁已经同意你今天下午就可以回去了。"张群喜滋滋地对卢汉说,"总裁还答应拨1000万银元给你,又考虑到你是云南人,下手狠了今后会留下后遗症,所以专门派徐远举率人前往昆明整肃。你回去就照昨晚你对总裁保证的那样办。在当前这样严峻的局势之下,你一定要负起责任来,对于要毁掉你我身家性命的共产党,我们得先下手才行。你管他文的武的,快刀斩乱麻,这也是为保全我们自己啊!"

当天下午,卢汉登上了回云南的飞机,和他同行的还有毛人凤、徐远举、贵州省的警备副总司令以及三十多名随徐远举前去参与昆明整肃的军统特务。

9月9日深夜,周养浩拿着一份刚收到的密电,来到了杨家花园。蒋介石已经睡了,他把密电交给值班侍从,吩咐等老头子一醒就交给他。电报称:"卢汉已配合徐远举行动,今晚逮捕省参议员、公教、新闻界危险分子四百余名,省参议会及反动报馆已查封。详情后报。"

电报是沈醉发来的。

冬天到来的时候,祖国东南一角已经插遍了胜利的旗帜。人民解放军乘胜挺进,开始了向西南的大进军!蒋介石的朝廷出现了末日到来前的混乱,就是保密局那样的过去令人闻之色变的机关也吓不住人了，周养浩还是用了总统府的名义，好不容易才从空军五路司令晏玉琮手里要到了4架飞机应急。

此时，蒋介石已经从杨家花园搬到了离城20公里处的山洞林园（抗战时国民政府主席林森宅邸），并在这里建立了他的临时行辕。

蒋介石在重庆的最后栖身之所

和4年以前甚至和他被迫引退的一年以前相比，他现在的这个行辕就寒伧、寂寥多了。围绕着他的仅仅是那几十个侍从，除了张群、顾祝同、肖毅肃、俞济时、毛人凤等少数几个军政大员与蒋经国随伺左右外，经常来谒见他的就只有周养浩、徐远举、廖宗泽、杨森几个人了，处处都显示出衰亡破败之气。

就在周养浩送走家眷的当天晚上，蒋介石在林园召开了一个紧急会议。与会者只有毛人凤、周养浩、徐远举和廖宗泽。

尽管他们对眼前的困境一筹莫展，但仍然妄想失败还未成定局。徐远举第一个发言，向蒋介石汇报了保密局云南站沈醉站长发来的情报。于是，会议的话题马上便落到云南的情况上。根据两个月来搜集到的情报，卢汉拒绝了把他从重庆回去后逮捕的人解送出境处理，反对在云南训练忠贞党员，拒绝一切军政机关通过云南撤退出境……据尚待证实的消息，卢汉还跟滇南的土共有秘密联系。而且，李宗仁于11月上旬也曾到昆明去活动过，过去的云南王龙云也接连从香港派人回昆明与卢汉联系，虽然李宗仁、龙云与卢汉联系的具体内容不详，但这种种迹象，不能不引起蒋介石的严重注意。

蒋介石用右手抚摸着下巴，一言不发地陷入了沉思。

这时，张群发言了："卢汉9月回滇后，他的表现基本上还是可以的。他支持徐处长在全省境内进行了大整肃，不久前，还把捣毁中央银行的21名暴徒公开枪决，白崇禧派人联络他，要求在云南训练回民，组建回民武装，他也拒绝了。我看，他主要还是怕中央的势力进入，会对他造成威胁。至于亲共，我看是不会的。当然，亲共分子对他的拉拢，还有共产党的渗透，也应当重视。不过，这些方面就只得借重保密局的力量了。"

蒋介石发话了："一定要设法稳住卢汉，最好让他同意把省会迁到滇西去，让西南军政长官公署等军政机关迁入昆明。一定要在云南建立起坚强、稳固的反攻基地，李弥部虽已进入云南，但我们的力量还太单薄，必要时，可以让胡宗南也开进去！自然，卢汉不会同意这样做的。"蒋介石的右手捏成了拳头，猛地击到桌子上，他转向毛人凤，接下去沉重地说道，"对卢汉的控制要加强，任何工作都不能够有半点疏忽。你明天到昆明，去看一下那里的情况，如果卢汉果真心存二意，就不妨断然以武力解决，让李弥代理省主席。"他想了想，又补充了一句，"当然，那是万不得已时才能采用的办法。"

毛人凤又提供了一个新情况："沈醉还报告过，他的情报处改为保防处后，卢汉处处刁难，有意不让他展开工作。"

"所以，你更有必要去看看情况啦。"蒋介石皱着眉头说。接着，他让大家考虑对重庆的处置措施。

张群首先提出，杨森还有点本钱，可以抵挡一阵子。

"能抵住多久？"蒋介石严肃地问。

"我看一两个月总行吧。"张群谨慎地回道。

蒋介石摇了摇头："这是书生之见，共军现在是集中兵力进攻西南，贵阳丢了，贵州就不能算是我们的了。宋希濂总比杨森强吧，在彭水、酉阳、秀山一线都被人家吃掉，川东的大门也被共军打开了。重庆，肯定是共军的主攻目标。但是，我们现在已经不值得在这里多费精力了。你们明白我的意思吗？"四下一片充满悲哀的沉默。

少顷，徐远举打开了随身携带的公文包，拿出一份装订好的文件说道："破坏重庆的方案我已经与廖处长拟好，请总裁过目。"说完，他站起身来，准备把文件送到蒋介石手里去，但被蒋介石用手止住了，只是冷冷地问了他一句："我不看了，你简单讲讲吧，准备怎么干？"

"我们成立了破厂办事处，由廖宗泽负责，把重庆所有重要的工厂、设施全部炸掉。"

"还有呢？"

"把市中心区放火烧掉。"蒋介石忽地站了起来，重新捏紧的拳头又捶到了桌面上："工厂全部炸掉，市区全部烧掉，我让共产党得到的是一片焦土！"

"还有两件事要报告总裁。第一，在押的政治犯一共还有几百名……"

"都是共党分子吗？"

"不完全是，有少数是我们自己人，因为违反纪律被关起来的。"

"共党分子全部杀掉，我们今天之所以失败，其中的一个重要原因就是过去杀得太少，我们强大的时候他们都要反对我们，现在我们失败了，他们还会投降吗？杀，这种人一个也不要留！"

"第二,那 10 个军火库自然也要销毁,但现在能不能给胡宗南和杨森的队伍搬走一部分,增加他们的战斗力？"

"怎么？还有 10 个军火库？"蒋介石大感震惊。

周养浩解释道:"那是友邦战后救济总署送给我们的。"

蒋介石沉思了一会,终于说道:"马上通知胡、杨两家,在 48 小时之内去搬,要什么搬什么,过了 48 小时,全部炸毁。"

原来,军火库是抗战后期建造在郊区的,尚未启封的各种各样的武器弹药堆积如山,每一个库房都可以让大卡车直接开进去,连蒋介石都忘记有这回事了。

16. 送上门来的金银

人民解放军日益逼近,重庆实行了宵禁。

11月27日,戒严开始后的第6天夜里,5辆卡车全速掠过大街,打算冲出城去,但被稽查处副处长徐海藻率领的夜勤人员挡住了。他们逮捕了押车人员和司机,把卡车开进了新世界饭店(稽查处前不久才搬到这里)的停车场。

在检查卡车时,他们大大地震惊了!在一个个精致的木箱里,全装着100两一块的金砖,以及2000枚一包的墨西哥鹰洋。满满5卡车,准确的数目一时无法估计。

当周养浩接到报告,查看过现场之后,他和毛人凤商量了一会,这才向蒋介石做了汇报:不明来历的4卡车金银,违反戒严令强行冲卡,已被稽查处挡获。

5卡车金银变成了4卡车。

蒋介石要他查一查货主是谁?并要他组织力量把这批财物安全地运到成都去。

第二天上午,贵州中央银行的经理潘启轩找上门来了。他把趁乱据为己有的这批金银,说成是从贵阳撤往重庆,再准备运到台湾去的公产。

"我不知道这件事呀。"周养浩装作很惊讶的样子说道。他在贵州工作多年,和潘启轩虽无交往,但这个名字还是听说过的。

潘启轩一再向周养浩赔不是,请求无论如何都要替他追查一下。

"你放心,我也算得是半个贵州人嘛,我一定叫人查一查。"周养浩热情地保证。

但是,潘启轩从周养浩办公室出来以后,再也没能走出稽查处的大门,他被徐海藻请进了地下室。

终于,这个月只剩下三天了,10个军火库已经炸毁,集中营的屠杀也正在进行。据最新情报,解放军的先头部队到了南温泉,离长江边上的海棠溪已经不远了!把一切都布置好的周养浩,等到留守处两百多名职员和眷属以及由徐海藻保护着的五车金银向成都开出去之后,他在将近中午 12 点的时候赶到了山洞林园。

"总裁,共军李德生部正在南温泉一带和我军激战……重庆今夜可能就会陷落。你是不是,马上动身?"周养浩对蒋介石和随侍在侧的毛人凤说。

"慌什么?"满腹心事的蒋介石阴郁地说,"你们把车子准备好,给空军司令部拍个电报,准备 12 架飞机,有困难,可以找友邦民航大队协助。我看成都也未必守得住。我们要把已经转移到成都的金银和一部分军政人员包括他们的眷属撤到台湾去。"

周养浩答应了一声,赶紧走出了蒋介石住的小楼。没过多久,他又回来报告,给空军司令部的电报发出去了。

大家正在吃午饭的时候,从东南方向传来了阵阵隐约可闻的大炮声。

"打电话给杨森,问他发生什么情况了?"焦躁的蒋介石命令。

毛人凤立即把电话打到了卫戍司令部,坐守在那儿的杨森亲自接的电话。

"发生什么情况了?连总裁都听见了大炮声。"

"没有什么呀。"由于市里到处都在炸毁工厂和焚烧房屋,天地间轰轰隆隆,分不清是爆炸声还是大炮声的杨森回道。他奉命令,在最后时刻才准许撤离重庆。

蒋介石蹙着眉头,继续和毛人凤、周养浩讨论如何稳住云南的问题。徐远举和廖宗泽则留在市区,抓紧指挥执行大屠杀和大破坏计划的实施。

这时,周养浩的秘书王柏良正走进市中心西南长官公署稽查处的大门,早些时候,这儿曾是一家热闹的新世界饭店,后来,饭店的老板胡绍真被二处抓去,房子也充了公,周养浩兼任稽查处长后,就把办公处迁到了这里。而二处的犯人抓得太多,牢房关不下,饭店楼下的地下室里,也做了临时的监狱,关着好几十个人。这天上午,已经全部被处决了。

王柏良是奉周养浩的命令,来这儿找一个人,执行一项特殊任务的。

街上拥满了从南岩海棠溪逃过江来的人群。在稽查处内勤主任梁子平的办公室里也可以听见乱哄哄的声音。王柏良进去不一会,就和梁子平从办公室出来,下到了地下室门口。

"兄弟,你们搞错了。怎么能把我给关起来呀?"西服革履的贵州中央银行的经理潘启轩隔着铁签子门大叫。

梁子平掏出手枪,对准潘启轩连放了几枪。

紧跟着,俩人从楼房里走出了大门,梁子平用他那带广东腔的普通话,大声叱喝着大门处人行道上的人群离开楼房。他对走到他跟前的王柏良指了指路边空无一人的吉普车,然后拔出手枪,朝着预先堆放在楼下的几大桶汽油连续开了两枪。

"轰!轰!"两声闷雷一样的巨响爆发出来,汽油很快着了火,滚动的火浪向四处漫涌而去,稽查处和它的档案文件以及潘经理的尸体就在这火光中化为灰烬了。

市民们不明真相,扶老携幼地四面奔逃。

王柏良也跳上吉普车,自己驾驶着往附近的青年路狂奔而去。到一户民房前,他嘎地将车停下,跳下车去,大声喊道:"小周,都准备好了吗?主任让我专门来接你们的!"

一位年轻美丽的少妇牵着个小孩惊惊惶惶地跑了出来……

王柏良没有跟随公产管理处其他的人员一起撤往成都(逃亡的人群中也有他的妻子萧凤英和两个孩子),在上午准备一道动身时,他被周养浩留了下来。

原来,周养浩午间去林园之前,曾和王柏良有过一段短短的谈话。

"毛局长和我商量过,那贵州的5车金银我们要一车。你知道,这件事是不能交给处里的其他人去办的。我想只有你可以代劳。王先生,你的意见怎么样?"周养浩这样开了头。在他们相处的日子里,他一直称他的秘书兼家庭教师为先生。

王柏良心中一跳,赶紧道:"感谢主任对我的信任,我一定把事情办好!"

周养浩接着说:"5部车子已经由郑文松和徐海藻押运,跟处里撤退的人一道动身了。我吩咐过郑、徐二人,在中途把卡车上的货并一下,你记住,其中一辆只装黄金,那是我们的。这辆卡车由我的警卫排护送。我吩咐等留守处的车队走远些,再继续上路。到了成都,我已经安排好一架飞机,你亲自把这车黄金装上去。"

周养浩沉着地继续交代道:"现在,你马上进市区去,到稽查处找梁子平,我要他办的事在电话上已经对他讲清楚了,你的任务是,看着他把那姓潘的处理掉,然后开着梁子平给你准备的车子去到青年路接小娟母子俩,再去追那几辆装着金银的卡车。他们十点多钟动的身,其他的事,我都告诉过郑文松和徐海藻了,他们会处置的。"

王柏良连声应诺,当他离开的时候,周养浩还对他补充了一句:"王先生,你虽然会担受一些风险,但你和你夫人的下半生就用不着犯愁了。"

王柏良原来估计四个小时后就能追上车队。然而,他估计错了。

当被爆炸的汽油桶引燃的大楼冒出烈焰之后,附近不明真相、早已如惊弓之鸟的市民们扶老携幼地涌出家门,逃向城外,加上从海棠溪逃过来的人群,顷刻间便汇成了一条喧嚣混乱、哭喊连天的人流。

王柏良的小吉普卷在这股人流之中,犹如波涛上漂荡着的一片落叶。就是出得城去,通往成都的公路上,同样是人挤车堵,混乱不堪。他一夜未敢合眼,拼命往前赶,当他追上郑文松率领的车队时,已经是第二天的上午了。

郑文松很会办事,5卡车金银在璧山县来凤驿时就已经分装了。

他告诉王柏良说,"中间那辆大杰姆西是我们自己的,上面全装了金砖。"

走到大足县龙水镇时,听迎面开过来的军车上的人喊,内江已被共军切断了。还看到很多车辆都驶了回来。于是,他们也只得掉转车头,原路退回,决定改道绕川北而行,弃下行动迟缓的家眷车队直奔成都。

12月3日,他们总算安全地逃到了成都。

王柏良把周小娟母子俩送到了娘娘庙保密局成都办事处周养浩跟前。

"王先生,你辛苦了,但你以后的日子也就好过了。"周养浩看着妻儿平安到来,既快慰,又有些惊魂未定,他把孩子抱在怀里说:"杨森刚刚才来找过我,他说撤离重庆的时候,他身边只剩下一个副官了……唉,重庆不再是我们的了!后来我们听说,那晚总裁座机起飞的时候,土共已经进入白市驿机场了,好险!好险啦!"

两天后,留守处的逃亡车队也到了成都。萧凤英带着小孩也在其中。王柏良虽然与家眷见了面,但却没有机会和萧凤英谈上几句话,他得马上动身到新津机场,去监督着把金砖搬到毛人凤早已安排好的飞机上。

"现在兵荒马乱的,你还去忙些什么呀?"萧凤英埋怨道。

"这是值得的,等我们到了台湾我再告诉你。"说完这句话,王柏良就匆匆忙忙地登上吉普车走了。

到处是兵荒马乱,到处是溃败前的疯狂,成都九里三分地,此时简直成了座庞大的兵营,被打得落花流水的几十万中央军与心怀异念的川军,常常火并,弄得满城鸡飞狗跳,人心惶惶。陕川公路、成渝公路,每天仍有无数辆满载士兵的军车源源不断地涌进成都,到处人满为患,满街兵比民多。幸亏周养浩与胡宗南私交甚笃,才在胡宗南部队的临时兵营树德中学里里挤出几间房子临时安顿下周小娟母子和王柏良、郑文松、徐海藻几家人。

周养浩手里原本还控制有两架飞机,不料到成都的第一天就被毛人凤调去了,他眼下急于要办的事便是到北较场中央军校找毛人凤,向毛人凤多要上几个舱位,名义上安排郑文松、王柏良、徐海藻这批老部下,实际上是想把周小娟母子夹带到台湾。

可没想到毛人凤一句话便关了门,说目前空军光是运送政府要员和他们的家眷,都来不及,下级官佐,只能鼓励他们留下来和共产党打游击。

第二天天明,周养浩终于对周小娟说了实话。但要她放心,公产管理处的大队人马会向西康方面撤退,再转入云南,从中缅边境出国。这一路上,他会安排郑文松、徐海藻照顾她和孩子。

送走周小娟母子和郑文松等部下眷属后,周养浩又匆匆来到了北校场。周养浩先和毛人凤谈了一会,然后才一道去见蒋介石。

毛人凤报告说,5辆装运不明来历金银的卡车,在撤往成都的途中被土共游击队截去一辆。他请示,剩下来的怎么办?

蒋介石让他们坐下来,对怎样处置金银的事并不太关心。他先说了这样一句:"我正要找你们咧。"

接着,他就对两个心腹说了下面一段话。显然,那是他最近几个昼夜深思熟虑的结果。

"在云南,共产党活动得很厉害,有可能把卢汉拉过去。滇南的土共一再发动进攻,卢汉的态度暧昧不明,看来有必要采取一些对策了。我决定让孙渡也出任西南长官公署副长官,让他和邓锡侯、潘文华一样的身份,就在云南相机行事。"神色更加憔悴的蒋介石继续说,"我还准备把李弥、余程万、加上卢汉保安部队中那个黄埔出身的军长叫来开一个会,然后,让张群、徐远举再和他们一道去云南,一定要把卢汉拉住,云南一定要成为我们的反攻基地!"

毛人凤和周养浩静静地听着蒋介石吐露自己的心事。

"很可能,在大陆上我们会站不住脚,台湾的地位,对我们的将来的确是越来越重要了。事情弄到这样的地步,你们再留在大陆上也没有多大意义了,还不如先到台北,做一些基础工作。再过几天,我看一下卢汉的动向,就让你们两个先动身。"

"总裁留在大陆上,我不放心离开。"毛人凤站起来,双眼垂泪说。

"是的,总裁的安全比什么都重要。"周养浩也站了起来。

"都坐下,都坐下。"蒋介石摆了摆手,示意他俩坐下。接着,他又像自言般说道:"一定要把卢汉拉过来。西南军政长官公署、胡宗南一部,以及你们的人一定要进入昆明。我们现在还有钱,有武器,可以尽量拨给他们,把云南稳住,西康有贺国光,这样,我们在大陆上还有和共产党回旋的余地。"他一口气说到这里,突然转换了话题,"你们刚才说的那些金银,全部装上飞机,再从中央银行调集一部分,装足10架,运到云南供他们紧急调用。"

看到两个亲信肃然静听,一言不发,蒋介石又说:"我通知你们到台湾,你们就动身,先做好准备,留下徐远举主持工作就够了。至于我,下一步我要到西康去一趟。我有我的侍从室,你们就不用管了。"

从蒋介石那里出来,周养浩又去毛人凤的住处呆了一会儿,他俩很快便决定:金砖暂时不能去台湾,先装上飞机运到香港,以后再作处理。

晚上，当王柏良回来报告金砖已经装上飞机的时候，周养浩说："就为那批东西，我们不能直飞台湾。所以，毛局长和我决定，飞机上天后拐一个弯，先到香港，把东西卸了再到台北。至于你，王先生，当然也有一份，今后，如果你愿意和我再呆上些日子，那就和我一道留在台北，不然，你就在香港做寓公，把你太太接到香港，谁叫她当初不听话呀，如今还来受这逃亡颠簸之苦。"

原来，毛超群到台湾之前，曾经约萧凤英一道走，可萧凤英宁愿在这兵荒马乱的时候留下来陪着丈夫，说啥也不肯带上孩子先走。王柏良好不容易才说服了萧凤英，让她带着孩子随大家一道动身到西昌。他们在乱哄哄的车队前分了手。大队人马出发前，周养浩也特意赶来了，他先把郑文松和徐海藻找来，对他俩说了不能带家属坐飞机去台湾的理由，然后勉励了一番，希望他们临危受命，照顾好撤退人员和小娟母子俩，至于该他们分得的黄金，暂时由他保存，以后到了台湾，他再给他们。郑、徐二人心中虽然对毛人凤大为不满，可是看到周小娟母子也随大队行动，却也无话可说。

蒋介石的计划已经付诸实施，当张群、徐远举一行，随着开过会的那三个军长动身到昆明去的第三天傍晚，他对毛人凤、周养浩说："好吧，我们明天上午就同时动身吧，不能像离开重庆那晚一样，再担受风险了。你们马上回去收拾一下，我今夜就住到飞机上去。"

第二天上午，当周养浩的汽车驶进飞机场后，一架运输机正离开跑道，升空往正南方向而去。他看到毛人凤的汽车停在总统座机中美号舷梯下，便叫司机将车开了过去。下车后见着毛人凤，毛告诉他，那是昨天刚从昆明赶回来的徐远举又和郭旭、成希超转道昆明飞往台湾去了。

还有另外一架飞机在美龄号旁边不远的地方停着，男女老少提箱搂包地正在登机。站在这架飞机旁边的王柏良看了看手表：9点27分。上这架飞机的，除了毛人凤、周养浩和他，还有一个青年少妇、几个孩子和一位老太太，她们是成都警备司令部稽查处长周迅予的妻子儿女和他的岳母。

此时，毛人凤和周养浩还在那另一架飞机上陪着蒋介石。

大约10来分钟后，毛人凤和周养浩才回到这架飞机上，坐定以后，就等待着起飞了。但他们不能在总统座机升空之前起飞，只好等着。又过了几分钟，一个侍从官上了飞机。他传达蒋介石的命令说："请毛局长再过去谈一下。"

毛人凤向周养浩打了个招呼，下机去了——这位保密局的头号人物绝对想不到，蒋介石这临时改变的主意救了他，使他因此逃脱了当俘虏的命运。

时间一分钟一分钟地过去，终于，中美号起飞了。王柏良看看表：9点48分。

"我们也该走了。"周养浩吁出一口气，对王柏良打了个手势，意思是：老头子让毛人凤陪他一道到西昌去了。

当周养浩乘坐的这架飞机离开地面，朝着天空上升的时候，王柏良又看了下表。此时是9点55分。他闭上眼睛，仿佛睡过去了。现在，王柏良可以松一口气了，他为了把那5车金银运到成都，可以说是出生入死地奔忙。现在，他认为已经离开了那一片充满着兵败如山倒、士气颓丧、民心尽失的动乱地方，正向着一个世外桃源般的小小海岛上飞去。一觉睡醒过来，脚下便已是台湾的土地了。但是，等到他完全平静下来的时候，心中又禁不住忽然充满了惆怅，不是吗？他的妻子和儿女此时此刻在什么地方？自己能够顺利地到达台湾，可他们呢？在成都停留的5天时间里，王柏良忙于黄金的事，并没有认真地和萧凤英聚上一天半天。而现在自己安全了，她和孩子还在逃亡的路上奔波，一丝歉意不禁掠上他的心头。他突然感到烦躁起来。为了排遣纷乱的思绪，他站起身来，向驾驶室走去。这些天来，他已经和那个同是重庆人的驾驶员高天禄混得很熟了，他想去和他聊一会。

气候非常好，飞机平稳地在清爽的冬日晴空中飞行。

当王柏良走进驾驶室，老高就对他打了个手势。王柏良仔细地观察了一下，发现航线改变了，大吃了一惊，急忙退出来，回到座舱里，径直走到正闭目打盹的周养浩面前，压低声音紧张地说："周主任，老高告诉我，航线已经改变了！"

"我知道了。"周养浩若无其事地说了一句，又重新闭上了眼睛。

此刻，飞机不是朝东南方向的香港飞，而是向正南方向的昆明飞去。原来，就在起飞之前，蒋介石对云南依旧忧心忡忡。他知道周养浩跟卢汉处得还不错，特别是张群与徐远举昨天飞回来向他报告卢汉近期的种种可疑动向后，他虽然怒火如焚，却仍然想让毛人凤和周养浩飞到昆明去作最后的努力。由于他还在迟疑不决，因而和他们约定，在他们飞往台北（他并不知道他们要先飞香港）的途中，他可能会用电报指示改变航向。在他起飞之前，他派侍从官把毛人凤叫了过去，显然也就是再次审慎地思考这个问题。所以对于改变航向，周养浩一点也不感到意外。而且，他也料定已经走投无路、进退两难的老头子会这么做。

王柏良回到位子上坐下，心中乱得像一团麻。战乱中与妻儿分手，他不能不担心他们的安危，而且，到底是随周养浩去台湾，还是一家人留在香港做寓公？这可是件大事，也不能不认真考虑。王柏良出生在重庆市一个洋行职员的家庭，从小进了英国人办的教会学校。34岁那年，英国驻华大使馆的二秘艾登先生把他介绍给当时在贵州做情报处长的周养浩当英文秘书。毛超群知道他精通英语后，也请他给孩子当家庭教师。周养浩很喜欢王柏良的机敏与忠诚，但是，却把他当做了另外一种以私人感情为重的心腹，因此从未要求他也加入军统组织。这样，在一般人的眼里，王柏良的地位就很特殊了,留守处的中下级职员看到他与周养浩形影相随,有外国人参加的机密会议他也能参加,以致大家都认为,这个高个子、戴着副金丝眼镜的王先生肯定是个来头不小的人物。

飞机不知不觉就到达了目的地。这高原之上的昆明,万里晴空,朵朵洁净的白云飘浮在碧空之中,灿烂的阳光照耀着红色的土地,气候暖和得有如四川的仲春时节。

飞机在巫家坝机场上空盘旋了一圈,然后落到了跑道上。

王秘书陪着周养浩下了飞机,空阔的机场上静悄悄的。右边,停着十几架飞机,每架飞机的四周都站着持枪的士兵。

就在这个时候,机群中发生了一件很反常的事情。有架飞机突然发动了,接着,它并没有经过跑道,而是横转过身,掠过机群前面,一刹那,它就冲上云霄飞走了。

周养浩满面狐疑地望着这发生在眼皮底下的怪事。儿子和王柏良、驾驶员高天禄侍立在他的身旁。

周养浩摇着头说:"不对呀,不对呀!"

"周主任,我们还是马上飞走吧,恐怕出什么变故啦。"老高低声说。

"不忙,再看一下。"周养浩迟疑着说。"老高,你上飞机去,做好起飞的准备。"

这时,周迅予的太太和岳母也走了过来。

"不对,情况肯定不对。"周养浩又说了一遍,接着转身对王柏良道:"你快去打个电话给卢汉。"

王柏良向机场办公室跑去的时候,发现一队武装士兵正在集合。

几分钟后,王柏良微喘着跑了回来。他告诉周养浩,整个机场都警戒起来了。他的电话是打通了的,但省政府的人答复说:"卢主席正在和刚刚下飞机的张长官等人开紧急会议,一会儿就来接周主任进城。"

这时,又一架小飞机来到机场上空,它盘旋了两圈,似乎发现了什么异常情况,没有降落便飞走了。

半个小时过去,一辆小吉普车飞快地冲入机场,在周养浩一伙面前停了下来,一个穿着蓝色粗呢制服的人从车上跳下来,向他行了个举手礼。

从制服上看,周养浩知道这是警察局的官员。

他不理会对方的敬礼,粗暴地喝问道:"你们卢主席呢?"

"报告周主任,卢主席正在召开紧急防共会议,抽不开身,等会完了他会来接你的"。

周养浩四面扫视了一下,无可奈何地说:"好吧。"

警官把他们带进了宽敞的机场招待室,然后向周养浩敬礼后告退了。

这时，他们才看见，招待室里已经挤满了男男女女。毫无疑问，这些逃亡者都是先于他们飞到巫家坝机场的。这些人当中，没有一个人是他认识的。

周养浩亲自去办公室给沈醉打了个电话，谈了机场上的异常情况，沈醉要来机场接他，还说徐远举、郭旭、成希超正和他在一起。他谢绝了，他的担心是有道理的，机场都成这个样子，进了城里，真有个意外，那就更成瓮中之鳖了。

又过了大约半个钟头，卢汉依然没有露面。周养浩叫王柏良再打个电话给卢汉，他希望能从卢汉口中探到点虚实。然后吩咐高天禄到外面看一下，仍然做好随时起飞的准备。

王柏良很快又回来了，答复依然和上次一样。

王柏良还告诉周养浩，门外有了武装警戒，除飞行员可以出入外，其余的人一律是只准进不准出。

周养浩苦笑了一下，默然无语。他已经猜到是怎么回事了。

然而，他却想象不到，电话中的答复是千真万确的，卢汉此时正在开会。

张群是在徐远举等人之后，周养浩之前飞抵昆明的，卢汉的两个代表马上把他迎到了市区内新建的卢主席公馆。告诉他，卢主席正忙于开会，会完后就会马上赶来晋谒他。张群的秘书、副官并没有和他一道被迎进新公馆。他独个儿进了一顿丰盛的午餐，百无聊赖地坐在卧室里。这是今年以来他第四次昆明之行了，而省主席因为开会忙没有前来迎接陪同，这还是第一次。

下午，卢汉仍然忙于开会，没有来向他请安问好。仅仅派了几个代表，轮流来陪他，前朝后代、天南海北地闲聊。只要他问起省主席在干什么，答复都是开紧急防共会议。张群忍不住发火了，还有什么会能比自己的到来更重要！他把那几位代表赶了出去，大骂卢汉派来服侍他的副官，要亲自到省政府去找卢汉。不料那位副官脾气好得出奇，挨了骂，仍坚持央请他留在公馆里休息。还说共产党的游击队在城里活动得很厉害，临时出去，恐生不测。种种反常的情况，早就让张群起了疑心。他只得自己安慰自己，两个月前他扮演过保护卢汉的角色，再怎么样，卢汉也不致于干出忘恩负义、翻脸不认人的事来吧？可是，卢汉为什么总不露面呢？开会也能算避而不见的理由吗？笑话！张群情知有异，但他怎么也没有想到事情比他猜到的要严重得多，由于共产党的统战政策的威力，卢汉正在筹划率部起义，对国民党反戈一击！晚上，张群的疑虑越来越大，9点钟刚过，他突然想到，有必要向蒋介石汇报一下自己遭到的冷遇。向他请示该怎么办？他毅然地抓起话筒，决定挂长途到西昌行辕，可是，话筒里什么声音也没有——有人掐断了他的电话线！

就在这时，两名全副武装的警卫闯了进来，很不礼貌地把他随身携带的一只小手枪收缴了。

张群强作镇定的嚷道:"你们想干什么?快叫你们卢主席来见我!"

"卢主席没有时间见你。告诉你,我们云南起义啦!"

这就是回答!

张群身子一软,瘫倒在沙发上,一句话也说不出来了。

而正在这个时候,以张群的名义约集有关军队和首脑开会的通知已经发了出去。开会的时间正巧也是定在9点钟,地点是在卢汉的老公馆,被约的大人物们都准时地赶到了。

就在那幢花园别墅般的住宅里,一个警卫排解除了外会客室中的副官、卫士的武装,一个警卫班进入内室厅,缴了大人物们的械。

周养浩到达的时候,卢汉也的确是在开会,不过不是防共会,而是拥共会,那是为了当晚起义后如何通电全国以及成立临时军政委员会而召开的机密会议。

黄昏时分,高天禄从外面进来告诉周养浩,飞机上的油已经被抽尽,起飞没有希望了。

周养浩解下腰间的手枪,要他的儿子也这样做。接着,他把两支手枪交给了高天禄,说:"我已经知道出了什么事了,你把它们带外面扔掉吧。"他苦笑了一下,又自我解嘲地说,"在这种情况下,没有武装的人,可能反而会安全一些。"说完这句话,他就脱下军装,取出小刀,开始拆除袖边上红色的将军符号……

周养浩也在巫家坝机场!10日清晨,卢汉得知这一消息,下令昆明市警察局李志正局长立即派人前往抓捕。11时,前往机场执行任务的警员回来报告,没有发现周养浩。卢汉在电话上责备李志正办事不力;昆明市市长曾恕怀也严厉训斥了去机场执行逮捕任务的警员。曾见过周养浩的李志正只好亲自出马,率领50多名警员驾车急驶巫家坝机场,会同封锁机场的起义部队,首先逐一识别了所有被拘留在机场招待室的人员,再查机场登记名册,但都没有发现周养浩行踪的蛛丝马迹。后来抓住了周养浩的儿子和秘书以及副官,但他们拒不说出周养浩的去向。既然周养浩身边的人都在机场,那么,周养浩也不可能离开。

"周养浩肯定在机场!"李志正向特地打电话来询问是否抓住周养浩的卢汉说。

放下电话,李志正向警员们交待了周养浩的面貌、身材特征,分组划片,分散到机场各个角落拉大网搜索。

督察王乐天等4名警员带着周养浩专机的驾驶员高天禄作诱饵,让高天禄不停地喊叫:"周主任!周主任!沈站长来接你啦!"

突然间,王乐天发现前面约两百公尺远近的一辆破旧的小汽车里探出一个脑袋来,立即又缩了回去。再喊,就没有动静了。他们赶紧跑过去,拉开车门一看,里面坐着一个相貌堂堂的中年男子。

王乐天问高天禄:"他就是周养浩,对不对?"

高天禄垂下了脑袋。

车里的人叫了起来:"你们不要逼他,我就是周养浩!"

王乐天喝道:"抓起来!"

周养浩煞费苦心带来的那一车黄金,自然也全部落入了卢汉之手。

17. 从起义将领到阶下之囚

云南绥靖公署主任卢汉将军早就准备起义,他知道蒋介石早对自己起了疑心,而驻扎在昆明附近的第8军(军长李弥)和第26军(军长余程万)均系蒋介石的嫡系部队,对自己早有戒备,如若不赶快行动,起义时定会遭其毒手。但这两军装备好,战斗力很强,不能硬来。想来想去他想出一条妙计。张群不是飞来了吗?正好把他拿来当一张牌打。国民党中央军系统驻昆的军政要员均接到了卢汉为欢迎张群而召开的紧急会议,一个个全都准时前来。他们根本没有把卢汉的那点杂牌军队放在眼里,也根本想不到卢汉胆大包天,竟敢对他们摆"鸿门宴",所以毫无准备,结果被卢汉兵不血刃,一网打尽。

这帮人被特务营长送到省政府大楼会客室后,卢汉出来对他们说:"请大家来是为了共商大计。鄙人决心起义,也给你们一个弃暗投明的机会,请大家在起义通电上签个字。"

这些军政大员一听,个个叫苦。李弥、余程万等拒不签名,沈醉知趣,不仅同意签上自己的名字,而且还以国防部保密局云南站站长的名义,在《云南日报》上发布手令,命令云南各地军统系统的人员向卢汉的起义部队缴械投降。

12月9日,卢汉宣布起义。

蒋介石在台湾听到卢汉起义的消息,气得半死,把陆军副总司令汤尧叫来,命令他:"你立即飞到云南,把两个军编为一个兵团,你当司令,给我攻下昆明,把李弥、徐远举救出来,把签名通电的卢汉、沈醉给我抓到台湾,我要亲自审问。"

汤尧连忙坐专机飞到云南,把昆明郊外的8、26两个军编组为第八兵团。因李弥、余程万不在,提拔了两个师长分任两个军的军长。编组完成后,便开始向昆明市进攻。卢汉的守军装备很差，又是新编成的军队，没有经验，拼死抵抗，仍被装备精良的中央军突破多处阵地。卢汉一看形势危急，赶紧通过中共云南地下党，向在重庆的刘伯承、邓小平发电求援。刘邓接到求援电报后，命令滇桂黔边游击纵队开到昆明，协同卢汉守军保卫昆明；又命令杨勇组织驻守贵阳的第5兵团驰援昆明。

李弥、余程万等将领被扣后，忧心如焚，整日里想着脱身之计。李弥生性狡诈，听着攻城的枪炮打得地动山摇，遂想出一个办法。他请卫兵把卢汉找来，对卢说中央军打得这么凶，昆明看来保不住了。这几天你待我不错，我愿意去说服汤尧停止进攻，大家一同起义。你看好不好？卢汉一听，正中下怀，马上送他出城。谁知李弥回去后，立即被汤尧任命为兵团副司令。由于他熟悉部队，指挥起来得心应手，中央军的攻势更猛了。卢汉后悔上当，但为时已晚，只有组织军队抵抗，盼望着解放军援兵快速到来。

杨勇接到电令以后，一面忙着组织部队向川南进发，切断四川逃敌的退路，一面组织一部分军队乘汽车火速增援昆明。这时汤尧、李弥已对昆明城防核心阵地发起总攻。守军虽然奋勇抵抗，但已渐渐不支。李弥正在高兴之时，忽然得报解放军5兵团的援兵已到曲靖，消灭中央军3000余人。他赶快跑去找汤尧商量。汤尧无可奈何地说："谋事在人，成事在天，党国气数尽了，我们赶紧往蒙自撤吧。"

昆明之围遂解。

沈醉自以为在起义中有功，不会受到严厉的惩处，没想卢汉仍然把他送进了昆明陆军监狱关押。这所监狱过去是他常来审讯共产党人的地方，从上到下的管理人员都认识他，并待他为上宾，此刻突然成为阶下囚，看守们出于职责虽不敢放他出去，但仍给予了他最大限度的自由。《云南日报》上发表的起义通电和沈醉的亲笔手令，他们都早已看到，都认为他在此关押只不过是暂时的，将来平定下来，无论谁胜谁负，他都是可以出去重掌工作的，若中央军获胜，自然会救他出去，官复原职，若卢汉获胜，同样会因参加起义之故而获释，出去以后，还会像过去一样威风。所以所长、典狱长和看守们对他这名犯人显得非常殷勤，处处给他便利。

沈醉在狱中，不仅可以四处走动，任意吩咐看守买东西，送信，打听情况，而且每当他母亲和妻子生日时，他招呼一声给我往香港发个电报，监狱里的庶务科长就立即屁颠屁颠地跑来帮他发出，沈醉就在电报里向母亲、妻子祝寿、问候。

而此时被卢汉关进这所监狱里的犯人有不少是沈醉的旧部下，他们依然像过去一样对沈醉既敬又畏，甚至千方百计地讨好他、关心他，吃饭时，沈醉常常在馒头里、饭碗中发现他们悄悄藏进去的，对沈醉进行安慰、请他保重身体的纸条。沈醉过去从来不打麻将，也不会打麻将，旧部们为了让他开心，就经常拉沈醉去教他打牌，而且每次都让他赢。

沈醉开玩笑说：我这是在鸡脚杆上刮油啊！所以，沈醉也常常掏钱叫看守去买些好吃的东西进来，请大家一起享用。

那时的沈醉，虽身为囚徒，却根本不缺钱用，昆明的几个大资本家，都争着来烧沈醉的冷灶，如西南银楼的老板孙子顺等，常常给沈醉送钱送物。有一次看守不让他送东西进来，他便与看守大吵大闹，拍着胸脯说："沈醉是我的朋友，我就是要给他送东西！"还大骂看守，"你们不要狗眼看人低，沈醉是英雄蒙难，迟早有翻转的一天！"

但是，监狱里却有几个人对沈醉视如仇敌，骂他是卖友求荣之徒，他们就是被沈醉检举后被抓的徐远举、郭旭、成希超、周养浩。

周养浩一见到沈醉便连讽带刺地说："你出卖了我们，卢汉怎么没给你一官半职，还是把你关起来了？"

而脾气向来暴躁的徐远举见了他不仅破口大骂"党国叛徒"，甚至要打他。

沈醉晚年时如此回忆到："我挨了骂，心里非常难过。其实，我何尝愿意卖友求荣呢？实在是因为他们都是重庆大屠杀、大破坏的直接参与者与主持者，我既参加了起义，再把他们放走，就不好交待。对于徐远举等人的愤怒，我是理解的。不过我也感到很委屈。平心而论，我对朋友一向还是忠诚的……唯独对徐远举、周养浩等人，我不敢轻易放他们走，因为他们杀人太多，民愤太大。所以这件事一直在折磨着我。我觉得对不起朋友。为了消除徐远举、周养浩等人对我的愤怒，我常常把朋友送给我的食物和钱转送给他们，想求得谅解，可是，他们并不理解我的心情，见了面依然讽刺我。"

1950年3月，人民解放军二野四兵团进驻昆明后，实行了军管。卢汉在办理移交时，把徐远举、沈醉、周养浩、郭旭、成希超这几名保密局的大员当成要犯，交给了昆明军管会。解放军接管陆军监狱后，旧的管理人员大都被撤掉，制度也比过去严格得多。

沈醉看到共产党来后并没有释放他，而且他在狱中的特殊地位也不复存在，他的情绪便开始变化了，一恨卢汉和共产党言而无信，推完磨杀驴吃；二恨自己一时糊涂，竟为了保命在起义通电上签了名，还亲笔给云南的特务们写下了要他们缴械投降的手令，坏了自己的名节。

特别是在他情绪低沉抵触的时候，有一个神秘的人物来到了监狱，这个人就是刚从台湾被毛人凤派来昆明，准备刺杀卢汉以及像沈醉这样的卖身投靠共产党的党国逆臣的高级行动员郑世勋。被解放军的侦察人员活捉的郑世勋告诉沈醉，毛人凤对他事前不能防阻卢汉起义，事后没能以身殉职，反而参加了起义非常痛恨。说毛人凤曾经在统兵大员们纷纷投共之际向蒋介石夸下海口说：军统的高级骨干都是忠于领袖的，决不会公开反叛。却万万没有想到，全国二十几个省、市解放之后，在大陆最后一个根据地上，军统局的将级特务、地方负责人公开起义的，居然会是沈醉这个18岁参加军统，28岁当将军，经戴老板一手提拔起来的精英分子。毛人凤认为太给他丢人了，所以非要置沈醉于死地不可！

郑世勋还告诉沈醉，就在蒋介石派汤尧从台湾飞来昆明指挥两个中央军攻打昆明市区时，毛人凤特意委托汤尧，在打下昆明之后，立即用专机将沈醉押送台湾。后来昆明没能打下，所以才派他来执行暗杀任务。

沈醉得悉这个情况后，犹如被当头猛击了一棍，脸色苍白，心情极为复杂，既痛苦，又后悔，更恐惧不安。他最担心的是居住在香港的老母、妻儿会遭到暗害，因为他自己就是军统的行动专家，知道军统特务是什么事都干得出来的。所以，他很希望能与台湾方面取得联系，求得台湾方面的谅解。

此时的沈醉，已经下定决心，决不再干一件有利于共产党的事，决心在狱中与共产党对抗到底，即使被共产党枪决，也可借此挽回自己的名节，以自己的牺牲，为老母和妻儿创造一个平安的环境。

由于徐远举、沈醉、周养浩均为昆明"九·九"整肃中的元凶，人民纷纷向政府要求严厉惩处。为有利于这些战犯的改造，西南公安部决定将这些人转往重庆。

1950年6月11日，刚吃过早饭，狱方便派人到监舍里来给他们锤脚镣、戴手铐，而且在被押上汽车之前，每人的头上还被罩上了一个桶状的牛皮口袋，只露出了两只眼睛。

汽车很快将这几名奇怪的旅客送到了巫家坝机场。当飞机起飞之后，徐远举的心中禁不住涌起一阵酸楚和恐惧：令他酸楚的是想到了自己的妻儿身在台湾，翘首以盼自己能早日与他们团聚，而眼下自己飞去的，竟然是重庆……一想到重庆，想到歌乐山中那凄厉的枪声、遍地的死尸、熊熊的大火，徐远举不禁毛骨悚然！

上午10时左右，一架螺旋桨小型运输机徐徐在重庆白市驿机场降落。机舱门打开后，公安战士押着戴着脚镣、手铐，头上笼着牛皮口袋，步履蹒跚的徐远举、周养浩、郭旭、成希超四人走下了舷梯，镣链在舷梯上拖出一串咣啷咣啷的声响。（沈醉因故滞留昆明，稍后才被送到重庆与徐远举等人汇合）。

徐远举等被押上汽车，送进了西南公安部四德村拘留所。

在重庆四德村拘留所，人民政府本着人道主义精神，给徐远举等生活上以中灶伙食标准的优待。同对待一般俘房一样，对他不打不骂。但是，斗争还是尖锐的，作为一个双手沾满人民鲜血的大刽子手，徐远举本应趁此反省自己的罪恶，感激政府的人道,相反,他深知自己罪孽深重,难免一死,于是索性在狱中来了个死猪不怕开水烫,多次公开对抗改造。

一次,徐远举居然向管教干部提出取消哨兵、进入监房自由的无理要求。听了刘祥伦科长的报告后,西南公安部第一处处长、老红军段大明(后任重市市委书记,今犹健在)来到了拘留所。

"谁是徐远举?"老红军明知故问。

"在下徐远举。"徐远举见进来一位身穿斜纹布的解放军军官,站起来啪地就是一个立正。

段大明的目光在徐远举身上扫视了几秒钟,然后挥挥手让他坐下,自己也坐在徐对面,不置一词,这种短暂的对视和沉默,使气氛显得有点紧张。

看着面前这个血债累累的魔头,想到成百上千革命者的惨死,段大明不由得怒从心起,指着徐远举厉声呵斥道:"听说你吹胡子瞪眼睛地要什么自由。你徐远举在重庆的所作所为,你自己清楚,人民政府清楚,老百姓也清楚。在这里,人民政府给你们按中灶标准开伙,你过去对被你关押在白公馆、渣滓洞的共产党也是这样的吗?徐远举,你回答我,你给了我们的同志多少自由?你还要我给你什么自由?"

一番呵斥,徐远举哑口无言。

老红军停下来,扫视了同室的王陵基、周养浩、郭旭等人后接着说:"我是泥巴脚杆出身的江西老表,同你们国民党打了二十年仗,历史已经证明,人民是胜利者,你们是失败者。失败的原因很清楚,你们是替帝国主义、封建主义、官僚资本主义卖命,你们还有什么不服输的!"

言者谆谆,听者默然。

18. "大屠夫"过去居然是红军政委

廖宗泽是在徐远举、周养浩等人被关进白公馆之后数月,才由川西监狱转押过来的。

就在廖宗泽被押进白公馆监狱的时候,逃跑到台湾的国民党当局却悲痛宣布国民党兵工署警务处少将处长廖宗泽在大陆从容就义,蒋介石追授他为中将军衔,并且还在《中央日报》上登载了《廖宗泽烈士事略》。这是一篇奇文。奇文共欣赏,异义相与析。特录全文如下,以备考:

> 先烈廖宗泽,字达民,四川华阳人;四川法政学校、陆军讲武堂,及中央军校四期毕业,曾任连、队长及参谋等职。民国二十一年四月参加军事委员会调查统计局,先后任科、站、区长、秘书及主任、纵队指挥、处长、司令等公职。民国三十四年曾因功奉颁忠勤勋章一座,三十七年因办理谍报有功,奉颁四等云麾勋章一座。三十八年匪猖獗,大陆沦陷,先烈率部在四川华蓥山区组织地方武力,从事对匪游击抗暴工作。以其廉正忠诚,故登高一呼,从者云集,声势极为壮大,曾予匪川北军区重大打击。匪如芒刺在背,寝食难安,因纠集丑类公安军两师,陆空配合,围攻义军。先烈誓死不屈,激战月余,终以寡不敌众,弹尽粮绝乃举枪自杀,为部所阻。四十年一月十二日力竭被俘,威逼义诱,终不屈辱,因于同年四月十五日在成都从容就义,年五十,追赠中将。遗族妻劳雅文,子士骏、士民,女黔、融融、天琪,均在台。

廖宗泽在重庆犯下的罪行罄竹难书。

他主持的兵工署警务处就是一个防奸、防谍、防偷漏,专门在兵工系统中从事特务活动的公开单位。

1949年11月18日,毛人凤于嘉陵新村何龙庆公馆召集保密局在重庆的公秘单位头目开会,落实在重庆实施大破坏的计划。会上成立了重庆破厂办事处(对外称临时指挥部,由重庆卫戍总司令杨森任总指挥,廖宗泽与重庆卫戍总司令部参谋长范涎生任副总指挥),廖宗泽任处长,具体负责执行破厂任务。11月29日,廖宗泽策划和指挥了对资源委员会长寿水电厂、大溪沟重庆电力厂、国际广播电台、21厂、24厂、25厂等兵工厂和沙坪坝军械总库、白市驿机场、川江船只、山洞公路桥的爆炸破坏。此前,他还派技术总队三名队员率交警一个分队,赶到綦江准备破坏綦江大桥。

早在1949年10月份兵工署警务处由广州逃迁至重庆后,廖宗泽眼见西南也相继解放,他便受毛人凤之命与保密局西南特区共同组织了游击武装,出任保密局西南特区游击指导委员会主任委员。他召集兵工厂稽查及警卫队长开会,组织力量,反共自救,并提出组建反共救国团,在警务处下成立反共救国军总部,廖自任总干事长,网罗各兵工厂警务组长及警卫大队长任干事,各厂下设分团,分团下设小组,以稽查和警卫队员为主要对象,采取秘密方式招兵买马。

重庆解放前几天,廖宗泽以反共救国团为骨干,网罗多名兵工厂稽查和警卫队员,并裹胁各兵工厂职工中的少数反动分子及落后分子共四千多人,组织"坚忍"部队,番号重庆卫戍司令部独立第一师,廖自任师长,各厂为独立师支队。

11月29日,廖宗泽主持实施重庆大爆炸后,率部携保密局配备的CMS特情机两台,向合川方向逃窜。

12月初,廖宗泽残部经广安逃往岳池。这时,廖部已处于解放军的包围之中,在撤逃中,一部电台丢失。廖决定放弃到华蓥山建立游击根据地的计划,准备将残兵败将撤退到蓬安、仪陇整训,然后转移到大巴山区建立游击根据地。但廖部刚入蓬安县境便被解放军击溃。廖率残部逃到仪陇,同杨元森"四一"部队游击武装会合后,派人去找驻巴中的胡宗南收编,遭拒。杨元森见势不妙,取消了"四一"部队旗号,将残余人员编入廖宗泽的独一师后,带了四五名卫士逃往成都,潜伏于金堂县五凤溪,1950年5月被抓获归案。

而廖宗泽则是在一年以后,才被新都县公安局缉拿归案。

蒋介石的忠实爪牙、欠下重庆人民累累血债的廖宗泽的人生道路,却是一个让许多人不可思议的怪圈。

廖宗泽曾经是一个负有相当责任的共产党员,而且,在广汉起义中,他和曹荻秋

是亲密的战友,两人同在红军中任政委。现在,他成了共产党的阶下之囚,而昔日与他一起出生入死的亲密战友曹荻秋却成为了共产党的重庆市委第三书记。

领略一下廖宗泽曲折的人生道路,是会让许多人发出感叹的。

1930年10月25日,农历九月初四,霜降后的第二天。

这天是星期六。夜深了,位于成都平原东北部的广汉县城,周末的喧闹声已渐渐地平息下来。电灯公司在夜十一点按时拉闸断电,全城顿时沉入一片黑暗之中。

突然,从广汉中学里响起一阵"当、当、当"的钟声。洪亮的钟声,在这秋末的寒夜里显得格外的震人心弦。紧接着,尖锐刺耳的枪声撕裂了夜空,虽然枪声并不密集,但却比钟声更加令人震惊。

由中共四川省行委领导的武装起义——广汉兵变爆发了!

当时驻广汉的军队是国民党第28军第2混成旅,在20多个连队中,有三分之二的连队建立了中共地下组织,是革命基础较好的一支部队。兵变爆发后,没有经过大的战斗,革命力量便完全控制了全城。第二天下午,大部分兵变部队被集中到广汉公园里召开大会,正式宣布中国工农红军第26军第一路军成立。一个穿长衫、戴眼镜的年轻人走上主席台,代表起义领导机关前敌委员会讲话。部队中有不少人认得他是广汉中学的教员曹老师,也就是后来成为共产党高级干部的曹荻秋。曹荻秋宣布了前委对红军指挥员的任命。"第一路纵队政治委员廖宗泽!"

一位身材高大、相貌英俊的年轻人应声走到主席台前,向士兵们敬礼。

这年刚满27岁的廖宗泽,虽然年轻,却已有着多年的革命经历。他在黄埔军校时便加入了中国共产党,第四期毕业后与文强、于渊一同受党组织派遣随朱德入川,从事兵运工作。此后,他又在杨闇公领导下搞兵运工作。他参加了中共领导的第一次武装起义、刘伯承领导的泸州、顺庆起义,并在起义中担任刘伯承的警卫营长。起义失败后转移到成都,被派往川军第28军(江防军)参加地下军支工作,对外以江防军总司令部政治部第三科科长一职作掩护。

1929年,他又参加了邝继勋领导的江防军第七混成旅遂宁、蓬溪起义。失败后撤回成都,任中共川西特委委员兼军委书记,继续投身于在士兵中发展革命力量这一既危险又艰苦的工作。

这一次,他和曹荻秋分别担任了新诞生的红军第一、第二纵队的政治委员。

广汉兵变是当时中共四川省委执行"左倾"冒险的立三路线所发动的最后一次武装起义。和在此之前省委举行的一系列兵变一样,广汉兵变也注定不可能成功。失败以后,廖宗泽和前委的其他同志一道商定了撤退隐蔽的方案,然后他同第二纵队司令员易心固一起化装后离开了部队。疯狂反扑的敌人夺回广汉后开始了大搜捕、大屠杀,成都平原淹没在血雨腥风之中。

廖宗泽逃回离成都不远的华阳县石板滩老家(他家祖籍广东,系早年迁来此地的客籍人)躲避风头。不久,因刘湘在重庆组建的21军特务委员会收罗了不少叛徒四出认捕共产党人,中共四川省委在重庆已无法立足,被迫迁往成都,廖宗泽又参加了省军委的工作。这时,廖宗泽的革命信念开始动摇了,导致他产生动摇的原因,并非是来自敌人的白色恐怖,而是当时中共党内一再出现的"左倾"错误。廖宗泽在四川长期从事的是军事工作,而恰恰是在军事方面,左倾路线所带来的一次次惨败,使他这样的做具体领导工作的军事干部最有切肤之痛。川军中的士兵革命运动本来是开展得比较好的,但是立三路线不顾主客观条件草率发动的暴动、兵变,却是以尚不成熟的革命力量去以卵击石,几下便把革命者辛苦经营多年积蓄起来的家当拼光了。同时,在起义中,立三路线的不少作法也使从事具体领导工作的同志们感到困惑甚至不满,一个重要的原则是"要兵不要官",在起义中,片面地强调阶级成分,排斥军官阶层。而当时的现实是绝大多数的军官都出身非工农家庭,甚至连许多在革命处于低潮时冒着杀头的危险加入共产党的军官也一律被排斥在外,因此当时在国民党军队中发动的起义被称为士兵暴动和兵变,连党的各级军委也统统更名为兵委。

在广汉之前举行的江津兵变,就是一个十分典型的例子。兵变失败后,许多同志当时就批评江津兵变为自己挖自己墙脚的蠢事。江津兵变士兵们空洒碧血于前,而此后的广汉兵变同样如此。据当时参加起义领导工作的前委委员刘连波回忆:根据当时立三路线"要兵不要官"的错误指导思想,川西行委决定,有关起义的消息,均不可通知原在部队中担任军官职务的党员,起义成功后,这些党员也同其他军官一样遣送离队。逻辑很简单,既然他们当了军官,就必然受到了反动派物质上的利诱和思想的侵蚀。现在来看这样的决定,简直是荒唐至极!但在当时,年轻的共产党人却是把它当作金科玉律来执行的,因为理由冠冕堂皇:这是为了维护革命队伍的纯洁性!

由于这样的决定,导致在起义过程中出现了许多令人既悲又愤的事情。当时担任广汉兵变前委秘书的淇汀同志事后向中共中央的报告中写到:"起义爆发后,因'要兵不要官',司令部各处都无人负责,原编制被打乱,导致部队一团混乱。部队编制系统一直等到部队遭到失败,仍然还没有弄清楚。各队因编制混乱,给养无人负责,造成一些士兵吃不上饭。新兵初招募者凡数百人,亦以无人负责管理遂自行散去。由于将军官以及军官中的共产党员一律排斥在外,导致原地下军支组织也被打散。淇汀在给中央的报告中沉痛写到:一旦兵变爆发后,前委概不管组织问题,两三天过去都没有把各连组织清理一下,当时成了忘党的现象,失败之处,此为第一原因。"淇汀还写到:"当时因为要兵不要官的指导思想,造成编制被打乱,弄得许多人都是脚忙手乱的,连要开的市民大会都没有开成。我想,广汉的市民或许根本就不知道这城里打得砰嘣翻天,到底是在干什么事情吧。"

这样的起义,焉能成功?

当晚,起义部队就在乱哄哄的状态中开往高平镇。因原有编制被打乱,新编的系统不明了,且不惯于新的番号,以致宿营时随处可见士兵们在大喊大叫,寻觅本队人员。人疲腹饥,没人先办给养,许多人都得不着饭吃,于是便有违反纪律的现象出现。一些有经验的士兵看到了危机,倘若这样下去一旦与敌遭遇焉能御敌。行军路上,怨叹之声四起,认为负军事总责的人能力太差,不善于部署一切,又不能统率部队,数千人的生命,岂不是当成儿戏?议论越来越强烈,比较集中的意见是让原来的参谋长刘狄军出来担任起义部队的总指挥。刘狄军是军官中的共产党员,他的入党介绍人是前代理省委书记张秀熟,而且是地下军支委员。在士兵中威望也相当高,本应作为起义领导成员,但就因为他是军官,便遭排斥,并属于遣送离队之列。只因在起义爆发后,他主动要求参加红军,前委考虑到军事干部缺乏,才勉强同意他留下来,但不让他担任领导职务。眼下士兵们呼声四起,均要刘狄军出来负责,前委迫于无奈,考虑到前有强敌,后有追兵,部队极其危险,稳定军心当是第一要旨,只好匆匆宣布任命刘狄军为红军总指挥。但又害怕这种政治上不可靠的人独揽军权发生不测,便对他进行了诸多限制,要求他凡事均须向前委请示。

第二天,却又生出一桩事来,一位排长因是军官,本被排斥在起义之外,但在起义信号发出后,这位排长主动率部参加起义,而且十分英勇机智,最后控制了全营。前委也只得任命他为大队长。谁知这位大队长却在一位前委成员向被抓起来的土豪劣绅催缴赎金时,为其中的一个富绅说话,与前委成员发生冲突。这件事立即使前委成员形成共识,认为起义部队中已经出现反革命复辟的苗头,便在起义失败,部队正在与敌激战时决定在部队中进行肃反,那位大队长首先被肃掉,而且还把正遵照前委的命令率领起义部队攻打绵竹县城的总指挥刘狄军也列入了肃反处决名单,并决定在打下绵竹县城后立即将刘狄军处决。

廖宗泽没有参加这次前委会议,因为他当时也和刘狄军、曹荻秋同在前线指挥作战。事后当他得知前委做出了这样一个决议后,真是既震惊又愤怒。好在那一仗未能攻下绵竹,刘狄军也因此捡得一条性命。但是,当刘狄军攻打绵竹失败后得知前委曾作出处决他的决定后,他马上带着溃散的部队投向了四川大军阀田颂尧。而这样的结果却恰恰让具有"左倾"思想的人坚信左倾路线正确的预见性,只可惜下手迟了一步,让刘狄军这样的反革命头子跑掉了。凡此种种,极大地挫伤了廖宗泽对党的信仰，使他产生了强烈的悲观情绪。

不久，党内发生的另一件事情又使廖宗泽受到了一次极大的震动！

仲秋的一天，一位年轻的妇女来到成都爵板街廖宗泽住处。此人叫周敦婉，江津县人，在四川党内，她有着很高的威望，是中共地下党第一任江津县委书记、第一届中共四川省委委员，也是四川省第一位女省委委员，前夫是已经牺牲的省委书记刘愿庵烈士，后来她又同省委常委、省军委书记文强①结为夫妻，继续在重庆坚持地下工作。

周敦婉神色不安地告诉廖宗泽，文强已经秘密到成都来了，因认识他的人太多，只好待在旅馆里，让她独自前来联系。文强是廖宗泽的好友，在黄埔两人同期毕业，同随朱德入川。1927年国民党清党，文强被迫逃离四川，参加了八一南昌起义，失败后又二次入川，通过廖宗泽重新接上了组织关系，以后二人长期一起在邝继勋的部队里从事兵运工作，交情十分深厚。

廖宗泽马上随周敦婉一同前往春熙路一家小客店里会见文强。见面之后，廖宗泽才知道为何周敦婉会愁容满面。原来，中共四川省委这年春末因为重庆白色恐怖严重，被迫迁往成都后，在重庆另建了中共川东特委，文强被留在重庆担任川东特委书记，领导重庆和川东地区地下党的工作。不料这年6月里，文强被叛徒出卖，抓进21军特务委员会。好在敌人不知道文强此时的身份，只知道他曾在川东领导过农民起义军。文强便称自己在川东起义失败后已脱离中共组织，这次是刚到重庆，打算另谋职业。当时川东特委组织部长是外号"四川卡尔"的郑佑之，他足智多谋，早已在特务委员会中打进了自己人，经过里应外合，文强终于越狱逃出。由于特务们四处抓捕文强，他在重庆已无法立足，经川东特委研究后，决定文强与周敦婉立即到成都向省委汇报，并请示另行分配工作。

1933年文强任长沙少年通讯社社长

谁知当时省委领导刚刚开始贯彻王明路线，正在坚决反右倾的风头上，认定文强被捕后有失节行为，要给文强处分。而实际上文强是按照狱外党组织的指示，为配合营

---

① 文强(1907—2001)，号念观，1907年出生于湖南省长沙县。他是毛泽东的姑表兄弟，在黄埔军校与林彪同期，与周恩来的弟弟周恩寿同班，参加过北伐战争、南昌起义，以后脱离共产党，成为军统骨干、国民党军中将参谋长等，淮海战役被俘，1975年3月获得特赦出狱，在全国政协文史资料研究委员会担任专职委员，为促进海峡两岸的统一做出一定贡献。

救,巧妙与敌周旋,拖延时间,以利于营救,说了一些并不涉及党内机密的事情。

廖宗泽听了文强的述说,十分生气,对文强他是非常了解的,文强二次入川,是通过他与组织接上关系的,两人并肩战斗、患难与共,可以说是生死之交,他决不同意省委对文强的处分,联系到立三路线导致的一次次惨败,他既悲痛又沮丧,说到伤心处,他竟然捶胸顿足地大哭起来。

在文强与周敦婉向省委申诉、辩解期间,廖宗泽积极为文强夫妇寻找住处,在凄风苦雨中带着夫妇俩东躲西藏(因文强尚在被敌人的通缉之下)。但是,最后省委仍然执意要处分文强,并因文强拒不承认错误,将处分由严重警告升级为开除出党。

1936年在浙江中央警官学校合影。从左至右:前排文强、廖宗泽;后排程致敬、谢励成。

文强和周敦婉一气之下,愤然离川,打算去上海找周恩来申诉。

但他们并不知道四川省委已在给中央的一份报告中称:"文强已被四川省委开除出党,望勿与之发生任何关系"。

关于结发妻子周敦婉以及被逐出共产党的这一段经历,文强晚年回忆说:

> 我的第一个妻子叫周敦婉,燕京大学毕业。后来回到家乡,在当江津中学校长时,她遇到两个人,一个是共产党里面的恽代英,一个是共产党里面的萧楚女。一天,他们对周敦婉说:"我们介绍你加入共产党。"周敦婉说:"有你们介绍,我很高兴呐。"
>
> 恽代英和萧楚女介绍周敦婉入党后,周即担任了江津地下县委书记。在共产党四川组织内,她是第一个女县委书记。在这时候,周敦婉认识了一个叫刘愿庵的县长,这个人在四川是很出名的,后来还当过共产党的省委书记,以后还当过共产党的中央候补委员,到过苏联。他们两个人发生感情,后来,周敦婉和刘愿庵结婚了。
>
> 我参加八一南昌起义之后,1928年回到了四川,恢复了我的组织关系……
>
> 没过多久,刘愿庵开会时被刘湘的特务发现了,被捕后刘愿庵一口咬定就他自己一个,别的什么也不知道,没过几天就被枪毙了。
>
> 我从程德山土匪部队里逃出来之后,回到重庆,通过王维舟的介绍,找到了代理四川省委书记程子健,他是留法勤工俭学的,资格老。他当天就把我带到省

委机关,进了屋,程子健介绍说:"这个女同志就是周敦婉,她的丈夫刘愿庵被刘湘杀了,现在在军委负责,是军委秘书长。"

"哦",我说,"她是四川省的第一个妇女部长,第一个女省委委员,是全省女共产党里面的头一块招牌。"

周敦婉很奇怪:"怎么我的事情你都知道啊?"

我说:"你是著名人物啊,怎么能不知道呢?"

没过多久,一天,我站在大门口,看见来了一个人,戴着礼帽,个子比我还高一点。他要进门,我就挡在那里:"哎,你这位老先生来找谁呀?"

他上上下下打量着我,好像认识似的,说,"哎,面熟啊。我是来看周敦婉的,周敦婉是我表妹,我们都是江津人。"

他这么一讲,我恍然大悟,问:"你是吴芳吉先生①(毛泽东的老师)吧?"

他说:你怎么晓得我是吴芳吉?我说你是长沙明德中学的老师,我是明德中学的学生。我就跑进去喊:周敦婉,你有个表哥来看你了。周敦婉跑出来,把表哥迎进去坐。

她就问表哥:"你怎么认识他呀?"

吴芳吉就说:"我在长沙明德中学教过书,他是明德的学生,我和他有师生之谊。"接着又问我结婚了没有?我说没有。他问怎么过了30岁还不结婚呀?我说现在到处打仗,弄得不好还不知道死在什么地方哩,我没有打算结婚。

前排左一为周敦婉,左二为文强

吴芳吉说:"今天我来做介绍人,你们两个今天晚上就结婚。"程子健也说:"那最好了,你们结合在一起很好。"

我和周敦婉禁不住大家劝,就同意了。

那天晚上,弄了很多菜,吃了一顿饭,就算结了婚。

后来,我当了川东特委书记,我领导23个县,那时毛泽东的苏区只有12个县,我负

---

①吴芳吉(1896——1932)系重庆市江津区人士,字碧柳,号白屋吴生,世称白屋诗人,其才华灿烂夺目,与苏曼珠的俊逸才华前后辉映,为20世纪20年代中国著名诗人。

责 23 个县,是最大的一块。

我和周敦婉结婚 10 年,1941 年她作子宫肌瘤切除手术,日本飞机来轰炸,慌乱之中,医生把手术刀缝在了周敦婉肚子里,敦婉就这样死了。周恩来曾经有书信要周敦婉去延安,但是周敦婉没有完成去延安之志,抱恨终生,是我连累了她。

关于从刘湘的 21 军监狱逃出来后的经历,文强回忆说:

我逃出监狱,回到家里,周敦婉和一个娘姨看见我回来,很吃惊。这时敦婉是四川省委秘书长兼宣传部长,夜深人静,她说:"为了救你,我们想尽了办法,好不容易才把你救出来了。"

我说:"我一逃出来,那里面就乱了,吹哨子、开枪,你赶快收拾一下,我们到你娘家江津去躲一躲。"

到了江津后,周敦婉说:"你被捕后,省委机关一点损失也没有,没有死一个人,你也脱险了。我们一道去成都,我帮你把被捕经过说明白。"

那是 1931 年 8 月,我们从江津一路坐轿子到了成都,廖宗泽让我住在他家里,我说现在敌人到处通缉我,我不能连累你,我们还是住旅馆吧。

周敦婉去见了省委书记罗世文,回来后对我说,罗世文对我的态度很不好。我问为什么?周敦婉说,他说你不该泄露党的秘密。我说我瞎编了一套骗敌人,有什么错啊?我问心无愧。

我跟罗世文在一家茶馆见了面。罗世文说:"你捡了一条命出来,我们很欢迎。但是你泄露了党的秘密,很不应该,恐怕你要留党察看。"

我说:"罗世文,你见了面也不把情况弄清楚,就对我打官腔,你是不是发了神经病啊?我们两个在党内是平起平坐的,你跟我打这些官腔干啥子?我有什么对不住党的?我又没有影响我们组织死一个人,就逃出来了,为什么还要留党察看呢?还要受你这样那样的责备。什么意思啊?我是你们营救出来的,假如没有党的营救,我还跑不掉哩,我有什么错?"

罗世文说:"你不晓得党里出了王明立三路线,把我们党搞得一塌糊涂了。"

我问他:"我负责那 23 个县里有许多很好的共产党员都被杀了,装在麻袋里扔到嘉陵江去了。你身为省委书记,知道这是怎么回事吗?"

他一拍桌子:"这个事我不能说,一说我也得犯错误,你是 23 个县的特委书记,在这个问题上你就得服从,你也不要问,问就是犯错误,你要晓得,我们党有铁的纪律。"

"哦,党有铁的纪律你就可以随便来啊?"

"我现在是代表省委向你宣布铁的纪律,对你执行铁的纪律。"

我也一拍桌子:"放屁!你是共产党员,我也是共产党员,你是省委书记,我也是省委常委,大家都是负责的共产党员,说说话又怎么样啊?"

"这是列宁同志定下的铁的纪律。"

"什么列宁不列宁,搞得党内这样子做啥呀?把好的党员都干掉,简直岂有此理!"

那个环境是茶馆,我们一吵,旁边的茶客都在看我们。怕暴露身份,我就跟罗世文说:"罗世文呐,我们两个不要在这里吵下去了,我把茶钱付了,到城墙上去接着吵。"

我把茶钱付了,就拉着罗世文上了城墙。

罗世文心里犯嘀咕,怕我对付他,就说:"你是搞军事的,是黄埔学生,你想对我怎么样?"

我说:"我要你把事情讲清楚就回去,没有要对付你的意思。"罗世文说:"我不讲,我一讲就犯错误。"我说:"我们两个以共产党员的身份谈话总可以吧,能犯什么错误?"罗世文被我逼急了,就说,"我是省委书记,我说了作数,不是你说了作数,我是在执行铁的纪律。"

事情搞得越来越僵,我也急了,就嚷:"今天不把话给我说清楚,我就不走,你也走不了。"

罗世文看我急成这样,就说:"你这样逼我,我犯错误就犯错误吧。现在共产国际作出结论,认为中国革命的失败主要是大资产阶级分子钻进了我们党内,对这些人都要制裁,要大量起用工农兵,你懂不懂啊?前些时候我们党内有个王明路线,把好多地方好的共产党员都搞掉了,像你我这样家庭出身的人早晚也是跑不脱的。你家里是大地主,是从封建家庭出来的共产党员,你是代表大资产阶级的。再有一部分呢,是小资产阶级,只要不是工农兵出身的,都要清洗掉。"

我一听更火了:"马克思是个大资产阶级,恩格斯也是个大资产阶级,列宁的家庭也是大资产阶级,马克思那个妻子燕妮还是个贵族哩。"我就骂罗世文,"你这个共产党的省委书记,连共产党的起码知识都没有!"骂完我就把他撇在城墙上拂袖而去。

回到旅馆,周敦婉见我脸色不对,就问我跟罗世文谈什么了?我说谈得很不好,现在党要对我执行铁的纪律,我感到忧心忡忡。她说,"你这个人什么都不能忍受。我也知道咱们内部的情况,你也不先问问我。"

周敦婉了解的情况比我多,就对我讲:"我们两个还没被列入黑名单,你这么一闹,不是早点把自己弄进黑名单了吗?那我们还能跑掉了?"

我自言自语说:"我早就发现被自己人活埋的,扔到江里的同志多的是,不知道发生了什么事,现在我全明白了。"

周敦婉也担心起来了,问我:"那我们怎么办呢?"

她这一问我倒提高了警惕:"再过几天,恐怕把我们也变成鬼了。今天晚上就走,到上海去找中央。"

文强与周敦婉不辞而别,于1931年年底到了上海。

文强回忆说:

好不容易找到了周恩来住的地方,听见里边有说话的声音,听得很清楚,但是一敲门,声音没了,也没人答应。我和周敦婉一次一次地去,门里面的人肯定听出了我们的声音,可就是不理。一次我们又去敲门,这时从门缝里塞出张纸条来,我拿起来一看,纸条上面写了一个"苏"字。我就猜出了,是让我们到苏联去?周敦婉接过条子看,她说还有一个解释哩,让我们到苏区去。

当时拿着条子就觉得不好办,我们失望了。

文强与周敦婉在上海被中央拒之门外,生活无着,最后,文强只好携周敦婉回到了湖南老家。三年后,经廖宗泽向曾扩情介绍,文强投向了国民党。

文强的离川,使廖宗泽十分痛心,也十分寒心,他眼见立三路线之后又是更左的王明路线,这样折腾过来折腾过去,哪儿还能谈得上革命的成功?他终于对革命彻底地失去了信心,主动脱党了。

当时那种白色恐怖十分严重的情况之下,背叛共产党的人不在少数,其中相当一部分属于廖宗泽这种类型。他们不是因敌人的强大而动摇,不是因斗争的艰苦而退缩,也不是在敌人的刑场上因贪生怕死而变节,而是因自己队伍中屡犯不改的严重错误而灰心丧气。对于革命斗争的残酷性包含着革命队伍自身也会犯错误甚至严重错误这一方面,他们缺乏应有的认识和足够的心理承受能力。革命信仰的幻灭导致了人生道路的改变——他们不是被敌人打垮的,而是被共产党内的错误路线、被自己的组织、自己的同志,被自己打垮了!

这当然不是为这样的人开脱错误乃至罪行,而是以实事求是的态度,从另一个方面也来重新审视一下那一段浸透着太多血泪的历史。

正在这时候,上海发生了"一·二八"事变,民族矛盾骤然上升,蒋介石向黄埔同学发出了归队为国效力的号召。这正好给了廖宗泽这类因各种复杂原因从革命队伍中叛离出来而又不甘寂寞的人一个改换门庭、投向昔日敌对阵营的台阶。

黄埔军校原有黄埔同学会,大革命失败后,成为蒋介石排斥异己、摧残革命的机构。1928年,由于国民党内非黄埔系军人的攻讦,蒋介石被迫下令撤销了黄埔同学会,另设中央军校毕业生调查科,专司黄埔学生调查登记事宜,以后又成立了自新同学招待所,实际上是换汤不换药,人们也仍把这些单位称为黄埔同学会。

据长期主持黄埔同学会工作的曾扩情回忆:"蒋介石在对阎锡山、冯玉祥战争结束后不久,特令我在南京成立一个自新同学招待所,并派我为招待所主任……公开宣布,凡属黄埔同学,无论参加过任何反蒋集团的活动,只要悔罪归来,决不追究既往,并不迫使作任何交待,而且待遇从优。前后约半年时间,共有一百二十人左右归来。计:共产党同学余洒度、陈烈、韩睿、廖宗泽、陈远湘等……蒋介石分批召见了他们,每召见一批,都由我陪同。他对共产党同学颇为客气,毫不追问共产党的活动情况,只问其家庭和其本人的生活状况,望他们今后好好地安心工作,定有光明的前途。"

廖宗泽,这个曾与国民党反动派浴血奋战的年轻共产党人,就这样同自己的革命历史一刀两断,从此开始了他人生的大转折。与他同时投向国民党阵营的共产党人,还有曾在四川同他一起从事兵运工作的黄埔同学、中共四川省委兵委干部陈远湘。不久,文强也通过廖宗泽的引荐,投入了国民党阵营。

1949年底,重庆解放前夕,廖宗泽担任兵工署警长稽查处处长,在徐远举离渝去昆明整肃期间,他又兼任西南特区代理区长,在这期间,他欠下了两笔血债,一是批准杀害江竹筠等革命志士,二是主持爆坏重庆的大爆炸。

这年8月,蒋介石偕毛人凤到重庆布置大屠杀。毛人凤向徐远举交待,把过去逮捕的共产党择其重要者先杀掉一批。10月14日,第一批人被杀,11月8日,第二批屠杀42人的计划报到廖宗泽手里。计划中具体提出了执行工具,拟用手枪予以击毙,由主官莅场验明无讹,于尸身标识姓名,摄成照片后,由掘坑组掩埋,拟分三批执行,于一日内完成密裁任务。廖宗泽阅后大笔一挥,批示:"发500元,照所拟办法办理。泽,11.8。"

11月14日,二处警卫组长漆玉麟率9名行动员乘坐一辆中吉普车直奔渣滓洞。稍后,陆坚如与雷天元、张界率领熊祥、王少山一帮特务也坐车赶到。江竹筠、李青林、齐亮等42名革命志士由李磊、徐贵林指挥看守提监、捆绑,经陆坚如、雷天元验明正身,然后,漆玉麟率行动员由看守员田均益带路(在此之前,田均益和熊祥派来的三名特务已在电台岚垭挖了三天的埋尸坑),将囚犯四人一批押上中吉普直驶打靶场,然后由黄声扬率三名行动员徒步押至电台岚垭,还未到达埋尸坑,由于江竹筠等人高呼口号,早已等候在埋尸坑边的熊祥、王少山、胡心恺闻声赶紧冲上前去,向囚犯们开枪射杀。黄声扬、田均益等三名特务负责检查补枪,将尸体拖入埋尸坑。最后由张界逐一拍照。屠杀从上午9时开始至下午1时掩埋完毕。

就在江竹筠等人遇难的同时,毛人凤正在交警旅何龙庆旅长的公馆召集徐远举、廖宗泽、周养浩、马志超、杜长城开会。毛人凤刚刚从林园蒋介石身边赶来,他说:"10月间广州撤退时,广州空军在广州机场存放的几千吨物资,完全没有破坏,被共产党悉数夺去了,总裁非常生气,将空军司令周至柔叫去大骂了一顿。现在总裁把破坏重庆的任务交给我们,已经把杜长城技术总队的爆破人员从台湾调来了。这是我们当前的首要任务,希望好好完成。"

毛人凤说这话事出有因:10月9日,人民解放军在衡(阳)宝(庆)线上将桂系白崇禧指挥的4个师全部歼灭,白崇禧逃回了广西老巢。12日晚,守卫广州的广州卫戍总司令部副总司令、兵团司令刘安祺贪生怕死临阵脱逃,未得命令便将其部撤退于海南岛,使广州守军士气低落,人心惶惶,一片混乱。毛人凤赶到广州后,和广州卫戍总司令李及兰仓促布置炸毁广州市的水厂、电厂和海珠大桥。可是,当杜长城率领的爆破人员赶到时,解放军已快入城。李及兰不敢下令炸毁水厂、电厂,怕激犯众怒,群起反抗,自己被活捉,只炸掉了海珠大桥,由于混乱,机场上的空军物资也来不及破坏,全部被解放军夺去。对重庆大爆炸,毛人凤感到最困难的是破坏时机的确定。1938年11月12日长沙大火,军统头目、国民党长沙警备司令部酆梯等三人被蒋介石下令枪决的前车之鉴至今他记忆犹新。他怕掌握不住军事局势的变化,破坏早了,要杀头;破坏迟了,到时完不成任务,也要杀头。

"局座",徐远举建议说,"我看还是先布置任务,再找顾(祝同)总长和杨森谈谈。杨森是重庆卫戍总司令,你与杨森的关系很好,把责任放到杨森身上,一切都好办了。"

"杨森那里我是要去的。"毛人凤点点头,目光落到了廖宗泽脸上。"达民兄(廖宗泽字),你对重庆各兵工厂的警卫队有没有把握?"

"有把握!"廖宗泽不假思索地回答。

毛人凤说:"总裁决定,一是要把重庆所有的兵工厂炸掉,你是老同志,对各兵工厂的情况又很熟悉,这个重大的责任,你要负起来。"

"我恐怕负不起这个责任,最好请徐处座来主持,我来协助。"廖宗泽为了推托,补充理由说:"我正在筹备布置潜伏人员与共产党打游击的事,恐怕分不过身来,延误了大事。"

"打游击的事先放一放,这件事一定要尽快完成。我已考虑过了,这件事由你主持更加妥当。"毛人凤不容置疑,随后转过脸对杜长城说,"技术上由你负完全责任。"

徐远举、周养浩在旁边打圆场说:"廖兄不要推辞了,我们都会尽力帮助你的。"

就在这次会上,决定成立重庆破厂办事处,以廖宗泽为处长,破坏对象主要是兵工厂、钢铁厂、电厂、广播电台、飞机场、军械总库、桥梁涵洞。预计使用黄色炸药二至三百吨,以一年不能恢复生产为原则(竟还存着一年后卷土重来的梦想)。过了一天,毛人凤又召集廖宗泽等人开会,研究决定了破坏目标五百余处,报告蒋介石批准并拨给破坏费用 199100 元。廖宗泽随即从各特务系统里抽调 30 多人组成工作班子,在嘉陵新村 24 号成渝铁路警务处处长曾睛初寓所内办公。

廖宗泽日夜坐镇指挥,由此,开始了他一生中最为严重的罪行。

11 月 29 日,人民解放军攻占重庆近郊大坪、浮图关,先头部队已挺进市区,与国民党守军展开巷战。

29 日中午,蒋介石在林园召集顾祝同、肖毅肃、钱大均、王叔铭、杨森、蒋经国、俞济时、毛人凤开会,决定从重庆撤退,并在撤退时下令廖宗泽立即执行大爆炸。

当日下午 5 时 45 分,毛人凤随蒋介石的车队驶出林园后,他在路边山洞警察 13 分局指挥部门前停下,用该处的电话向廖宗泽下达了执行爆破的命令。廖宗泽领命后,当即下令破厂办事处工作人员胡敏吾等 6 人分头下达爆破令,6 时,爆破令陆续下达到已进入各兵工厂的爆破队。各爆破点立即开始点火引爆,一时间地动山摇,全城火光冲天……

〔商务日报讯〕是夜 10 时许,21 兵工厂洞子火药爆炸,山崩地裂,附近几个台子成为平地,11 时刘家台 1 号油库爆炸起火,随即 21 厂刘家台电石库爆炸,3 时新电厂也爆炸。爆炸现场炸药地雷密布,生者无法救人扑火。……整个损失,全烧户 1116 家,半烧户 1326 家,死 71 人,重伤 96 人,轻伤无数,全部灾民 9169 人,将近一万灾民无家可归。

〔大公报讯〕30 日夜解放军入城时,南岸 6 公里伪国防部兵工署所属军械火药库被匪军破坏,一时红光闪烁,爆炸声震动全市,附近民房震塌不少,并有居民死伤。

〔新商报〕11 月 29 日夜,蒋匪特工人员二百余人,在大渡口钢铁厂安放的炸药爆炸,1、2、4所均遭严重破坏,该厂1所主管工程师简治国为保护电厂,先一日离开爱妻幼女,由住宅迁入电厂住宿,抢运炸药时不幸被炸死,尸体化为乌有,职工死三十余人。

据当时负责拟具破坏经费预算的保密局第五处(经理处)处长郭旭回忆:"我逃跑途中经过化龙桥、小龙坎郊区时,听到爆炸声隆隆不断绝,看见天空中映得极红,途中行人扶老携幼,呼号之声不绝于耳。……听说大溪沟电厂工人勇敢进行护厂,与掩护破厂部队发生冲突。其余各兵工厂亦正在进行破坏之中,还有不少地区护厂工人与掩护破厂部队发生冲突,遭到开枪镇压……"

28日,廖宗泽派杜长城率技术总队人员前往白市驿机场,在空军器材库、军械库内预先装入炸药,因考虑到蒋介石座机的安全,拟采用定时引爆装置。

29日黄昏时分,蒋介石离开林园前,为阻碍共军追截,饬令毛人凤将机场和山洞下方石拱桥炸毁。为炸毁石拱桥,杜长城从白市驿机场仓库装了两卡车炸弹,同时炸毁了库存的1000挺机关枪。杜长城将装满炸弹的两辆大卡车停在石拱桥边,一俟城内杨森的车队通过后便立即引爆炸桥。从晚上8时开始,廖宗泽、杜长城、马志超便在山洞的一家冷酒馆里等候杨森的车队过桥。

哪知杨森在此之前早已不顾蒋介石要他最后一个撤退的命令,带着装着12位大小太太和数十个孩子以及大批金银细软的4辆大卡车已先期逃离重庆,彼此又无法联络。

天晚后,廖宗泽、马志超留下杜长城等候,至夜间11点过后,杜长城听得炮响,未及炸桥便丢下两卡车炸弹率队逃离了山洞。成渝公路的咽喉山洞石拱桥幸得以保存。

30日天明,已经在座机上呆了一夜的蒋介石终于下令起飞。

中美号载着蒋介石一行滑行升空,带着绝望与辛酸,最后一次离开了重庆,飞向成都。

蒋介石从飞机上往下望去,机场没有送行的人群,只有一片混乱不堪的情景和像无头苍蝇一样到处乱窜的败兵溃勇。蒋介石百感交集,不由想到了北京的毛泽东。

"娘希匹!"蒋介石恨恨地骂了一句,自己也不知道是骂谁。

〔新华社北京一日电〕在重庆解放前夕,国民党残匪狼狈不堪地争相逃命。匪首蒋介石于30日晨间仓惶逃抵成都,阎锡山、张群两匪则于28日即已逃蓉。其他匪首大部逃蓉,小部逃往台湾。虽然陈纳德的民运航空队使用了它所有的飞机整日整夜地来往于渝蓉之间，但逃命唯恐落后的高级匪官，仍在机场上演了紧张的争夺战。路透社29日报道九龙坡机场最后一架飞机逃跑时的情形称：约有三十名乘客丢弃了行李，争先恐后地登机，但另外有27名乘客没能挤上飞机，跟在飞机后面大哭大骂。在陆上，成渝公路上车辆拥挤，交通堵塞。内江附近渡口待渡的车辆达数百辆。与匪官溃逃的同时，残余匪军也争相逃命，据美联社报道，多数溃逃的匪军都着草鞋或打着光脚板，30%仍着夏季军服……

30日，重庆解放。

12月1日，定时炸弹陆续起爆，将白市驿机场设备、楼房、仓库等相继炸毁。重庆最大的两个医药器材和药品仓库也紧跟着爆炸……

廖宗泽撤出重庆后，试图窜往大巴山建立游击根据地，但去路已被解放军截断，特务电台亦因出故障而与西昌失去联络。于是，他率残部到巴中接受胡宗南部76军80师收编，向成都方向窜逃，行至三台县养恩河被解放军围歼，廖宗泽与副官龙长生、卫士周君泽、司机郭沪驾一辆敞篷吉普车突围逃脱。

谁知车到中江的卢溪镇时，汽车"嘎"的一声熄火抛锚了。

廖宗泽着急地喝骂郭沪："你他妈咋个搞的？我不是叮嘱你随时要检查车况么？共军要抢在我们前头占了中江，我们还怎么到得了成都？"

郭沪赶紧下去修车，检查了一会引擎还是不运转，周均泽下车去用手摇柄摇也无济于事。

忙活了一个多钟头，廖宗泽心一横，命周君泽将5颗手榴弹捆在汽缸上，并将车上所有子弹干粮拿下放在路边，亲自用绳子拴在手榴弹导火绳上，叫龙、周、郭三人在路边卧倒，自己牵着绳子退到公路边用力一拉，几声巨响之后，吉普车被炸得四分五裂，引燃汽油，公路上一团大火。

这时，廖宗泽发现郭沪已不知去向，顿时有些怀疑是他有意破坏车子携枪潜逃。廖宗泽这辆车是国防部刚调拨来不久的6辆新车之一，使用还不到4个月，岂有发生严重故障之理？

茫茫天涯，何处是归宿？廖宗泽炸毁汽车后顿感茫然。周均泽也呆呆地看着他。

龙长生则问："处座，你看我们向何处去？"

廖宗泽说："你们让我想想，车到山前必有路，船到桥头自然直，我相信总会有一条路让我们走的。"

龙长生说："我们不了解前面的情况，中江有可能也落入共军之手。我看，我们不能再沿公路往成都、中江方向走，还是走小路要好一些。"

廖宗泽说:"对,我们走小路,进入中江县境内看情况,看能不能与金堂、新都的游击队取得联系。"

拿定主意,三人急急赶路,当晚10时左右到达中江境内的跳蹬河,距中江县城尚有20余华里。幸好有一家客栈还有灯光。他们叫开门进去,投宿吃饭。周均泽先给他3块银元,说明走时再算账,不够再补,绝不少给一文。

店主人倒还客气,满口应承,先给他们煮饭弄菜安顿房间。吃饭时店主人谈到刘文辉、邓锡侯、潘文华等部已经起义,共军已经进入成都,只有金堂尚在国军手中。

廖宗泽心中顿然绝望,考虑到此处不能久留,去向何处也不可知,这逃跑途中的艰辛,更需他早作准备,便请店主马上炒15斤炒米作干粮。店主很快炒好,还用油纸包了一包咸菜,三人十分感谢,又给了他5块银元。店主连连道谢,三人临走时他又给了约有一斤老姜,预防途中受寒找不到药。

廖、龙、周三人武器弹药和杂七杂八的东西,每人负担都在30斤重量以上,行走起来确实够呛,但枪弹又不能扔掉,谁知前途有什么凶险在等待着他们呢?沿途打听,到处是国军惨败的消息,中江县的反共游击队也都退入了山区和乡间。中江县城他们也不敢再去,便转道罗镇再往金堂方向而去。途中突然遇到四个全副武装的军人,从一户人家出来走向他们。廖宗泽一看他们武器在手,帽上的帽徽未摘,知道是国民党军人,便停止前进,并喊出"坚韧"的联络口令,对方立即回答:"患难"。知道是自己人了,大家走拢交谈,他们是由重庆撤出的中统反共救国军第一军的。其中一个姓彭的是金堂清白江的人,正准备回家。

廖宗泽说:"我们也是去金堂的,正好可以同行。我们7人从武器说是够一个加强排的火力,任何情况下可以一战,生死关头,希望大家共患难。"

陡然增加了四个人,而且又有充分的美式装备,胆子便壮了起来。

他们在街边一家客栈吃了一顿粗面条,略事休息,便向罗镇前进,当上了蓬溪至成都公路不久,在一个拐大弯的地方突然出现一大群人,约有四十多个,长衫杂乱,兵不像兵,匪不像匪,手持中正式、汉阳马枪、大手枪等武器,把公路截断。

为首一人高声喝道:"站住!看见朱总司令的布告没有?把武器交出来,放你们过去!"

廖宗泽故意问他:"你们是哪方面的?"

对方回答:"不管是哪方面,你们先放下武器再说话!"

廖宗泽一看这伙子全是"黄昏子"(四川俗语,指不懂事的家伙),四五十个人全挤在公路上,就凭那几根吹火筒就想缴别人的械,就是半吊子,也该摆出一线疏开或散兵群散开,这个样子对方一开枪不打死一坝才怪。

廖宗泽气也不是笑也不是,便开玩笑说:"兄弟,武器怎么个缴法?请说明白,我们好照着你们说的办法缴。"

那为首之人嚷道:"把武器子弹全放在地上,每个人敞开衣服,一个一个地检查后放你们过去,我们绝不放冷枪伤害你们。"

廖宗泽说:"要得,就照你说的办。不过有个伙计不愿意咋办?"

那人说:"哪几个不愿意?给老子站出来!"

廖宗泽把手枪一扬说:"就是它不愿意。"话音未落,便是一个连发,那人"扑通"倒在地上,抱着腿大叫起来。廖宗泽有意留下他一条命。

周均泽他们六枪齐发,顿时撂倒六个,可能有两三个被击毙了,那群乌合之众见头头受重伤,便亡命起来,一阵乱枪毫无目标地瞎打。

廖宗泽等人早已利用好地形掩蔽了,根本伤不了。廖宗泽想赶路要紧,和这些地头蛇缠战不休,会误了自己的大事。这时风向正朝对方吹去,他从挎包里掏出一枚催泪弹掷过去,眨眼间催泪剂散发,那伙人有的捂眼睛,有的弯腰呼叫,顿时大乱。廖宗泽叫周均泽他们六支冲锋枪齐向对方上空扫射惊压住他们,然后高声吼道:"我们是中央军的尖兵班,部队马上就到,你们真想死我就用毒气弹送你们回老家!"一面嚷,一面从挎包里再拿出一枚催泪弹,高举起来作投掷状。这时周均泽他们又是对空一阵扫射。这一着真收到了效果,那群人有的抬死尸,有的背伤号,从小路进入深沟走了。

廖宗泽等人随即向罗镇而去。罗镇此时也成无政府状态,好几家客栈、饭馆、杂货店都还在营业,他们先去一家饭馆交了四块银元再吃饭,这样省了许多口舌,店家也放了心。饭后休息片刻,便由那姓彭的作向导,带着他们翻山越岭,直趋金堂。

到达金堂县清白江镇已是第六天的下午。老彭家住在距街两里远近的河边,十分清静,恰好是单家独户,适合他们暂住。彭的父母健在,还有哥嫂和两个侄儿女。彭大爷为人十分江湖,看情形可能是汉留中的舵把子。

廖宗泽命周均泽先送上20块银元,交彭大爷作食宿费用,走时再补。当晚吃了一顿丰盛的晚餐。彭家对他们如此热情,他们便决定住下来,托彭大爷四处去打听国共两军的情况。彭大爷果真有能耐,不几天,他便打听到反共救国第一军和第二军都在金堂宣布起义了,军长向廷瑞和吴泽已去新都学习。此外,还有一些听到的有关成都落入共军之手后的情况。

听了以后,廖宗泽心里多少算是有个谱了。当夜他和龙长生、周均泽都未睡觉,廖宗泽对二人说:"你们不能同我相比,我是有家难投,你们可以回家,国难当头之际,父母妻室儿女都担心你们,即使共产党要抓你们,也不会杀头。我认为你们回家是上策。我是走到哪里算哪里,总可以找个地方藏身,不过要求你们严守秘密,大家共事多年,有一定感情,相信你们不会对不起我的。你们知道金堂人是喜欢玩枪的,我的想法是把两支冲锋枪和你二人的好枪卖了,各留一支手枪防身就行了,卖成钱大家好谋生活出路。成都很复杂,你们身上有枪,千万不要去,直接回家好了。我必须进成都探查一下情况,如有不测,我身上有两支枪,拼个一比二算了。看样子彭大爷这人是有些来路的,明天就请彭大爷给我们把枪卖了,你们买套便衣换了,路上安全些,你们身上都有事先准备好的国民身份证,路上是不会有麻烦的,你们以为如何?"

龙、周二人听后齐声说:"处座安排了就是,我们没有意见……"

第二天吃早饭时,廖宗泽向彭大爷讲了他的打算。彭大爷满口答应作成卖枪之事。他说:"回龙沟的何大爷正要买这种扎实家伙,保管一说就成,不过价格上须得商量一下。"

廖宗泽说:"事到如今,只好半卖半送,绝不使你为难,我们自会酬谢你的。不过请对方付银元或川板(四川造的银元),其它不要。"

彭大爷第二天一早去了趟回龙沟,和何大爷交涉谈妥后,回来对廖宗泽说:"两支冲锋枪带子弹共500块大洋;两支手枪和子弹带手榴弹300块大洋,给600块现银、两百万人民币,你觉得怎样?"

廖宗泽想也不想,一口答应下来。

第三天早上何大爷派来了四个人,将银元和人民币当面点交。那时是旧人民币,两百万合现在的两百元,票面又小,折合起来一大捆装在布口袋里,大家一手钱一手枪,四个人将枪弹装入木箱内抬上鸡公车推走了。

廖宗泽换上棉袍,化装成一个商人模样,将彭家老小请到上房对他们说:"我们三人承彭大爷全家照应很多日,十分感谢,特送彭大爷、彭大哥夫妇各80块钱,三位朋友各20块钱,两位小孩各20块钱,共260块钱,请各位收下。"他们都客气着收下了。

随后廖宗泽给了龙长生、周均泽各150元,自己留下两百元,人民币三人各留一份,在路经共军占领的地方时会方便一些。

廖宗泽又对彭大爷说:"请暂时找两套便衣给他二人换上,一会他们好到街上去买衣服。我们的军服全送给你们了。"中午他二人回来说:"在清白江看见向廷瑞穿着解放军的服装坐在吉普车上,看样子是由成都过来,帮着共产党招降逃散国军的。"

廖宗泽长叹道:"真是树倒猢狲散啊!"

第二天吃过彭大爷家的饯行早餐,廖宗泽便与龙长生、周均泽分道扬镳,各奔活路了。

"大屠夫"过去居然是红军政委 189

廖宗泽到公路汽车站搭上到成都的公共车,在成都北门东站下车,直到多子巷姻伯陈永顺家里。陈是原川康边防军第3师师长,1946年改任四川省新兵训练处处长。到他家里见到他岳母、周外婆对廖宗泽说:"你陈姻伯起义了,现在到新都学习,你姐丈刘贯三(国民党95军政治部主任)也起义同去新都学习去了。你姻伯明天要回家来的。"

周外婆安顿廖宗泽住下之后,他便去附近一家茶馆里喝茶,想听一听成都的各种情况。

第二天陈永顺回来见到廖宗泽就说:"你咋个不早些来,早来了我就把你的名字添到起义人员名册上了。你三哥我都给他添上去了。既然来了,先住我家里再打主意。"

廖宗泽听后心里一惊,他既已起义,难免不说出我的情况,这里是断然不可久留的。三十六计,还是走为上计。

第二天吃过中饭,陈永顺返回了新都学习班,廖宗泽趁周外婆上楼之际便提起包不辞而别了。

他到三桂街一家清静的小客栈找个僻静的单间住下,身上有化名"何北安"的国民身份证,一点不困难便办好了住店手续。老板和堂倌都是汉留中人,他用暗语接上头就更为方便了。装啥像啥是特工的基本要求,他不时拿着流水账簿用小算盘"哗哗啦啦"地算账,有时还约一两个经纪人来客栈谈生意。老板、堂倌和同栈客人都认为他是个生意人,大家都叫他"何掌柜"。解放军经常在大街上堵住两头突然搜查行人,为了安全,廖宗泽便将两支手枪和弹夹连同裹肚一起包好藏在房间的天棚上。

这时成都非常混乱,摘掉帽徽领章的散兵游勇成群结队。虽然成立了军管会,但城里军队不多,大部分去附近县上清剿暴乱的土匪去了。警察和保甲、机关人员全部留用,只有一两个军代表在指导工作。看得出当前主要的是办理自首登记、清查户口、抗美援朝宣传、募捐活动等。有些特务虽然自首了,但是把手枪丢到望江楼河里和御河里,有的丢在水井里,被军管会的解放军押着又去取出来,光着身子下水摸寻的情形十分狼狈。廖宗泽也混在群众中观看。因为他们是土特工,不会认识他。他心里琢磨这只是暂时的平静,暴风雨即将来临,一切就绪后,必然有大逮捕大镇压的行动,自己必须提高警惕,在街上行走要眼观四面耳听八方,注意是否引人注意。

廖宗泽每天都是到华新街邮局对面的一家小饭馆吃饭,店主顾德天多年当潘文华的厨师,潘起义后为表示进步,辞掉很多佣人,他便开了这家饭馆为生。顾老板好讲话,喜欢吹嘘他给大人物当过厨师的经历,也爱显示他啥事都知道。听顾老板谈到城防司令盛文和稽查处长周迅予带起一批人进西康打游击,警备司令严啸虎被捕了,潘文华在广元起义是受其弟潘新华策动的,潘新华居然是个地下共产党员。

廖宗泽想刘文辉起义后,将部队布满川康边境,特别是进康道路,堵截逃康的人和部队。凡是进去的人必遭捉住,是相当危险的。如盛文他们真的逃进西康,必被刘文辉捉住请功(后来事实证明果真如此)。自己只有想法逃到云南去投奔李弥和余程万,他们兵力雄厚,已拖到缅甸境内了,卢汉通电起义,必然会将乘飞机逃往台湾、香港的人在飞机降落昆明机场加油时全部逮捕。但边境的某些地方是可能逃得过去的。边境的少数民族喜爱武器,将这两支枪作交换可能会帮自己的忙。只要能过境找到李弥、余程万就好了……

一天,他吃过早饭便到安乐寺市上去,这里是金银和香烟市场。他准备将100块银元换成人民币,便于途中使用。廖宗泽走到姜内巷,这是一条小巷,行人不多,突然有人拍他的肩膀,他一惊右手伸入襟内,手腕却立刻被人封住。那人说:"是我。"听其声便知是遇上军统局专员胡绍云了。

胡绍云挽住廖宗泽的手悄声说:"到别处谈话去。"

廖宗泽与胡绍云到安乐寺白家茶馆,找个僻静角落坐下了。

胡绍云说:"我本来有好几个部下在成都,他们都请我去住,可现在共产党搞得大家人人自危,我不愿让他们的家属担惊受怕,干脆就住在东大街新川旅馆找了个单人房间住下了,几位弟兄时常来和我见见面,通下消息……哦,你去登记没有?"

廖宗泽反问他:"你咋个也没有跑出去?你去登记么?"

胡绍云恨声骂道:"登记个球!见到别的熟人我就说登记了,对你这真神嘛,就用不着烧假香了。本来是叶青在成都发飞机票,我的汽车在路上出了故障,到娘娘庙迟了,他已经飞走了,我就没有走成。你想好没有,眼下究竟作何打算?"

廖宗泽说:"各人干下的事各人明白,共产党无时无刻不在要我的命,我决不会傻得来自己往枪口上蹦。我现在是藏得就藏,抓到了一死了之,只好碰运气了。"

胡绍云说:"川西反共救国军在龙潭寺客栈杀了解放军一个姓杜的政治部主任后,这川西坝子上到处都和共产党扯旗放炮地大干起来了。我们不如到龙潭寺一带去找他们,和他们一起干!"

廖宗泽说:"你这主意正对我的路子,既然你我已到是鱼死网破的地步,索性豁出命去,和共产党大干一场!"两人正说着话,突然街上的人鼠突狼奔起来,后面是一些解放军端着枪在追赶,口里高喊:"站住,不许动!"

廖宗泽大吃一惊,全身冷汗直冒,暗叫一声糟糕!对胡绍云悄悄说:"家伙未带在身上,这下只有束手就擒了。"

这时,那个带队的军官大步跨进茶馆,操着陕西口音喊:"坐着的一律不准动!"

众人不知是怎么一回事,只好坐着不动,那些解放军在站着的人身上挨个搜查,搜出许多银元向几个大口袋里装。廖宗泽、胡绍云这才知道是抓扰乱市场的金银贩子,七上八下的心才落到了实处。

解放军搜完站着的,又来搜坐着的,廖宗泽口袋里的五十块银元全被收去,被当作金银贩子抓了起来。胡绍云口袋里没有银元,仅是受了一场虚惊。可两位老朋友刚刚见面,就这样无奈地分手了。

这一次突击搜查安乐寺市场抓了不下五百金银贩子,全部押到街口的十几辆大卡车上,挤得满满的像罐头里的沙丁鱼一样。贩子们被押到南郊衣冠庙,这里原来是戒鸦片的强戒所,与监狱无异。廖宗泽被关进号子里,地上铺的全是乱草,贩子们垂头丧气地坐在草铺上。工作人员一个个登记姓名、年龄、籍贯、住址。登记完后全体集合在院坝里,十个人分为一个小组,指定一个人当组长,宣布这些人犯了扰乱金融罪,银元一律没收,人民币留下。每人每天缴五千元伙食费,组织学习政策。谁表现好学习得好便先放出去,但要写保证书,保证以后不再犯法。

廖宗泽心里想,在这里住几天倒可放心,没想到共产党的"监狱"里倒成了最安全的地方。

廖宗泽在"监狱"里学习报纸时便得知龙潭寺"武装起义"已经被解放军镇压下去了,如此一来,他不得不重新考虑自己的出路,最后决定还是去云南,再想法越境到缅甸。由云南到缅甸的道路他是熟悉的,当年去印缅视察军邮时走过,大小道路、场镇都知道。

一个星期后,廖宗泽才被放出来,他回到三桂街客栈,老板问他这些日子到哪里去了,他说自己被解放军误当成金银贩子给抓起来关了这些日子。现在要到龙水镇去买铁货,然后弄到云南去卖。还托老板与他同去街公所开张路条,老板说,这事不难,我表兄赵某就在街公所里管印砣砣,给他说一声就行了。

廖宗泽大喜,赶紧央请老板出面帮忙,老板随他出了门,在商店里买了三条威克斯香烟,三瓶绵州大曲,径直到这位赵干事家中,一切办得顺利,赵干事收了礼,马上到街公所给廖宗泽开路条。晚上客栈收了堂,又请老板和堂倌去街口一家小饭馆里喝酒,表示感谢照应和帮忙,回来将店钱结清,第二天一早出东门扬长而去了。

路经简阳县镇子场时,廖宗泽不期遇见了熟人张吉彬,张此时是简阳土匪头子刘幺胡子手下的头目,是出来当探子的。

张吉彬告诉廖宗泽,刘幺胡子手下有上千人枪,而且与正在石滩坡整编的起义部队朱鼎卿兵团的师长刘仓林暗中商量好,共同举事。张吉彬还告诉廖宗泽,说他的堂弟廖贯之也在暗中为"义军"做事。

廖宗泽当即叫张吉彬去将廖贯之叫到镇子场上茶馆里见了面。廖宗泽此时已打消了万里迢迢奔赴云南缅甸的打算,叫廖贯之设法给他先弄个户口。廖贯之于是托解放前任过乡长的曾昭明找镇公所里留用的旧人员化名廖品章办妥了户口。到廖贯之家落脚以后,廖宗泽很快便与刘幺胡子见了面,然后,廖宗泽又将被解放军打散的川西反共救国军第六兵团的散兵游通收拢来,再以自己的名义写了一封密信给刘仓林,择日举事。

1950年7月2日,廖宗泽与刘幺胡子、刘仓林(湖南人,化名马步修、马力)在简阳县镇子场刘明章铺子开会具体策划;7月6日,又在石板滩廖上仁家开会,正式成立了成都、华阳、新都、金堂、简阳五县反共救国委员会,刘仓林当主任委员,廖宗泽化名何三兴,当副主任委员。以后又在朱家湾、简阳西平乡、桃花寺开过会。7月底,川西反共救国军第六兵团与刘仓林的起义部队共同在石板滩暴乱。继后川西各地土匪十余万人相继暴乱,其中包括成都东山黄土丘陵地带的匪乱,妄图扼杀新生的人民政权。在人民解放军的有力围歼下,终将匪乱平息。

可是,经侦讯抓获、投案自首的大小土匪头目,都不知道石板滩、东山土匪叛乱的主要策划者之一、国民党少将特务廖宗泽的踪影和去向。

原来,廖宗泽、刘仓林组织的叛乱武装在斩龙山被解放军围歼后,刘仓林和廖宗泽潜逃到成都西门外商量,到双流牧马山再次发动叛乱,又遭解放军击溃。刘仓林被击毙。此后,廖宗泽便化装成农民、苦力,以贩卖粮食、小菜做掩护。

川西行署公安厅发出通缉令,要求各级公安机关组织力量严密侦控,务必将廖宗泽缉拿归案。通缉令下达到新都县后,县公安局局长李毅立马调兵遣将组成侦捕小组。

新都县警卫营也同时成立了侦捕小组,由县公安局统一协调指挥。

县公安局和警卫营侦捕小组首先深入到与廖宗泽老家华阳县石板滩接壤的新都县太兴(现新店子)、木兰(现黄泥乡)乡,以此为重点开展侦缉工作。这里是客家人的聚居区,老百姓普遍讲广东客家土话;年长的老百姓既不会讲成都话,也听不懂成都话,因此不仅北方同志存在语言障碍,就是新都本地的同志,也只能听懂一点点,做起群众工作来很吃力。此地属黄土丘陵地带,当时还没有乡村公路,乡间小道是天晴一把刀,天雨一包糟,走起路来十分费劲。

侦捕组的同志们克服了语言和自然环境的困难,一面采取以匪制匪的策略,通过向参加叛乱的人员和旧乡保人员了解情况,以发现廖宗泽的蛛丝马迹。通过一个阶段的工作,掌握了不少当时叛乱现场的具体情况,但可疑线索不多,且经过进一步查实,都一一否定了。

1951年，镇压反革命活动在全国轰轰烈烈地开始了。

3月初的一天，县警卫营侦捕组刘雄贵接到木兰乡解放前的乡长曾昭明的"枪架子"（背枪保镖）方华幺反映："前些日子我老板（曾昭明）家曾来过一个客人，吃猪肝都要吐渣子，听说他是黄泥店那边廖家的，名叫廖品章，过去在国民党那边当过大官，现在解放了，跑回来躲共产党。不知道现在还在不在家。"

刘雄贵鼓励了他几句，并叮嘱方华幺今后若碰到廖品章，要及时报告。

3月6日上午，刘雄贵叫方华幺领路到黄泥店廖贯之家寻找廖品章。两人刚走到黄泥店山脚下，就看见一个头戴草帽、身背背篓的中年汉子，正朝廖家院子走去。

"就是他。"方华幺用客家话小声告诉刘雄贵。

刘雄贵快步上前盘问。

"我是廖品章，就是这个院子里的人。"中年汉子转过身回答说。

院里的主人一见，赶忙上前解释："他是我哥哥。"

这时，从外面进来不少围观的群众。

刘雄贵问在场的群众："你们认不认识他？"

"不认识！"不少群众回答说。由于农村开展了减租退押、清匪反霸运动，三月一日又公开镇压了一大批反革命分子，打掉了土匪的凶焰，不少群众已经敢于站出来说话了。

"廖品章，你既是这里的人，这里的群众怎么会不认识你？"刘雄贵追问。

"我过去长期在外面做事，很少回家。"廖品章辩解说。

"你要老实。要是不老实，我们就开群众会斗争你！"

这时有一小队乡上的武装民兵赶到。刘雄贵遂决定将廖品章带回乡公所继续审查。

在乡公所，这个中年汉子还是一口咬定自己叫廖品章，在国民党当过兵，解放前夕就开小差回家了。但他却说不清楚所在国民党部队的番号、长官姓名等等。

刘雄贵既感到此人嫌疑重大，但又不能肯定此人就是廖宗泽。下午，刘雄贵和乡里研究后，决定把廖品章带回县里继续审查。

在新都县公安局看守所预审室里，廖品章经过近一个通宵的突击审讯，还是不吐实情。

东方欲晓，廖品章突然反问审讯员："你们打不打？动不动刑？"

看得出他心中顾虑重重，他用国民党特务对付共产党人和进步人士的办法来衡量人民公安机关，不坦白担心皮肉受苦；加上他自感罪孽深重，即便坦白也是死路一条。经过预审员反复交待政策，消除了他的顾虑后，廖品章才承认自己就是久侦未获的大特务廖宗泽。廖宗泽交待了自己一生的主要经历和罪行。

7日,川西公安厅批示新都县公安局将廖宗泽押送川西公安厅政保处。3月11日,《川西日报》报道了捕获廖宗泽的消息。3月15日,川西行署、川西军区通令表扬了新都县警卫营;川西公安厅给新都县公安局、县警卫营各赠送了一面捕获大特务匪首廖宗泽有功的锦旗。①

廖宗泽为何没有逃往台湾?曾与他在军统共事后又在重庆白公馆监狱和战犯管理所一起接受改造多年的沈醉先生曾撰文回忆说:"廖宗泽早年在共产党的地位相当高,在革命低潮时离开了共产党,投到戴笠门下,逐步取得信任,爬到了将级,是流过不少血出过不少汗的。但到了最后关头,却被蒋介石丢下了。他也和别人一样,爱惜自己的生命,既走不了,也不敢在解放后去自首,更害怕见到当年的老上级刘伯承,因他曾追随刘,也向刘表示过,要革命到底,结果走到相反的方面,这是有点难为情的事……"

对沈醉的说法,蒙特赦后的文强斥为大谬。文强认为,把廖宗泽留在大陆执行游击任务,是蒋介石、毛人凤割据西南计划的预定步骤,从国民党破坏重庆计划中的各兵工厂破坏程度以一年不能恢复生产为原则也可看出,蒋介石当时要在短期内重返大陆的决心是很大的,安排廖宗泽担此重任,完全是蒋介石对廖的信任和重用。

该年7月,廖宗泽被押往重庆白公馆监狱关押。一个曾经在共产党内担任重要领导职务,与国民党反动派进行过殊死搏斗的人,此时却以国民党军统大特务、破坏重庆的头号罪犯的身份被关进了共产党的监狱,特别是他当年的上级刘伯承、战友曹荻秋,均已成为共产党的高级领导人,正住在重庆城里,不难想象,廖宗泽的心情显然会比徐远举、周养浩、沈醉这类终生与共产党为敌的战犯要复杂得多。

后来转移到抚顺战犯管理所时,廖宗泽已经55岁了。他这时才开始认真回顾自己的一生,在沉痛的忏悔中进行学习和改造。他在改造中的表现是较为突出的。因此在"文化大革命"前夕政府组织全国战犯第二次大规模外出参观学习时,他被安排作为在南京雨花台革命烈士纪念碑前致敬致奠的代表。

---

① 关于廖宗泽一节,引用了重庆著名党史专家何蜀先生撰写的《从红军政委到"党国英烈"》中的一些资料,特此说明,并感谢何蜀先生。

19. 天道轮回

1950年8月17日下午,关押在四德村拘留所的近百名国民党高级军政人员被集中起来,由邱所长宣布第二天搬家。叫大家回到监舍后收拾好背包行李和漱洗用具等什物,第二天一早便出发。

回到监舍后,大家一边忙着收拾行李,一边议论,猜测会搬到哪里去。

徐远举并不关心搬到哪里,他大声武气地说:"反正不是放出去,任谁搬到哪里也仍是蹲共产党的大监。我现在担心的是,明天是让我们乘车呢还是步行?如果光天白日地列队在街上扛着铺盖卷排着队走,共产党这不是故意拿我们示众出洋相么?太难堪了!"

周养浩一声苦笑:"破帽遮颜过闹市,既为阶下之囚,也只能把脸抹下来塞进裤裆里了。"

看守人员听见了他们的议论,在门边插话说:"你们好像情绪还很大,其实是好事情嘛,把你们这些国民党高级军政人员集中关在一起,不单监狱的环境更好,每月一个人16块钱的伙食标准,也要比这里要高8块,一般的犯人想去还没有这个资格呢。"

大家一听,这才高兴起来。晚上,监狱还打牙祭,吃回锅肉。被列入转移名单的人都显得很兴奋。

唯有王陵基因为向狱方提出带走他的生活副官的要求遭到了拒绝而痛苦不堪。这位前国民党上将、四川省主席,无论是在重庆,还是后来在北京,他的级别在战犯中是最高的,但是,他又是个独立生活能力最差的人,过去完全是过着衣来伸手饭来张口的生活,生活上的一切皆由姨太太和他的生活副官孔石贵伺候,即便是逃出成都后,为缩小目标,他一路上把跟随他多年的幕僚警卫全打发走了,最后关头,连大包大包的金条和手枪也扔进了川西一户农家院子中的水井里,可就是没敢扔下已经跟随他十几个年头的生活副官孔石贵。因为原因太简单不过,要没了孔石贵,他知道自己多在这世上活一天也艰难。

孔石贵也和王陵基依依不舍,流着泪说:"主席你走了,我今后再也吃不上好东西,主席也要受苦了。"

第二天吃早饭时管理员并没有催促,战犯们却比往日吃得快得多。出监舍时,王陵基还趁管理员不注意,多提了一只公用水桶,被渴望立功的刘进检举,遭到了管理员的严厉批评。

过了一会儿,哨子响了,管理员大声吆喝:"集合,快一点,到坝子上集合。"

到了坝子上,大家看见停着几辆大卡车,心里才蓦地一松,在管理人员的指挥下,大家依次登车。

囚车里装着的都不是等闲之辈,除了当年曾无数次在这块土地上发号施令,导演出一幕幕惨绝人寰大悲剧的徐远举、周养浩外,还有其他一些威名赫赫的大人物,他们是原国民党四川省主席、上将王陵基,原四川省党部主任曾扩情,川湘鄂绥靖公署中将主任宋希濂,第十四兵团司令钟彬,宝鸡警备司令刘进,西康省党部主任李犹龙等总共接近一百人。

在前后坐着武装士兵的车辆警戒下,三辆挤满战犯的汽车驶出了四德村监狱,缓缓前行。

街上自然有不少人驻足观看这支奇怪的车队。

不少战犯都把头偏向队伍里侧,以避免行人的视线。心里很想汽车能够开快一点,早一点到达目的地多好啊!但队伍的前面押队领先的一辆吉普车始终开得很慢。

当车队到达两路口的时候,忽然从观音岩方向开来了公安机关执行处决反革命犯的车队,这支装着战犯的车队只好靠边停下等着。

几辆先行的警戒车开过后,一辆车头前挂着白布黑字刑车横标的大卡车紧随其后驶了过来,刑车上五花大绑的犯人被威风凛凛的公安战士架着双臂,背上插着已经点了红的斩标,胸前还挂着一块纸牌,上面均清楚地写着处决反革命犯□□□。后面的一辆警戒车上,两侧站满了手持冲锋枪的公安战士,黑洞洞的枪口、寒光灼灼的刺刀,把路边的战犯们吓得魂飞魄散,赶紧低下了脑袋。那一天被处决的犯人大约有十多名。其中就有徐远举的部下、行动总队副总队长钟铸人和渣滓洞监狱看守长徐贵林。

徐远举骤然见到这样的场面,禁不住身上直打寒战。待行刑车队全部通过以后,战犯车队继续缓缓前行。自这以后,战犯们脑中不再是什么游行示众难堪的问题了,尤其是徐远举,心情更加复杂,既难受,又害怕,想不到自己的部下今天竟遭到这样悲惨的下场,也侥幸自己尚未被判决。但转念一想,自己现在是不是就保险了呢?今天是人为刀俎,我为鱼肉,生杀大权完全操在共产党手里,万一哪天说我不坦白,是不是和他们一样的下场呢?又想今天这一幕怎么如此碰巧,偏偏就让我们给碰上了?是不是共产党有意安排,杀鸡给猴子看啊?对于人生,涌起了无尽的感慨。

当晚,徐远举在给他写坦白材料的纸上写下了这么几句:"昨日尊贵,今为阶囚,刑车去处,血洒荒丘。人生如此,真个是一失足成千古恨,再回首也百年身啊!"

出城以后,车队加快了速度,很快,便进入了歌乐山翠霭深浓、丛林清响的密林幽谷之中。进得深山后,一条小溪伴着公路蜿蜒,溪水清澈见底,水中游鱼可数。不久,车队驶过一座石桥,便停了下来。囚车中无数脑袋凑到了铁栏杆前,他们看到桥的左面,是个黑黝黝的深潭,沿途可见的溪水便是从这潭里流淌出去。水潭后面是一座悬崖,一道冷浸浸的瀑布从悬崖顶上飘洒而下,在幽碧的潭水上飞珠溅玉,弄出一片细碎的声响。

"下车。"几个解放军从押送车上跳下来,跑到囚车边大声喝道。

囚犯扛着自己的行李,规规矩矩地从车上下来,听从一名押送军官的口令列队待命。多数囚犯好奇地打量着四周的情景,这地方真够清静的,三面环山,两边的山峰向下延展,包围了这片深潭。远远望去,山坳间匍匐着一座巨大的白色楼房。楼房后面簇拥着重重叠叠的林海。偶尔可见几处倚靠大树而建的岗楼,上面不仅有解放军战士的目光,也有黑洞洞的枪口对着他们。

近百名囚犯成两列纵队,在战士的押送下顺着一条乡间的石板大道向着白色的楼房走去。

囚犯们众多的目光集中到了那座隐约在密林中的白色楼房四周。渐渐看清楚了,楼房四周裸露出的岩石上全都被涂上了白漆,树干也是白色的,环绕着楼房的墙,比石板坡监狱里的墙更高。墙上,还隐隐约约地看得见电网的支架……这一切,全都是国民党留下的。巨大的铁门,赫然出现在他们眼前。铁门上的横匾写着"香山别墅"四个大字。香山是唐代诗人白居易的别号,囚犯们在石板坡监狱里全都听过管教干部们讲重庆"11·27"大屠杀的事情,还看过中央新闻纪录电影制片厂拍摄的收敛共产党烈士遗体的纪录片,显然,这里就是半年之前杀害共产党人的现场之一——白公馆了。

沉重的铁门没有打开。高墙左边,几名解放军战士已经在办公室里等着。囚犯们依次被带进去,登记姓名、年龄、编号,领取一件印着白色号码的蓝色囚服。然后,从高墙边的侧门被带进去,迎面出现了一排楼梯,这排楼梯一半通向楼上,另一半通向楼下。侧门恰好开在楼梯中部转弯的地方,进门后可上可下。徐远举和周养浩刚一进去,来不及多看,就被带上了楼。楼上,宽大的走廊包围着牢房,四周的楼角,均有胸挎冲锋枪的战士看守。囚犯们跨进牢房后,都在忙着打开行李,整理自己的床铺,只有徐远举,将铺盖卷扔在墙边,靠墙而坐,久久一言不发,像一尊入定的老僧。

沧海桑田,历史已翻开了新的一页。离看守所三里之遥的五灵观1号、造时场军统局乡下办事处,便是他曾经多次发号施令的乡下老巢,白公馆保密局重庆看守所和二处渣滓洞看守所,都是过去徐远举指挥搜捕、关押革命志士的地方。毛人凤、徐远举等指挥的"11·27"大屠杀,血迹未干,尸骨未寒。今天,当囚车一进歌乐山,许多人还弄不清将把他们转移到何处时,他便预感到不是渣滓洞,就是白公馆了。等到被押进白公馆大门,他的心情沉重,思绪万千。

白公馆大门

昔日的白公馆监狱,是1939年戴老板派时任军统总务处处长的沈醉,以30两黄金从公馆主人、原黔军师长白驹手中买下来,辟为关押共产党人和革命志士的监狱。斗转星移,料想不到10年后,他们这帮军统的大员居然坐进了自己建造管理的监狱里来了。昔日,他是白公馆、渣滓洞的最高主宰,手操几百名政治犯的生杀大权,仅一夜之间便可以下令将三百多名共产党人杀掉。而且,徐远举也曾亲自无数次来这里审讯拷打政治犯,他对白公馆的一切,是那样的熟悉。每次他大驾光临,忙坏了这里的部下们,官兵列队于大门之外,高接远送不说,还得专门为他备办伙食。干的是以看人啼哭、看人流血为快乐的职业特务,而今天,自己却成为阶下囚,被关押在过去自己管理的牢狱,亲自来尝尝铁窗生涯的滋味。

徐远举坐在白公馆牢房里,想天道轮回,彼此换位,多少往事涌上心头。由于他生性暴躁,易激动,深知自己和廖宗泽在国民党溃崩前夕在重庆犯下的桩桩罪行中,实属最大魁首元凶,如今廖宗泽或者正率部跑到华蓥山中继续和共产党打游击,或者也和自己一样，眼下正呆在某地共产党的监狱之中，不得而知（不久，廖宗泽也由川西转押到了白公馆）。再加之在四德村监狱看了反映渣滓洞、白公馆大屠杀的纪录片，在两路口邂逅行刑车队的情景后，情绪更受刺激，认为自己和廖宗泽所作所为，古今中外皆不能容。既然必死无疑，何不拼将出去，死也死出副党国英雄的模样！为已带着两个孩子逃到台湾的耿静雯能落得些好处。

再者，从他的内心而言，他也看不起叛徒，这的确是他的真实思想，在他后来所写的一系列材料中，可以清楚地看出。由于职业的缘故，徐远举过去的岁月基本上是同共产党人一起度过的。他从一个特殊的微妙的角度，对身陷囹圄的共产党人进行了严峻的真正的考察，结果他发现有两种共产党人：少数的一种是以冠冕堂皇的信仰来掩饰自己卑劣龌龊的灵魂，这种人贪生怕死，阿谀奉承，一旦叛变，揭发起同党来，恨不得一下子冲过去把对方的喉管咬断，这种人甚至连蒋介石、戴笠之流也是嗤之以鼻的。多数的一种人则是以生命来捍卫自己一旦认定而誓死不变的信仰，这种人不屈不挠，肝胆相照，即使走上刑场也是双眸含笑。而后一种共产党人，他见得实在是太多太多。从政治角度以及他所从事的职业讲，他需要共产党的叛徒，也不得不给共产党的叛徒们一点好处，但是，从心底里他根本就看不起这批共产党的叛徒，而最终以其强大的人格力量真正赢得了他尊敬的，反而是他认为最顽固的许建业、江竹筠、刘国誌、罗广斌、陈然、王朴这样一批铁杆共产党人。这的确是非常奇怪然而又非常真实的心理轨迹，当他思考着在狱中如何继续与共产党抗衡时，给他以精神力量的，却恰恰是这些他所熟悉并早已被他下令处决的敌对阵营中的精英分子。

徐远举下决心不作国民党的叛将，不作沈醉那样的党国逆臣，把自己弄得身败名裂。所以，在所有囚犯中，他成了抗拒改造的典型。

白公馆的楼道口设有岗哨，按规定，战犯去院里活动，必须向哨兵报告，征得同意后才行。但徐远举经过哨位，常常不报告或故意压低声音，哨兵令他站住，徐不理睬，昂首便走，哨兵既不能离开岗位去拉他，更不能鸣枪，非常难堪。成功几次后，徐远举竟向管教干部提出："取消哨兵，出入自由"。

思想上如此抵触，情绪上也不免暗淡消沉，他注意到王陵基、周养浩、郭旭等人也和他一样，整天显得灰头土脑的，而大家在一起时，也时常发出心照不宣的苦笑。

"0012号，出来，队长叫你到办公室去。"来到白公馆监狱的大约一个星期后，管理员王平贵打开监舍，在风门口喊道。

0012号是徐远举衣服上的号码。他被带进审讯室，一见坐在办公桌后面的审讯员吴少中不过是个才20出头的小伙子，心中便不高兴了，不等对方开口讯问，便操一口湖北腔扯开喉咙大嚷大叫起来："我是少将处长，你不过是个才参加工作的小毛头,你有什么资格审问我,不说是要你们西南公安部部长周兴,至少也应该由你们处长段大明来审问我。"

吴少中大怒,拍着桌子嚷道:"徐远举,你把你那套国民党特务将军的架子给我收起来!你这个大屠夫、刽子手!过去就在这地方指挥特务杀害了我们多少好同志!现在又是个什么东西!你要搞清楚,你现在不过是我们解放军手里的一个俘虏!"

徐远举脸上陡然像被泼上了猪血,红得发紫,怒气一冲上来,他什么也不顾了,冲上前拍着桌子大吼道:"士可杀不可辱!我承认我杀了不少共产党员,可是,那是我的职责所在,我和你一样,是各为其主,上命所差,自当努力完成。"

王平贵和门口的警卫战士冲进去,将徐远举架住,立即把他的双手铐了起来,随即推到单独关押重犯的监舍,还给他钉上了脚镣。

徐远举手脚不能动弹,可嘴巴仍在风门口哇哇大叫:"生当作人杰,死亦为鬼雄,今日成为阶下囚,只求共产党早一点给我徐远举一颗子弹!"

狱方自然不能允许他如此猖獗,给管教工作造成太大的消极影响,只好将他关进了地下室。

徐远举大闹白公馆,也助长了其他战犯抗拒改造的气焰。在漆黑的地窖里,徐远举只被关了一夜,第二天上午,又被带进了审讯室。

主审的仍然是吴少中,只不过在他身旁,多出一位30多岁、身穿斜纹布军装的陪审,此人是接替段大明职务刚刚上任的于桑处长(后任公安部副部长,今犹健在)。善于察言观色的徐远举一进审讯室,看到气宇轩昂的于桑,往日的气焰顿时消了。

吴少中说道:"徐远举,你不是要我们的首长的来审讯你么,这是我们西南公安部一处的于桑处长……"

徐远举冷冷地看了一眼于桑。

"我们承认你曾经是一位国民党军统中手握生杀大权的将军,可现在是什么呢?难道你能否认你现在是已被我们打倒的反动政府的一个官员?是人民解放军手里抓获的千千万万俘虏中的一个。我们的预审员虽说是普通一兵,排连级干部,但他代表的是中华人民共和国政府,彼此所处的位置和分量是截然不同的。不过,我还愿意提醒你,虽然你和他的位置不同,但共同点都落在一个清字上。他的责任是帮助你徐远举交待清楚历史,你徐远举的任务是必须向政府坦白清楚历史。"于桑处长语调平和,柔中有刚。

徐远举回了一句:"败军之将,我还有什么说的?"

于桑处长忽然转了话题,问他:"徐远举,你才30来岁,黄埔7期的,资历又不算深,是凭什么在国民党里做到这么大的官的?"

徐远举想了想说:"国共立场相反,看待问题的结论自然也相反。从来政治上都是各为其主,如今的事实已经证明,我跟主子跟错了,你跟主子跟对了,如果蒋介石不背叛中山先生的三大政策,我相信我也不会走到今天这一步的。你提的问题,我不便作正面回答。"

于桑处长说:"嚄,看来你这人还是很直爽的嘛,抗拒改造的情绪也敢于流露,不像有些老油子,才改造了几个月,嘴巴上就说得比我们共产党员好像还要进步。其实,我心里清楚得很,他们说的话里有多少是真的,有多少是假的。"

徐远举说:"我的确有情绪,过去我们国民党是正统,被你们打败了,还要把我们这些前朝政权的官员全关起来改造,过去打倒北洋政府,改朝换代,旧官僚、将军作平民就了事,而今天共产党却把我们抓起来,既不杀,也不打,关了半年,天天思想改造,可这种软打整,生不如死,更让人难熬。"

于桑处长听了徐远举的满腹牢骚,不仅没有怒形于色,反而笑了笑,平静地说道:"你说这种话,是因为你并没有认识到今天的新中国不是改朝换代,而是一场伟大的革命取得了阶段性的重大胜利。今后,我们肯定还会取得更多同样让你感到吃惊的胜利。旧民国时代、清朝皇帝溥仪复辟、张勋复辟,殷汝耕、王揖唐等做汉奸,吴佩孚逃到四川还想打出去纠集旧部再挂帅旗,可以看到旧人物失掉江山,不会甘心的。至于大大小小的官僚,有的在国民党做官,照样荒淫无耻,有的搜刮民财作恶享乐,你们幻想的,不就是那样的生活吗?但是,在我们由人民真正当家做主的时代里,这样做肯定不行。你们欠下了人民的血债,党和人民要你们交账,可是共产党却并不要你们还账。比如你徐远举这一生杀了多少人?你欠下的血债,能还清吗?你要子弹我们就给你一颗,那还不容易?可共产党和国民党不同,我们有改造政策,我们不是从你们手中夺取了政权就万事大吉,我们还要改造社会,也包括要把你们这样的刽子手改造成新人,还要让改造好的你们和广大的人民,和我们一起建设新中国,这是我们胜利了的共产党的责任。"

这是徐远举从来没有听到过的道理,年轻的于桑处长的话,仿佛字字句句击中了他的要害。但是,他仍然不相信共产党会原谅他欠下的血债,没有杀他,只不过是认为他还有点利用价值,一旦没用了,他们这批人肯定是必死无疑!

20. 沈醉差点被"同改"周养浩砸死

这年夏天,沈醉也被转押到了白公馆。他在回忆录里这样写道:"下了飞机,我即被送到了白公馆。这地方楼台花榭,环境幽雅,若不是被当成了监狱,肯定是一处理想的风景区。1939年,在我担任军统总务处长时出面从早已赋闲的原黔军师长白驹手中买下了他的这座公馆,改造成了关押要犯的监狱。共产党的许多地下工作者,如江竹筠、许云峰(原文如此)、叶挺等,都在此关押过,我自己也曾多次到这里来视察过。真没想到,过去用来关押别人的地方,如今却成了关自己的地方。我感慨万千地想,社会的变化竟是这样的不可思议,这样的巧合!当我被押进楼房时,徐远举、周养浩等人都惊奇地围过来问长问短。他们是早些时候被押来重庆的。当时正是镇反的高潮,我想,他们几个原是在重庆进行大屠杀的主持人,一定是押回来公审镇压的。没想到他们都还活着,我感到既惊奇,又高兴。"

其实,沈醉和徐远举、周养浩的关系并没有他在回忆录里写得那么好。非但如此,他们还应当是恶眼相向,视若仇人。

沦为共产党的阶下囚,每个战犯最担心的就是:共产党什么时候杀掉他们?尤其是长期从事职业特务的沈醉、周养浩、徐远举等人最为敏感,说话做事都格外小心,生怕有人为了保住自己的性命向政府打小报告。

偏偏在这紧张的时刻,却发生了一件大事。

有一次,粗心的审讯人员在提审完周养浩,让他在笔录簿上签字时,中间夹着对他处理意见的草稿,上面写着"建议判处死刑",还附有沈醉的揭发材料。

周养浩看后胆战心惊,尤其痛恨出卖自己的沈醉。想到自己反正已是必死无疑之人,临走之前,也得拉上一个垫背。

周养浩被押回监房，宋希濂、徐远举、沈醉都在，只见他怒气冲冲，提起一张小板凳就往沈醉头上砸去。

幸亏宋希濂反应快，伸臂一挡，凳子掉到了地板上。

宋希濂、徐远举急忙将周养浩拉到一边，问出了什么事。

周养浩气得说不出话，指着沈醉大骂："问他，这个党国叛徒，无耻小人！"

听他这么一说，监房里像突然凝固了一般，谁也不吭声，所有充满仇恨的目光全都聚集到了沈醉脸上。

稍顷，徐远举对宋希濂一声大喝："你他妈的真是多管闲事！"

宋希濂、徐远举马上猜到是怎么回事了。因为他俩先于周养浩刚刚被提审过，二人都在自己的供词上签了字，盖了手印。此时周养浩刚一提审回来，便杀气腾腾冲沈醉下手，说明周养浩已经知道沈醉检举了他。

沈醉当然明白周养浩为何对自己陡起杀心，苦笑着说："我是交待自己的问题，有联系的人和事也得说清楚才过得了关。我们过去干的事，你不说，共产党也弄得一清二楚。我们这些人反正是活不了，共产党绝对不会放过我们。我杀人最多，交待杀一个和交待杀一千个是一样的结果，倒不如竹筒倒豆子，记得多少就说多少，涉及到谁就交待谁。"

沈醉话音刚落，这番话早已惹恼了旁边的徐远举，他怒目圆睁冲沈醉喝道："我是个大炮筒子，先把招呼打在前面，既然大家都是必死之人，从今以后，在共产党面前最好还是各人说各人的！不能像有些家伙这样，如果出卖同志，对不起，老子饶不了他！"

沈醉知道徐远举对自己仍怀恨在心，眼下成了众矢之的，自然不敢和他硬顶。

幸亏王陵基出来说话，才算帮他解了围。

过去徐远举一直对沈醉恶眼相向，从这以后，周养浩对他也开始横眉冷对，视若仇敌了。

不久，由周养浩、沈醉的矛盾又引发出徐远举与宋希濂的隔阂。当时宋希濂挡住了周养浩的板凳之后，徐远举除说了那句支持周养浩、警告沈醉的话，还对宋杀濂说了一句"多管闲事"。

照徐远举看来，周养浩那一板凳要把沈醉当众砸死了才解气哩。他最恨军统内部的变节分子，他认为沈醉便是这样的家伙，他坚信既然沈醉已经把周养浩出卖了，也必然不会放过自己。周养浩判死刑，自己还能逃过一死？而周养浩干的事与自己比起来，不过是小巫见大巫罢了，共产党判他一个死，还不判自己死上两回三回？所以，他比任何人都痛恨沈醉。

而宋希濂这个长年带兵打仗的人原本就爱打抱不平,眼看血案就要发生,出于本能随手挡了一下,完全属于条件反射,根本就没有帮谁、偏谁的意思。当他听到徐远举责备他"多管闲事"时,也没有跟徐争辩,以为他只是说说而已,没曾想,为这件事,他已经与徐结下了难解之怨。

当时对战犯的审理尚未形成明确的政策,对关押在重庆歌乐山白公馆的王陵基、徐远举、周养浩、沈醉等人,不少人包括审讯干部,都主张杀掉算了,因为他们欠下了累累血债。

但是,中央却决定"暂缓处理",这一"暂缓"就把这批人都留下了,就有了后来的"一个不杀,分批释放"的政策,就有了从1959年开始的特赦,结果,到了1975年,在押的国民党战俘全都获得了新生。

当时这批战犯的生死,确实就只在共产党的一念之间。在这一特定时期,每个人的神经都敏感到了极致。徐远举更是如此,他不但怀疑沈醉,也怀疑上了宋希濂,甚至产生了疑人盗斧的心理,觉得怎么看宋希濂也像是在政府面前说了自己的坏话,因此把宋希濂也归入沈醉一类,对其尤为憎恨。

紧接着发生的一件事情,对徐远举的刺激颇深。

1950年10月12日,二野兵团司令、云南省军政委员会主席陈赓将军,在西南公安部部长周兴的陪同下,到白公馆看守所看望黄埔军校第一期同学宋希濂、钟彬和曾扩情,随后又将他们三人请到当年中美合作所美方主任梅乐斯的别墅梅园吃了一顿午饭。这事在白公馆关押的犯人中引起了轰动。

宴毕后回到白公馆的宋希濂、曾扩情、钟彬自然把这事当作一件殊荣向大家介绍,会面时的整个过程,陈赓怎么样同他们招呼、怎么样和他们说话,他们一一细说。宋希濂还把陈赓将军和他们见面时的言谈举止模仿得惟妙惟肖,又说在梅园大队部还办了酒席,包括席位怎样坐,吃的什么菜,喝的什么酒,两位管教干部如何端菜侍候等摆得清清楚楚。"

徐远举在旁边仔细听着,心里很不是滋味,他也是黄埔同学,陈赓不见他,想必是知道他是杀人如麻的特务头子,案情重大,无可救药了。

徐远举认为,自从宋希濂向他们讲述了陈赓在梅园请他吃饭,并让他不要有思想包袱,静下心来多看点书等话后,徐远举一直在琢磨,认为陈赓向宋希濂打了"保票",宋希濂肯定不会死,而宋希濂也知道沈醉出卖他们也可能为自己争取到了一条活命,这样宋希濂同情沈醉就是同类惜同类。

徐远举对宋希濂有意见后,就处处寻机会挖苦他,找他的别扭。宋希濂曾是指挥千军万马的抗日名将,哪里容得下军统特务的这种侮辱!他当然会以牙还牙,以眼还眼。结果,徐远举每次挑起事端,都以失败而告结束。徐远举本来就患高血压,经常弄得自己血压升高。

有一次晒衣服,徐远举把成希超晒的衣服挪开,把自己的搭上,正好被宋希濂看见,他装作没有看见,一声不吭地从徐远举身边走过。

没过两天,在每周一次的生活会上,成希超为这事给徐远举提意见,批评他这样做很不好。

徐远举反驳道:"你看见了?你有千里眼?"

坐在一旁的宋希濂目不斜视慢条斯理地冒出一句:"要想人不知,除非己莫为。"徐远举没法,只得压住火气,向成希超赔礼道歉。

当了共产党的囚犯,徐远举仍喜欢吹嘘自己才思敏捷,精明能干,过去审讯共产党人如何有办法。

宋希濂听到后不放过,马上讽刺道:"无非是一拍三诈,到头来反弄得自己血压升高手脚冰凉。"弄得徐远举当众下不来台。

从 1950 年入冬以来,镇压反革命的运动在社会上雷厉风行地展开。在此期间,白公馆监狱内也布置了有关镇反文件的学习。

《中华人民共和国惩治反革命条例》交到组上,先由学习组长沈醉念两遍,然后马上进行座谈讨论。

监舍里一派死寂。大约五六分钟没人开口。

担任记录的郭旭苦笑着说:"大家闷起不开腔过不了关的,每个人的思想都要落到我这笔头上,这样吧,我来开个头。"他言不由衷地说道:"任何一个朝代上台的统治者都是一样的,新中国成立,共产党要保护自己胜利的果实,当然要镇压敌对力量的破坏捣乱,制订一部法律是天经地义的……我拥护这个法律的公布和执行。"

郭旭开了头,接下去大家便你一言我一语地谈开了。

王陵基说:"我觉得这个条例把反革命活动包括完了,文字很简练,量刑也有伸缩余地,对于保障新中国政权很实际。"

……

周养浩发现大家谈的完全不结合自己的真实思想,同样是过不了关的,便带头深入地说:"这个文件惩办的对象包括我们这些人,我们自己不会没有想法,应该结合自己的真实思想谈谈。就我自己来说,我觉得新中国对反革命分子惩办是够严厉的了,差不多所有罪行的最高量刑都是死刑或无期徒刑,我自己算了一下,至少也有三、四个死刑!当然,我也从第 10 条看到宽大的一面,虽然对我这样的人来说,只有一点点希望,但我也要努力争取。"

廖宗泽接着说:"过去我们当统治者,动辄杀人,今天办罪要办到自己头上了,就感到严了,虽然我犯下了不赦之罪,但仍然希望共产党能对我们宽大一些。"

徐远举从这个文件中听到左一个死刑、无期徒刑,右一个死刑、无期徒刑,眼前又泛起了路遇处决钟铸人、徐贵林刑车的那一幕,觉得周养浩和廖宗泽的发言全说到自己的心坎上了,也接着说:"按条例当杀的罪我全有,第14条说有立功表现可以从轻或减轻,可是我没有立功表现,即便共产党宽大我,判我个无期徒刑,关一辈子,那我好受吗?还不如一枪把我崩了的好……"

正在徐远举发言的时候,耿队长进来了,他一边翻看记录本,一边听徐远举的发言。

待徐一说完,他开口言道:"你们学习惩治反革命条例怎么个学法?学,当然不能不结合自己的历史,看看自己罪行有多么严重。但这不是你们学这个条例的主要目的,你们首先要认清政策,这就是第14条!不在乎文字的多与少,它就是人民政府的法律给你们宽大的一面。你们学,要从判罪各条钻进去,反省自己,又要从第14条钻出来,看到自己争取宽大的希望!你们不要把《惩治反革命条例》当成国民党的《六法全书》,一门心思地从里面去找护身符,我相信,只要真诚悔过,在立功赎罪上认真下工夫,每一个学员都是有希望的!如果认不清形势,继续为国民党卖命,甚至愚蠢得想当国民党的忠臣,那就对不起,只有死路一条!"

说到这里,耿队长点了廖宗泽的名:"你不会不知道洪传伟这个人吧?"

廖宗泽赶紧站起来说道:"啊啊,我……我听说过这个名字。"

耿队长脸色立即严厉起来:"廖宗泽,你不是仅仅听说过这个名字,这个洪传伟是你一手布置的地下独立师的头子。重庆刚解放,他胆大包天,竟然带着一帮潜伏特务冒充我人民解放军的接管队伍,到朝天门码头接管了国民党的两艘登陆艇。此后,又隐瞒身份,混入革大学习,后来还被分派了工作。谁知就在这个时期,他在家中私设电台向台湾通情报,被我们的公安人员侦破逮捕,前几天已经公开镇压了。你们不是背地里说我们共产党镇反是杀人如麻吗?我早就明确地告诉过你们,共产党不是心慈面软的唐僧,对于顽固不化、继续与人民政府对抗的死硬分子,我们坚决镇压,毫不留情!"

廖宗泽尴尬不堪,连连鞠着躬说:"我有罪,我不老实,我要认真改造……"

21. 军统少将和共产党叛徒"争立新功"

就在这次学习会的第三天上午,近百名犯人被集中到楼房前面的坝子上,整齐坐好,待到耿队长请出一位人来登上充作主席台的台阶上,许多学员都傻了眼!

此人姓李,名修凯,是徐远举的副手、保密局西南特区少将副区长、重庆地区潜伏任务的负责人。按他的级别,理当坐到这台阶下面的犯人堆里,为何耿队长对他彬彬有礼,还登上了主席台。

个中便有故事:

1949年12月29日晨,在"慈居"大门外李修凯送走徐远举率领的庞大撤退车队后,他回到楼上的办公室,夹上自己的皮包,向正在领取潜伏经费与武器、电台的几位特工挥挥手,独自穿过一片狼藉的廊道下到院子里,出了大门,立即消失在冷清无人的街道上。

30日下午,长江南岸土地垭、黄桷垭方向,不时传来时密时疏的炮声,北岸的市区街上,早已失去了往日那种熙熙攘攘的景象,也不见前些日子警车尖啸、摩托狂奔的场面,大白天也是人影寂寥,风吹过,卷起满街灰尘纸屑。

这时,却有一位身材瘦矮、脸如菜色、身穿藏青呢长衫,年近40的男子,穿行在磁器街、米亭子稀稀落落面呈惊慌的行人里。这人每走过一个路口,都要顺势转身后顾,察看身后有没有尾巴。在民生路口,他遇见了友人黄性初,两人一阵低声耳语后,就经中一路,一道走进了枣子岚垭国民党中央合作金库的一幢楼房。

他,就是前一晚午夜时分从"慈居"悄然出走的李修凯。从他脸上,明显地表露出惶惑、茫然的神情……

当晚,在重庆的特务头子们按事前的预定计划撤到离市区20公里左右的小镇

山洞,毛人凤未见到李修凯,顿时十分惊慌地说道:"李修凯要撤不出来,西南的潜伏布置就全完了,全完了!"

辛亥年武昌起义前三个月,李修凯出生在湖北应山县。父亲李绍甫是湖北第四混成旅少校营副。1924年李绍甫去世,李修凯到汉口堂叔李华唐家寄养读书。1926年,他在汉口《国民日报》社铸字车间当模子工后,刻苦读书,并练习写作,在报纸副刊上发表过一篇名为《血指》的文章。1932年11月,他经特务处特务陈绍平介绍到国民政府军事委员会军事杂志通讯社武汉分社当通讯员。

李修凯在"自述"中写道:"想到当军官、当记者多么炫耀,便热衷功禄,一心想做官著文,出名发财。"而他谋差的这个分社实为军统前身特务处的武汉特别站。李修凯从此投身军统,开始了特务生涯。当他读罢《我的奋斗》之后,他很快便明白了,作为一无大靠山、二无突出才能的自己,只要坚信希特勒在自传中所言的盲从是美德,服从是天职的信条,就能平步青云。他效忠党国,膜拜领袖,迎奉上司,很快便取得了效果。他被保送到戴笠办的浙江警官学校政训班,接受情报、化装和伪造技术等特务技能训练,毕业后调回武汉特别站,当上了周伟龙站长的副手。

1936年,李修凯到南京特务处人事股当股员,他善于逢迎上司,虽无政绩还是被送到国防部参谋业务训练班深造,毕业后,京官外放到军统贵州站当书记。1938年5月,出任军统特务武装忠义救国军总部参谋、代理参谋处长。1939年7月他到重庆罗家湾任军统局本部训练科科员。第二年,李修凯第三次到成都北较场国民党中央军校高等教育班深造,毕业后升任军统直属训练科副科长。1942年,他随戴笠视察东南后,留在福建建瓯当军统特务训练班东南训练班副主任,训练班结束,他回到重庆出任军统局本部五处训练科长,受戴笠指使,以外交部初级外交人员训练班名义,骗来许多青年,对其施行特务训练。

抗战胜利后,他终于爬上军统局人事处副处长这个高位,获得了少将军衔,胸前光耀着四等云麾勋章、胜利勋章、干城勋章等六种奖章。然而,随着人民解放军的隆隆炮声临近金陵,等待着这位党国忠臣的又会是什么呢?1949年初,李修凯在保密局头目间的争斗、倾轧中失掉实权出任局本部专员,不久又代理保密局苏南站站长,任务是和站部部员赵季恺一起秘密进行潜伏布置。解放军渡江后,他经上海逃到台湾。8月初,他为党国临危受命,当作过河卒子随毛人凤飞到重庆,被委以保密局西南特区副区长职务,负责布置特务潜伏。

到重庆的现实是百事逆心。西南地区特别是重庆,本是西南长官公署二处处长兼保密局西南特区区长徐远举独霸天下。徐在军统头目中素以精明干练、功绩突出著称,且年轻气盛,连风度翩翩、英俊潇洒的周养浩也不放在眼里,给他当副手的李修凯,在徐远举眼中是形同虚设。广州解放后,解放军已兵临川鄂边界。李修凯清楚地感觉到,国民党气数已尽。

李修凯自首后交待说:"早在南京解放时,我在广播里听到中国人民解放军布告约法八章,认为那不过是共党宣传。"

可是,当他得知保密局湖南站少将站长刘仁爵随国民党湖南省主席程潜起义后,受到解放军重用(刘仁爵起义后担任长沙警察局局长,毛人凤对其极为愤怒,更怕其他特务效仿,为了加强内部控制,便派出焦玉印率领三人行动小组潜入长沙,将刘仁爵暗杀身亡),证实共产党说话算数,既往不咎,思想斗争非常激烈。接着,他又眼见徐远举、周养浩、郭旭、成希超等将军们已决定飞逃台湾,而自己在毛人凤眼中已丧失了分量,就算逃到台湾,也绝对不可能再受重用。除逃台外,自己的出路只有两条,要么到川北华蓥山打游击,奈何身患严重肺病,其苦实难承受;要么以实际行动向人民赎罪,争取宽大。

12月3日,解放军入城后的接管工作有条不紊地开始进行。重庆市区出现的三天无政府混乱状态立即结束。街上,已有解放军战士在巡逻。一些商店已开门营业。

这天一早,蛰居了四天的李修凯,终于走出了中央合作金库的家中,来到中一路街头,警惕地窥视着街上的景象。

"卖报!看今天新创刊的《大公报》!好消息,重庆市军事管制委员会宣布成立!"

"喂,买份报纸。"李修凯喊住报童,买了份报纸,迫不及待地浏览起来。

下午,李修凯又出现在国府路(今人民路)街头。他来到国府路308号原川军高级将领范绍增的公馆范庄(今市委小招待所)门前,看见这里有解放军进进出出。他细心观察了一阵后,便坐上一辆人力车,来到民族路24号,走上三楼,提下一只皮箱,放在人力车的后座上,又迅速拉下车篷。人力车顺原路来到中央合作金库宿舍。

第二天上午,李修凯再次在范庄附近流连,不时地朝大门里张望。但是,他依然没有勇气跨进大门……直到6日下午两点,他终于鼓足勇气,突然穿过大街,快步向范庄大门走去。

在过去的门卫室,李修凯紧张地对一个解放军军官说道:"我是国民党西南特区副区长、保密局少将李修凯,我是前来向解放军自首的。"

值班军官瞪大了眼睛,赶紧将他带进范庄,来到重庆市军管会公安部第二处内勤科科长黎强的办公室。黎强原是打入成都中统特务机关的地下党员,随川干队进军重庆。他听完李修凯对自己过去历史的陈述后,马上用电话向公安部二处(政治保卫处)处长张若千报告。然后,黎强将李修凯交给情报科科长熊良晨,由熊带到公安部第二处所在地。一到门前,李修凯情不自禁地放慢了脚步。

共产党的西南公安部二处,正是老街32号,他一周之前悄然离去的西南长官公署二处"慈居"。

熊良晨将李修凯带到"慈居"二楼张若千处长的办公室。李修凯对这屋子里的一切都太熟悉了。这里,一周之前正是徐远举的办公室。

程诚副处长也在这里等着。

李修凯刚一坐下,就缴出两支毛瑟枪和几根金条。张、程两位处长代表军管会公安部对李修凯的投案自首表示欢迎,同时,严肃地指出:"你过去身为国民党特务机关的头子,对人民是有罪的。共产党的政策是首恶必办,胁从不问,立功受奖,根据宽大政策的精神,我们鼓励你立功自赎……"

当晚7点来钟,李修凯带着程诚副处长和两名战士,坐着一辆美式吉普车从"慈居"驶出,回到枣子岚垭的住所里提出一口皮箱,收拾好行李,然后原车返回"慈居"。

皮箱里有两本电台密码、两部CMC特工电台、《西南特区潜伏组台布建情况》和《川康滇黔四省潜伏组台名册》和特务证件,以及一批文件。

李修凯还交待说:重庆、成都建立潜伏组台各3个,城口等8县、市各建一组一台,加上云南、贵州、西康,共布建潜伏组台28个。由他亲自负责布建的8个组台中,万源台已布建完成并开始工作,城口、巫溪两组已建成,万县、黔江组和重庆3个组的人选业已物色妥当。重庆3个组的组长是李卓岩、丁剑萍和申维嵩。

重庆市军管会公安部根据李修凯提供的有关潜伏特务的名册,在中正路(现新华路)新世界饭店旁的耀华玻璃店楼上和民生路仁记自行车行,挖出了邹俊明、黄洵两个万能潜伏台,缴获特工电台两部、特务活动经费黄金20两,并掌握了青年路丁香皮鞋店老板丁剑萍和李卓岩、申维嵩潜伏组台的线索,终将由李修凯布置在重庆市区的潜伏特务一网打尽。

由于特务在城里活动很猖狂,为了李修凯的安全,只好暂时让他住在"慈居"二楼上的一间屋子里,还把他妻子王芸接来照料他的生活。住在"慈居",他也是自由的,有事时可以自行上街办理。李修凯不仅政治上得到宽大,生活上也享受中灶伙食标准。

8日,重庆市军管会公安部刘明辉部长接见了李修凯;随后,西南军政委员会公安部副部长兼西南公安学院院长赵苍璧也同李修凯谈了话,请他吃了饭。他们均热情地肯定了李修凯主动自首的行动,并鼓励他继续走立功赎罪的道路。

中共重庆市委第一书记陈锡联、第二书记张霖之听取了张若千处长关于李修凯自首情况的汇报后,张霖之同志指出:"在蒋介石政权树倒猢狲散的时候,一个军统少将在对国民党彻底失望的情况下,向人民投诚,应该是真自首。"

12月25日,李修凯返回枣子岚垭中央合作金库宿舍住宿。

离开"慈居"前,程诚副处长还请李修凯到民族路皇后餐厅特别雅座吃饭。

这以后,李修凯每天到守备街青年里5号公安部二处管训科(原西南长官公署民政处处长周开庆公馆)特务登记处办公,和解放军干部们一起听取前来登记自首的特务的交待。每隔三天,集中对自首特务作一次现身说法教育。此外,他还现场识别出一批隐瞒真实职务以图避重就轻的特务分子,动员一些特务自首登记。

12月18日,李修凯在中华路德胜戏院(现胜利剧场)前面的街上,突然在熙熙攘攘的行人中发现了重庆的大叛徒、原重庆市地下市委副书记、后保密局西南特区专员冉益智从民生路方向走来,心中不禁大喜,急步冲上前去,当胸一把抓住冉益智的衣领,大喝道:"冉益智,你这个共产党的大叛徒。走,跟我到公安部去!"

冉益智一愣,看到抓他的人居然是国民党保密局西南特区的少将副区长李修凯,也紧紧将李抓住,一口一个"你这个特务头子"地嚷叫起来。

两人在闹市区大街上你拉我扯,都想抓住对方立一上功。

李、冉二人撕扯着来到魁星楼(现解放碑405路车站附近)警备司令部大门前。

门卫不知底细,赶紧向上级汇报,上级用电话通知二处,张若千派人来将他们带回。这一切表明,李修凯的自首是真诚的。

回到家里的李修凯也难以丢掉他多年形成的职业特点,他外出从不离滑竿、人力车代步。他坐人力车,总是在目的地之前或之后下车,并老是借下车之机转身付钱,警惕地窥视身后,而且,他步行时还喜欢钻死巷子,到了尽头又突然返身回走。而下梯坎时,则总是快步如飞……

1950年1月21日,《新华日报》刊登消息:"在我宽大政策感召下,特务头子李修凯投案自首。交出特务证件、电台、手枪及保密局文件档案。"同时刊出了李修凯的《自新书》。

在"12·28"全市大逮捕、大镇压和李修凯自首两种事实面前,在共产党的政策感召下,一个来月的时间里,有900多名特务前来青年里、民生路33号、张家花园和西南公安部各分局自首登记处自首。

李修凯身患肺病(当时是不治之症),人民政府给予了很好的照顾,多次安排他住院治疗,并安排他妻子王芸到市税务训练班学习,毕业后在税务机关工作(今犹健在)。

1952年夏,李修凯因肺病不治身亡。临终前,他在遗书中满怀真情地写到:"重庆解放,人民翻身,解放军给我带来了光明,让我过了两年零9个月9天的光明生活,现在,我可以微笑着安息了。"

那一天,李修凯面对白公馆的 101 名战犯所作的关于自己如何走向新生的讲话在学员中引起了强烈的反应,活生生的事实使他们认识到:任何人只要立功,便可争取人民政府的宽大处理。

22. 尴尬的重逢

的确，不少战犯受到了一次深刻的教育，也因此主动地交待了一些过去隐瞒下来的罪行。但是，如果说仅此以后，战犯们就会来一个脱胎换骨般的转变，彻底地信任和拥护共产党的领导，那又未免把思想改造看得太简单了一些。

仅举一例，便能说明对于这批战犯的思想改造工作有多么的艰难！

1955年2月9日，杨进兴在南充县当农民时被我侦察员设计巧妙地拍回一张集体照片，市公安局追残小组立即派人前往造时场重庆市战犯管理所，让杨进兴的上司徐远举、周养浩辨认。谁知他俩看了照片后均装出副老实样子，摇头说："不认识，从来没有见过此人。"

而这张照片经杨进兴过去的特务同事和从白公馆逃出的罗广斌等人辨认，马上便得到了确认。

后来，在北京功德林战犯管理所时，徐远举在其交待材料中写到："当时在重庆我之所以成了抗拒改造的典型，有多方面的原因，最主要的就是，我想到自己欠下了那么多的血债，以我过去在国民党中管理共产党犯人的经验，绝难逃脱一死。共产党暂时不杀我，那是因为要利用我罢了。如果失去了利用价值，我的死期马上就到了。所以，在交罪认罪中，我从来都是像挤牙膏一样，挤一下，说一点，能隐瞒下来的，尽量隐瞒。"

在他与周养浩等人的私下摆谈中，还说到，以他过去审共产党犯人的经验，任何一个叛徒都不会主动把自己所知道的一切情况吐完的，刘国定如此，冉益智如此，蒲华辅也如此，只有靠慢工细活，一点一点地挤，才能让他们把情况吐完。虽同为囚犯，政治信仰相悖，但作为人的本能，大抵都是一致的。

关在白公馆监狱,徐远举常常独自倚在窗前凝视碧绿的山林,思恋和担心着已逃到台湾去的耿静雯与孩子。晨雾与晚霞飘进他的眼睛,变作厚厚的云翳,他眼前一片渺茫。

虽然他在共产党的监狱里活了这么久,但想得最多的仍然是死。他非常清楚,单是共军进入重庆之前的那一场由他指挥的大屠杀,就会让共产党对他恨之入骨,重则五花大绑,背插斩标,游街示众后再一枪毙命,正如同那一天邂逅的钟铸人、徐贵林等部下的下场一样。轻者则脚镣手铐,囚之牢房。他想起了蒋总裁和毛人凤在危亡关头经常挂在嘴边的一句话:如果不打败共产党,我们将死无葬身之地。而这么快就轮到他徐远举以身来应验这句预言了。作为保密局的一位功勋卓著的少壮派将军,他当然清楚这在共产党眼里,就是杀人如麻血债累累的大特务头子,既无一线希望,那就横下一条心:此生既无马革裹尸之荣,也决不受身陷囹圄之辱。就这样,徐远举求死的欲望犹如发酵的菌母一样极快地在心中膨胀。他设想过无数种可能的死的方式,撞墙,或用被子搓成绳索半夜里起来在窗口上吊,可是,每一次在他实施早已设想好的死法的时候,他的勇气又滋溜儿一下跑得无影无踪。他终于认识到,生命一旦落入他人手中,生死均不由己了。死亡尚如此艰难,生存是什么滋味,他简直不敢想象!

1950年11月27日吃过早饭以后,徐远举似乎听到了什么异样的声响,起身站到牢房的窗口处往外遥望,忽然,他脸色大变,回头低声叫道:"喂,快过来看,我们恐怕是活不过今天了!"

大家都吃了一惊,赶紧站起来凑到窗前,只见从下面的公路到白公馆大门长长的石梯路两边已经站着荷枪实弹的解放军警卫。这些人当然清楚过去他们处决共产党的犯人时是如何布置警戒的,与徐远举一样,都顿时预感到末日临头。

徐远举回到自己的铺位上,翻出写反省自传的纸笔来急急忙忙写遗书,仿佛受到了传染,弄得其他囚犯也全都人心惶惶,纷纷写开了遗书……死到临头,有的人写着写着还忍不住流起泪来。

不一会儿,值日干事从东头走到西头,边吹哨子边喊:"集合,各小组全都到坝子上集合!"

等犯人们下到坝子上列好队,看到所有的管教人员也都出来了。

耿队长站到台阶上说道:"大家听好了,今天上午,重庆人民在杨家山操场上开大会,举行'11·27'大屠杀死难烈士一周年纪念大会,你们中的所有人都欠下了革命烈士的血债,像徐远举、周养浩、廖宗泽还是血债累累的反革命头子,所以上级决定让你们也去参加这个大会。西南公安部为维护秩序,防止群众冲上前来找你们索命,才临时加派了警卫,这样做,是为了保护你们的安全。要知道,重庆人民对你们在解放前所犯下的罪恶怀着无比的愤怒,对于你们本来是难以容忍的。但是鉴于你们现在已经放下了武器,并愿意认罪,愿意接受改造教育,按照共产党的政策,可以宽恕你们。所以,现在,打算带你们到大会上,当面向人民表示你们有认罪悔罪表现,改过自新的诚意。"

耿队长问大家:"你们是不是愿意去?"

"愿意去!"绝大多数学员齐声回答。只有徐远举、周养浩、廖宗泽等人低下了脑袋。

随后,耿主任又当场指定曾扩情作为代表在大会上发言,表示接受教育、认罪感恩的态度。这时大家才知道,耿主任头一天已经把曾扩情叫到办公室去,让他写下了一份发言稿。

8点钟左右,近百名学员出了白公馆大门,分四队纵队步行,由武装人员押着前往杨家山。

队伍一到杨家山,周养浩发现今天的会场,正是一年前他的留守处办公室所在地,与曾经秘密囚禁杨虎城将军的屋子以及蒲华辅、涂孝文等共产党叛徒住的优待室紧紧相连。想到自己曾经在这里干下的一切罪恶活动,立刻感到这无疑是叫他到自己的犯罪现场来受审。昨日的大门楼宇依旧,但是今日前来,已是阶下之囚,世事全非了!禁不住浮起沉郁而感伤的心情。

偏偏,管教人员又把他们带进大门,集中在杨虎城一家曾经住过的几间屋子里等候。他怀着惶然不安的心,硬着头皮,听候管教人员的安排指挥。

徐远举此时的心情,自然也不会比周养浩轻松……

而这一天精神上最受刺激的,则显然是廖宗泽。就在大会开始之前,学员们被带出屋子在院坝上列队时,刘伯承司令员、邓小平政委、张霖之书记、曹荻秋书记和西南公安部部长周兴从旁边周养浩过去的办公室里络绎走了出来,站到了学员队伍的前面。

学员们按照耿队长的命令,以立正姿势依次大声报出自己的姓名,和过去在国民党政府中所担任的职务以及军衔,当轮到廖宗泽时,刘伯承司令员开口了:"廖宗泽,你这家伙本来应该和我、和曹荻秋坐在一张板凳上的嘛,今天咋个跑到那徐远举、周养浩他们堆堆头去了?"

廖宗泽弯腰深深向刘伯承鞠了一躬,随后硬着脖子,颤抖着嘴唇说道:"宗泽一失足成千古恨,无颜见当年老长官!"

昔日的老战友曹荻秋用一种复杂的目光看着他,一句话也没有说,缓缓地摇了

摇头。

过了一阵，管教人员率领他们列成两路纵队，鱼贯步出大门，向会场上走去。

顿时，犹如人山般的会场汹涌起来，手臂林立，口号声此起彼伏，仿佛是接连不断的晴天霹雳。

"坚决镇压反革命！"

"为'11·27'死难烈士报仇雪恨！"

事后徐远举对廖宗泽说："那一天要不是会场上的保卫工作搞得好，愤怒的群众冲进来，肯定会把我们撕成碎片的。"

廖宗泽则说："那一刻你猜我想起了什么？史书上载，当年李世民攻下洛阳，杀了捉人当军粮的朱粲，斩其首后，洛阳百姓争投瓦砾击尸，顷刻瓦砾成山，共产党重兵警戒，倒不是怕我们这些丘八可以一次吃几十颗子弹，而是担心我们一次吃不完成千上万个拳头。"

他们刚一进入会场，就听到主席台上宣布由大会主席曹荻秋讲话。扩音器里立刻响起了一口洪亮的川腔："国民党的大特务们听着，你们对人民犯下了滔天大罪，我们对你们怀着无比的愤怒，论你们的罪行，虽千刀万剐也不足以蔽其辜，不足以平人民之愤的！……"他继续以十分严厉而沉重的语气讲话，指出解放前夕徐远举、廖宗泽、周养浩等特务头子，就在这块土地上怎样丧心病狂地残杀共产党员和进步人士。最后他警告说："你们必须老老实实地向人民交待自己所犯的罪行，认真痛改前非，重新做人，否则，我们是绝对不会放过你们的！"

从曹荻秋讲第一句话起，他接连不断地那样坚定地说我们、你们，他的讲话从头至尾都是在对战犯们进行斥责、控诉、警告，每一个字都像给他们当头一棒，猛敲着他们的灵魂！

近百名战犯全都像木桩子一样戳在地上，一动不动，但是，他们中的大多数人的心里充满了自责、自惭，竭力压抑住难堪和不安的心情。

廖宗泽把头低着，低着，偷眼看邻近的徐远举、周养浩、郭旭、成希超等人，也是个个把头压低着，个个屏息无声。他甚至听得见自己的心房在胸腔里急促地怦怦跳动的声音。

曹荻秋讲话之后，接着是邓小平政委讲话。他说："过去我们打过交道，那是在战场上。今天，你们是不是承认失败呢？是不是真正认输呢？如果还没有真正认输、承认失败，那就有问题了。听说你们当中有些人改造学习有一些进步，我们是欢迎的，你们一定要真诚认罪，才能得到人民的谅解，光嘴巴上承认还不行，要从思想上解决问题。希望你们坚定相信政策，不要停步，不要摇摆，争取光明前途！"

在邓政委讲完话后，曾扩情出列，到主席台边上代表全体战犯表态，照着发言稿念，表示战犯们诚恳接受改造，真心诚意反省罪恶，向人民认罪，努力改造思想。

　　在返回白公馆的路上，犯人们内心如波涛翻滚，对于当前形势的审度，对于前半生良心的自谴，对于怎样加强学习改造等一连串问题都在反复思考。许多学员都逐渐认识到曹荻秋今天的讲话，语气虽然严厉，但对于大家终究是十分宽大的，他们过去奉国民党为正统，不顾人心向背，欠下了人民的血债，今天毕竟已经失败了，人民对他们斥责、控诉，为的是教育他们。众目睽睽之下，难堪吗？忘了当初押到重庆，人人自忖必死，而侥幸不杀，共产党已够宽大。想着邓小平政委说要他们真诚认罪，才能得到人民的谅解，光嘴巴承认还不行，要从思想上解决问题这番话，大家更是看到了活下去的希望。

23. 冤家路"宽"

新的生活开始了,一切都很陌生,一切都得从头学起。这里是现成的监狱,有高墙、有铁窗,墙上还有"苦海无边,回头是岸,宁静忍耐,勿怨勿悔"等等攻心标语,但是,这一切都是过去徐远举大权在握时他的部下们搞的,共产党只不过又拿来对付他们了。

不同的是,共产党的管教人员不仅不打骂犯人,也不要学员们向他们立正、敬礼,拉屎撒尿也不要他们在门边喊报告。有时他们蹲在院坝上抽烟或吃饭,见学员走过,他们还会喊着你蹲下闲拉一阵,问学员的经历,或是家庭情况,向学员介绍共产党的政策,谈思想改造。学习,没有设专门的教员,也不发课本,主要任务是各人写反省自传。此外就是选读报刊社论,学习时事,讨论座谈,讲认识体会。有时也听管教干部上大课,讲一些改造的道理。生活上,犯人们自己到厨房抬饭菜,回小组分吃,自己打扫室内外以及院坝、厕所里的卫生。每天晚饭后自由活动,有的打百分,或围在一块摆龙门阵,有时也到坝子上集合唱歌。尽管如此,犯人们大都还是怀着无可奈何的暗淡情绪,内心里暗自抱屈,埋怨共产党对垮台的国民党人处理太严。

王陵基就在晚上摆龙门阵时对徐远举、周养浩、沈醉等人说:"过去改朝换代,垮台的官员可以当平民,作寓公。今天我们求作一个平民而不可得,连个搞勤务的副官也不能带在身边,整天就是关起来改造学习,还不知道将来会怎样处置我们哩?"

每个星期六的上午,要例行召开一次生活检讨会,让每人自己检查近段时间说了哪些错话、做了哪些错事,包括自己头脑里有哪些错误思想、看法,自己批判认识,保证今后改正。如果自己不老实交待,别人则可以检举。检举者有功,隐瞒者加罪。在这样的会上,犯人们都说自己通过近期的学习,自己又懂得了什么道理,找出一些鸡毛蒜皮的小事来检讨，但心里真实的抗拒情绪却深藏不露。

犯人们私下称这样的检讨会叫做倒脏水。

在1951年2月23日的检讨会记录上，记载着徐远举的发言："来到白公馆后一开始吃大桶饭菜，我很不习惯，既不好意思，又怕不卫生，通过学习，我才认识到这种思想还是过去当反动派头子时爱讲排场的习惯未改，我保证今后一定改正。"

1951年的7月1日是中国共产党诞生30周年纪念日，狱方号召犯人写诗撰文，在墙报上出纪念专刊，善写旧诗的沈醉偏偏写了一首题为《我的忏悔》的新体散文诗，其中有这么几句："我们，有的明明是贪得无厌、凶残狠毒的豺狼，却偏偏给自己披上民意代表的外衣，我们，有的在人前装着善良无害，尽说悦耳的好话，却天天在干吃人血肉，卖国求荣的勾当！看今天，太阳升起，升起在东方，光芒万丈！革命烈火，要烧尽一切妖魔鬼怪，魑魅魍魉！"

徐远举仰着头边看，边用左手揉着下巴，脸上挂满了轻蔑的神色，突然他轻声而愤然地说道："我看沈麻子现在还想吃人血肉，还在继续干卖国求荣的事情嘛。"

此话一出，犯人们大惊！

在检讨会上，有人将此事揭发了出来，徐远举马上成为重点批判的对象。可是，他表面上认错，背地里却在犯人们面前做出一副党国忠臣的样子，连王陵基也不得不劝他人在矮檐下，不要自找苦头吃。

来到白公馆后最初一段时间里，犯人们主要的任务就是写反省自传。对这批国民党的大人物来说，反省自己的历史不是一件轻松的事。过去，人和人的道德准则是隐恶扬善、不揭人之所短，而今天则要完全反过来，要自己揭自己的短，自己不揭，别人知道的也可以揭。开始大家都非常反感，觉得共产党这种做法太没有人情味。

徐远举甚至说："共产党是用以毒攻毒的办法来整我们。"

一次，预审员找徐远举核对审讯笔录，徐远举自作聪明，认定是公审处决的日子临头了，整日茶饭不进，等待公审处决。当天晚上，他两次从噩梦中惊醒，一次梦见自己五花大绑在群众大会上被宣布死刑，在被押出会场时，一大群共产党的犯人举起拳头直朝他头顶打来；一次梦见背插斩标，被押往五灵观阅兵场，解放军对准他的脑袋叭的就是一枪。惊醒后他一身冷汗，呆坐在铺上。

第二天，白公馆一切生活照旧。

天下本无事，庸人自扰之，十天过去，徐远举暗地里咒骂自己是个庸人。

谁也不会想到，34年后，沈醉居然会以中华人民共和国公民的身份重返山城重庆。

1984年，长春电影制片厂计划拍摄一部资料片，其中之一是沈醉的《旧地重游》,而重庆,自然成为这次活动中最重要的一个地方。

这部资料片由曾执导过故事片《创业》等片的著名导演华克同志担任编导工作。

这年中秋前后,一个消息传遍了福州新闻界,两个宿仇深怨的新闻人物将在榕城见面,一位是曾被关押在重庆白公馆监狱中、当时任中共贵州省顾部委员会委员的韩子栋,一位是曾经专门捕杀革命者的大特务、国统局戴老板跟前的大红人、现任全国政协委员的沈醉。可是事不凑巧,就在启程前几天,沈醉突患感冒,身体不适,未能如愿。沈写信对韩老说:"来日方长,后会有期,一定要去贵州当面谢罪。"

沈醉此次风尘仆仆到达重庆,下榻烈士陵园附近的外语学院外国专家招待所。到达的第一天就拍加急电报给韩老,告诉他自己准备赴贵阳拜访,不料几天后韩老却从广州发来了回电:"我来重庆看你……"原来韩老正在广州,决定乘飞机到重庆与沈醉见面。

韩子栋就是小说《红岩》中的人物华子良。

韩子栋,原名韩国桢,山东阳谷人,1908年出生,1932年在北平中国大学读书时参加革命,1933年1月加入中国共产党组织。"九·一八"事变后,韩子栋进入中国大学经济系读书,他积极参加进步学生组织的各种抗日活动,并在地下党领导的《春秋书店》工作。1933年,他加入了地下党组织,由于他在秘密活动中的出色表现以及在矿区有过对敌斗争的丰富经验,党组织要他打入到国民党蓝衣社(即复兴社,军统的前身)内部做情报工作,并建立发展情报网。韩子栋在极其复杂和十分艰难危险的环境里,出色地完成了地下党交给他的任务。1934年,因叛徒的出卖韩子栋不幸被捕。他面对特务的严刑拷打拒不承认对他的一切指控。经过几次与特务的交锋后,韩子栋知道特务机关并没有抓到他的任何现行证据,这更加坚定了他不暴露真实身份的信心。在北平、南京、汉口、益阳、息烽、重庆的14年牢狱生活中,韩子栋的罪名一直是军统严重违纪人员。

狱中的韩子栋,更加沉默寡言,老是在不停地做清洁和一个人来回地走动。这在很大程度上麻痹了敌人对他的看管。在贵州息烽监狱,他与四川省委书记罗世文关押在一室,他利用自己相对自由的身份,秘密地担任起与狱外党组织联系的任务。在狱中他也多次为越狱的问题与罗世文发生争执。韩子栋坚持创造条件集体越狱,狱中支部则要求能够出去一个就是减少一分损失。虽然韩子栋希望有更多的同志与自己一起逃出去,转到重庆关押以后,韩子栋在狱中做杂务,比其他的政治犯有在监狱范围内活动的条件。由于白公馆的看守加强以及被关押人员变动性大等原因,集体越狱的机会几乎不可能了。在这种情况下,韩子栋接受了狱中党支部的要求,抓住机会跑出去!

为了作好越狱的准备,他加大了每天的运动量,为了能够更好地麻痹特务,他显得愈发地疯疯癫癫,为了越狱的成功,他利用每天跟随看守外出买菜、挑货的机会仔细地观察路道和辨认方向。

机会终于来了! 1947年8月18日上午,看守卢兆春带着韩子栋到磁器口去买菜,韩子栋照常担着挑子走出了白公馆看守所的大门。因卢兆春经常去采购,在磁器口街上有许多熟人,每次去了少不了要被邀去喝茶、打麻将。这一天,卢兆春很快地把菜、货买好后就去货主家喝茶,稍后,又围桌打起了麻将。与往常一样,韩子栋照样坐在门口石梯坎边等候。当卢兆春刚刚自摸了一把满贯,乐得鼻子眼睛全错了位的时候,韩子栋走到卢兆春身边说要去方便一下,卢兆春毫不经意地挥挥手表示同意。

韩子栋压抑着内心的激动,不慌不忙地往外走去。他没有去厕所,而是向着磁器口河边走去。一出街口,他就加快了脚步,几乎是小跑着直奔河边。到了河边,他紧张、焦急地四处张望。当看见有一只打鱼船泊在河边时,他

韩子栋

快步跑了过去,对打鱼人说:喂,兄弟,我有很急的事情,请你把我渡过江去。打鱼人看他那副着急的样子,讲妥了价钱就让韩子栋上了船,马上向对岸的江北石马场划去。船还未到河边停稳,韩子栋就把钱塞到打鱼人手中,丢下一声谢谢,跳下船头便向岸上跑去。他不顾一切地奔跑。不敢走大路,专拣小路或是没有路的地方跑,并不停地往嘴里放事前准备好的锅巴以保持体力。为避免被看守所的警犬追踪,沿途他只要看见水塘和河沟,就毫不犹豫地从水中趟过。他一口气跑了六个多小时,才缓下步来。此时的韩子栋三十九岁,本应是身强体壮的时候,但因长期的牢狱生活,使他的身体非常的虚弱。当他钻进一个靠山的岩洞里歇气时,一倒下就睡着了。一觉睡醒后,浑身满是被蚊子叮咬的红肿疙瘩,不知道是哪个好心人放了两个煮熟的苞谷在他身边,他吃了后又立即赶路,最后终于到了河南。

在河南,韩子栋找到了蒋介石的哥哥郑大发子,他与郑大发子有过一段特殊的关系。郑大发子到重庆找蒋介石认亲,蒋介石没有见他,但又担心亲哥哥会把他的身世泄漏出去,便吩咐戴笠送了些钱给他,想就此打发郑大发子回家。但是,郑大发子

千里迢迢而来,并非完全是冲着金钱,他还有更高的要求,坚持要蒋介石看在亲兄弟的情分上,赏他个官儿当当。而且在旅馆里口无遮拦,把父亲早亡、母亲带着弟弟郑三发子改嫁蒋家随夫移居浙江的事抖落了出去,招得记者蜂拥而来。虽经新闻检查机构火速将披露此事的稿件全压了下来,但令蒋介石大为忌讳的这段家庭秘史,却依然在陪都朝野之间传了个沸沸扬扬。蒋介石一怒之下,叫戴笠把他亲哥哥秘密看管,避免他再给自己惹麻烦。

戴笠便将郑大发子恭恭敬敬地请到白公馆幽禁起来,而且特意把郑大发子与疯子韩子栋关在一间牢房里。虽然戴笠碍于蒋介石的关系,给手下打了招呼,在生活上给郑大发子以优待。可过了些日子,满腹辛酸的郑大发子渴望向人倾吐自己的心情,而且也发现同室的这个疯子虽然不多言不多语,脑筋却并不糊涂,忍不住向韩子栋讲了他的事情。韩子栋对他的遭遇也颇为同情,故而在生活上尽其所能地给他些关照。郑大发子离开白公馆时,特别感激韩子栋对他的照顾,并表示今后出得监狱,若遇到困难时可到河南找他,他一定涌泉相报,还给了韩子栋他在郑州的家庭地址。

韩子栋到郑州找到郑大发子后,郑果然不食前言,利用他的特殊关系为韩子栋弄到了一张通行证。韩遂回到久别的家乡山东,很快与党组织取得了联系。组织上把他送到解放军医院住了一段时间后,韩子栋积极要求出院参加工作。组织上先派他到冀鲁豫参加土改,并在山东省范城县任城关镇镇委书记。解放后,韩子栋又被调往北京,相继在中央财经委员会人事局任科长、北京机器厂任副厂长、中央人事部干部处任副处长。1958年,中央调派韩子栋到贵州工作,先任贵阳市委书记处书记、市委副书记、市政协主席、市监委书记,后又在省政协任副秘书长、省顾委委员,到1985年离休。

沈醉夫妇前往飞机场迎接韩子栋,因天气原因航班停飞扑空,第二天才把韩老迎接到外语学院招待所。一对冤家握手。沈醉说:"韩老,我是来向你请罪的。"韩老说:"过去了,都过去了!现在我们是爱国一家嘛。"他俩在重庆所做的第一件事,就是由沈醉夫妇陪韩老寻找当年他逃出白公馆的路线。他们奔波了一个上午,哪里还能寻着当年的破街小巷,而今所到之处,"高楼遍青山,何处寻旧迹"?(沈醉诗)大家累坏了,午睡以后再次出动寻找,终于绘出一张"韩子栋逃跑路线图"。

华导安排参观白公馆那一天,韩老以风趣的口气对沈醉说:"今天我和你都有资格当解说员,我比你痴长几岁,还是由我先来吧。"韩老比沈醉大几岁,个子矮小,步履矫健。沈醉人高马大,但心脏衰弱,拄着手杖在韩老之后缓步而行。在白公馆院坝上,韩老对沈醉说:"一切都保持了原样,只是从前没有现在这么清洁。"随后又指着

韩子栋与程思远(左)、沈醉(右)合影

一棵树说,"这根树子,我当年是每天按时浇水的,现在老树逢春,长得比那时丰茂多了。"在楼上几间牢房里,他滔滔不绝地向沈醉介绍说,"当年我们被关在这里,哪怕你们的人再凶再恶,但是狱中的地下党活动仍然存在。你们的人在明处,我们在暗处,照样有党组织,编写报纸,传递消息,你们的人还蒙在鼓里。监狱也是一个战场,共产党人在战场上是不会屈服的。你看,现在我是满口假牙,便是白公馆的酷刑给我留下的。"

到楼下"刑讯室",韩老又指着"老虎凳"对沈醉说:"就是这个刑具伺候过我。"说着他便坐上"老虎凳",将双腿抬上去,要沈醉在他的腿下加上两块砖,他想重新体验体验当初受刑时的感觉。韩子栋说:"就这样,我咬紧牙关,直到被整得昏了过去。他们浇我的凉水,等我醒过来,又加了一块砖。"沈醉赶忙搀扶韩老下了"老虎凳",连声说:"惭愧,惭愧!白公馆、渣滓洞都是我任军统局总务主任时与人洽谈买过来的,建成监狱的时候,我也参与其间,现在重游旧地,想到几百位烈士惨死在这里,我真是感慨万千,不胜惶恐啊!"

这些生动的场面,全都一一收进了镜头。这一天天气很好,前来白公馆、渣滓洞参观的人很多。群众看见在拍电影,人越聚越多。有人突然叫了起来:"嗨,你们看,那就是军统大特务沈醉!""哎呀,这位老人不就是'华子良'么?"韩子栋爽朗地笑着说:"你们说得不错,不过,当年的大特务沈醉先生今天已经是中华人民共和国的公民了,我们正在拍'冤家路宽'。"

按照华导的安排,第二天拍给杨虎城将军扫墓。

次日清晨,先参观杨虎城将军和他全家及宋绮云烈士被害的地方。山径依稀,坡高路陡,一行人拾级而上。到了满山松林的松林坡半山上,"戴公祠"立在前面。抗日战争期间,日军在重庆狂轰滥炸,戴笠为讨好蒋介石,专门修建了这幢别墅供蒋介石躲避空袭时用,可蒋介石却去了更为安全舒适的南岸黄山,一次也没有来过,于是便成了戴笠用来金屋藏娇的秘密居所。30年代的电影皇后胡蝶,就被困居在这里。戴笠摔死后,军统为纪念他,遂将这座洋房改称"戴公祠"。到了杨虎城将军墓前,沈氏夫妇抬着花圈敬献于陵墓前,双双恭敬地三鞠躬。沈醉感愧良深,怆然泪下,对夫人说道:"杨将军为抗日而死,是位伟大的民族英雄,身为统兵之帅,没有死在战场上,而死在刀刃之下,这件事做得太不对了,历史决不会原谅蒋介石的!作为当年蒋介石手下的一个帮凶,今天能够站在杨将军墓前悼念杨将军,使我想到困囚台北的张学良将军,为什么直到今天还不让他获得自由呢?"

真正的"戴公馆"在城里。抗战时期,蒋介石住在重庆市区曾家岩(现重庆市委机关大院),戴笠的公馆则与之一街相隔。这幢房子表面看上去并不起眼,人字形的门楼小巧窄逼,而且半截栽到人行道下面,但里面建筑装修却是相当不错的。屋子里有精致的壁炉,打蜡的木地板。主楼前后是一部分"特别警卫组"人员和戴笠的副官值班住的地方。房子与"周公馆"平排,其间只相隔几户人家。在屋顶上修了一层走廊,可以窥视"周公馆"内的活动。但是军统对"周公馆"的监视组却没有设在这里。

这次沈醉要想去看看戴公馆,既是旧地重游,又可以拜访一下"戴公馆"里的新主人。

这位新主人,就是大名鼎鼎的小说《红岩》作者之一的杨益言先生。"文革"前,杨益言与罗广斌曾到北京功德里监狱询问过沈醉。而1985年的上半年,沈醉之女沈美娟到重庆,也来"戴公馆"看望过杨益言。所以,他俩也算得是老朋友了。

杨益言住的地方,正是戴公馆当时的主楼。有客厅、卧室、书房,写作环境很好。沈美娟为了替父亲的自传《魔窟生涯》执笔,专门来重庆增加实感。在参观了白公馆、渣滓洞、军统局大本营"漱庐"后,特地前来"戴公馆"拜望也曾在渣滓洞监狱中被关押了一年多的杨益言。

1947年之前,杨益言在上海交通大学读书时参加地下党,乔石同志即是该支部的负责人。后回重庆工作不久,因《挺进报》遭到军统破坏,杨益言于是独立作战,自编、自印、自己分发。正在得意洋洋的徐远举接到此报惊怒万分,下令侦察。不久后,特务从邮检方面发现线索,将杨益言逮捕。因杨坚不承认是中共党员,军统又无法查证,加上杨的家庭多方设法营救,故未遭毒手。

杨益言与沈醉见第一面时早在1950年,为创作小说《红岩》,他和罗广斌曾以《新华日报》记者的身份到西南公安部看守所(即白公馆)向在押的徐远举、周养浩、沈醉三人搜集过有关资料。

这次重庆之行,最让沈醉感动的是他居然和他的不少学生见了面。这些学生均是军统女子特训班的,有不少人还是沈醉前妻粟燕萍的同学。大家约定六点碰头,可是有些人三点来钟就在烈士陵园里溜达了。六点多钟摄制组派专车把大家接到与烈士陵园一街之隔的外语学院会议室。沈醉首先向学生们介绍了新师母杜雪洁。杜女士是沈醉获特赦后同他在北京结婚的,她是北京一家大医院的保健医生,这次由长影请她担任"随队医生"负责沈醉的健康。

听了学生们情真意切的发言,沈醉十分激动,流着眼泪说:"今天能看到大家,我太高兴了。我过去对不起大家,你们本来是一腔爱国热忱为抗日救亡,结果上当受骗,我也跟你们一样违背了历史潮流,对不起人民。有一次遇见胡总书记,他对我说:'你的书我都看了,有些地方可以改一下,不要说那么多认罪,只要说一句对不起共产党对不起人民就行了。'有人问我,为什么会信任共产党,我说,我七十多岁了,过去,我们梦想振兴中华,这一件事国民党没有做到,共产党做到了。我这次到了重庆,看到变化这么大,北京和全国都是意气风发建设四化,使我感到社会主义祖国的前程更加美好,更加可爱,这样的国家不爱还爱谁呢?"

24. 血与泪的嘱托

这一天是1951年的11月27日,白公馆脱险志士罗广斌为撰写反映白公馆、渣滓洞被囚同志们的事迹,来到白公馆向徐远举调查情况。时间的选择显然是有着特殊意义的。当身穿黑色棉袍、光着脑袋、有着宽宽的额头和两只虎眼的徐远举被武装看守带进白公馆监狱的审讯室时,一眼便看到了坐在办公桌后面身穿黄色棉制服的罗广斌。

对罗广斌,徐远举当然是认识的。而此时更刺激他的是,两年前的一天,他来白公馆审民革头子杨其昌、尹子勤的案子,审完后顺便把罗广斌也叫来劝了他一番。地点恰恰也就在这间办公室里。只不过,不同的是今天他们彼此互换了位置。

徐远举一看清楚是罗广斌,马上故意非常夸张地弯腰向他行了个90度的鞠躬礼,说道:"鄙人徐远举,罪孽深重。"随后好像马上又恢复了当年的将军威风,直起腰杆用虎眼逼视着罗广斌傲气十足地说,"不过,罗广斌,你今天能活着坐在这里,还得感谢你哥哥,要不是看在罗广文的面子上,你肯定今天不会出现在我的面前。"

的确如此,徐远举未杀罗广斌,是因为他哥哥罗广文的缘故。

抗战时期(1938年6月)为了躲避空袭,罗广斌随全家来到川西小县城洪雅读初中。或许是因为在城市生活得久,比较早熟,这一年(1940年),刚满15岁的罗广斌便和一个出身贫民家庭但长得清丽脱俗的女同学恋爱上了。而且一见钟情、一往情深,深深地坠入爱河而不能自拔。罗广斌自小在家中为所欲为,以为父母很爱自己,对自己的所爱之人,父母一定不会反对的。可万万没有想到的是,当他把这事告诉父母后,家里人却一致坚决反对,唯一的理由便是对方太穷,和罗家不能门当户对。母亲还说："就是家里答应了,别人也要说闲话,说我们罗家没有家教,影响家声。"

第一次,罗广斌才开始看清楚了封建家庭和社会的恶毒,对年轻人的专横、控制和压迫。他当然不会屈服于家庭的压力作罢,继续和那女同学保持往来。

这种大逆不道的行为,令父母暴跳如雷,一怒之下,书也不让他读了,把他关在家中,进行囚徒式的管制。三年多不准他和那姑娘来往和通信。在被软禁期间,罗广斌开始对封建家庭和社会有了新的看法,经常处在极端不满和抗拒的愤恨情绪之中,甚至有一次还和父亲闹翻打起架来。他一心想离开家庭,脱离封建社会的控制。

罗广斌在自传中写到:"1944年,得到在联大念书的马识途同志(地下党员)的帮助,离开了家庭到昆明联大附中读书,那时心中充满了获得自由和光明的喜悦。很快地在许多同志的影响帮助下,自己也得到了一些进步和新的认识,终于在1945年7月由马识途同志介绍加入了党的外围组织民青社。分析自己参加革命的动机,主要是要求在封建家庭中求得个人和个性的解放,能够自由恋爱,后来在若干次斗争锻炼下,思想认识才逐渐得到改造。"

1948年9月10日,叛徒刘国定、冉益智供出罗广斌是共产党员。

紧跟着特务又从邮检侦控中获悉罗广斌已经回到成都家中。

徐远举投鼠忌器,因罗广斌的哥哥罗广文毕业于日本士官学校,先是蒋介石嫡系陈诚部下师长、军长,后又任过14军军长、第6兵团司令,1947年又在重庆任司令训练十万新兵,后改为15兵团任司令官,在国民党军队中是实力派重要人物。

徐远举于是将罗广文请到二处,客客气气地与之商谈。

罗广文表示:"我这个兄弟实在太不像话,你可以把他弄来吓唬一下,帮我好好管教管教,他现在成都家中。"并告诉了成都家里的地址。徐远举得到罗广文这样的表态,立即派侦防处行动科长左志良率一批特务到成都,会同正在成都的二处情报工作组上校组长唐友德,成都稽查处特务配合行动。9月13日早晨,特务化装成由重庆来的送信人,到金河街柿子巷七号罗公馆将罗广斌诱捕,押回重庆始而渣滓洞、继后白公馆关押。因为哥哥罗广文的关系,故而特务机关十分希望罗广斌能够成为"改邪归正"的典型。

原国民党罗广文部二处(情报处)少将处长、起义将领林茂(现四川省荣县政协常委),1998年应厉华之邀来到歌乐山烈士陵园协助整理资料。由于他一直是在国民党军队中从事情报工作的,与徐远举的西南长官公署二处有着密切的联系,他在帮助罗广文营救罗广斌的活动中起了不小的作用。3月1日,这位老人在馆长办公室里向厉华详细地介绍了他与罗广文、徐远举、杨元森的情况,也谈了他营救罗广斌的经过。

1948年,林茂由西南长官公署调到罗广文部任处长。9月的一次饭后,一处处长刘牧虎请林茂喝茶时希望林茂能够帮罗司令长官一个忙,刘牧虎说:"罗司令长官有个兄弟被徐远举给抓了,你是从长官公署调过来的,和徐远举很熟,能不能帮忙通融一下,不要给杀了。"随后,机要秘书方勉耕、政工处长谷若虚也先后请林茂喝茶,要求林茂去向徐远举说情,希望看在罗司令长官的份上,对这个共产党能够特殊处理。林茂为了能够得到罗司令长官的信任,答应帮忙,并表示一定争取把罗广斌保出来。11月在一次宴会结束后,林茂找到了西南长官公署二处副处长杨元森,要求他在徐远举面前活动。第一先做到不杀,第二能够尽早释放。杨元森把林茂的请求报告给了徐远举,考虑到罗广文的面子,徐远举答应先不杀。

1949年3月,林茂应徐远举之请,到歌乐山下的乡下办事处参加应变会议,会后在与杨元森、渣滓洞看守所所长李磊等打麻将时,林茂再一次向杨元森提出了罗广斌的问题。第二天,杨元森告诉林茂说:"徐处长说他没有忘记这个事,他会酌情办理的。"同年8月,徐远举、杨元森、林茂在一次公务后徐请林吃饭,席间,林茂对徐远举说:"罗司令长官的弟弟罗广斌的事情,茂林哥(杨元森字)早已向处座谈过了,我今天还要向处座当面请求一下,务必请您关照,早些把罗广斌放出来。"徐远举回答说:"你回去告诉罗司令长官,请他放心,我会相机行事的。"

1949年11月27日下午,林茂为了取得与罗广文司令部的联系,到长官公署利用通讯设备。徐远举见到林茂后说:"重庆已经保不住了,渣滓洞、白公馆的犯人今天全部要处决掉,我现在把罗广斌提出来交给你,希望你亲自把他交给罗司令长官。"林茂则说:"我现在只带了两个警卫在身边,没有找到罗司令长官,事情还多得很,实在难完成这个任务。等我找到了罗司令长官再说吧。"徐远举见状只好说:"你实在办不到,我就自己处理好了。"

林茂最后对厉华说:"在大屠杀的时候,徐远举是怎样处理那些有特殊关系的政治犯我不是很清楚,但是有一点我是清楚的,那就是徐远举要利用他手中的这些人质,使罗广文这样的人物为了国民党效命到底,他不杀罗广斌,可又迟迟不放就充分地说明了这一点。"

在大屠杀开始前夕,难友们都知道自己活着出去的可能性很小,但他们没有悲伤,他们在生命的最后一刻,想到的是执政党的未来。1949年,新中国已经成立,狱中党组织决定,打破所有的界限,互相讨论情况,总结经验,尤其重要的是,务必使我们已经成为执政的党,记住地下党工作中的重大失误造成的惨痛教训。

当时,大家都认为罗广斌有着一个当大军阀哥哥,极有可能活着出去,除此之外还有刘国鋕,因为他也出身豪门巨富,家里又在不惜金钱对他进行营救,出去的希望很大,所以很多讨论的情况都向他俩集中。"11·27"大屠杀时,刘国鋕不幸牺牲,罗广斌在白公馆策反成功,组织19人越狱脱险。越狱成功后,罗广斌一直将自己关在家里,奋笔疾书,写下了两万多字的《关于重庆党组织被破坏的经过和狱中情形的报告》。这份报告的第7部分是狱中同志的意见,狱中革命者对执政党的8条意见,是革命先烈生命的最后一刻血与泪的嘱托。这8条意见是:

1. 防止领导成员腐败;
2. 加强党内教育和实际斗争的锻炼;
3. 不要理想主义,对上级也不要迷信;
4. 注意路线问题,不要从右跳到左;
5. 切勿轻视敌人;
6. 注意党员特别是领导干部的经济、恋爱和生活作风问题;
7. 严格进行整党整风;
8. 惩办叛徒特务。

"注意党员特别是领导干部的经济、恋爱和生活作风问题"是8条意见的核心。对此,罗广斌用了大量的笔墨来加以阐述。这8条意见包含着革命烈士在生命的最后一刻对执政党的殷切希望!这8条意见同样是我们今天改革开放中,每一个共产党员、特别是领导干部不可不记取的血与泪的嘱托。

"切勿轻视敌人和严格进行整党整风",主要是针对党内领导同志工作中的某些失误。如地下党工运书记许建业未严格依照地下工作的原则办事,仅因个人的疏忽大意便导致17名工人党员被捕,6人牺牲。狱中难友们评价许建业是:十次苦刑犹骂贼,从容就义贯长虹。罗广斌也怀着对许建业深深的崇敬之情,以许建业的英勇事迹为主塑造了小说《红岩》中许云峰的光辉形象。我们今天谈许建业工作上的粗心和在狱中的失误,并不影响他作为一个坚定的工运领导人和革命烈士的形象,相反,从历史的教训中我们更能够深刻地认识到执政党纪律的重要性和整党整风的必要性。

现在,我们要谈到罗广斌的死了。众所周知,罗广斌是在"文化大革命"中被迫害致死的,可是,他的死,却成了一个无人能解释的谜。像他这样一个无论是在监狱中还是在和平年代均为党作出过杰出贡献的人来

罗广斌遗照

说,能有什么问题呢?他不过是重庆市文联的一个专业作家,没有当权,他写的小说《红岩》是革命的书,是领导和群众都公认了的,和修正主义文艺路线也沾不上边。然而他确确实实是被造反派抓了起来,并且被活活给整死的。

罗广斌怎么死的?至今不明不白。他死得真冤。然而他死之后,当时手握权杖的江青还要诬他一笔,江青在1967年的所谓"3·15"讲话中血口喷人,说:"川东地下党没有一个好的,全烂掉了"。这自然也就包括了罗广斌。不仅如此,江青还在讲话中有意地点了罗广斌的名,说罗广斌是国民党大军阀罗广文的弟弟,难道国民党大军阀的弟弟就必然是坏人?

江青为什么要诬蔑罗广斌?为什么会对罗广斌怀恨在心?据罗广斌从事地下工作时的顶头上级、写《红岩》时的老师、当时任四川省委宣传部部长的马识途回忆,早在60年代中期,江青把罗广斌通知到北京去,和汪曾祺等作家一起,研究写《红岩》京剧剧本。江青看过小说《红岩》,知道书中有一个万民敬仰的著名烈士江姐,于是异想天开,授意罗广斌他们修改《红岩》时,要把江姐的形象按照江青的模样来写。这当然是一个十分荒唐的妄想。罗广斌、汪曾祺等人在当时炙手可热的江青的压力下,自是非常难办。当时罗广斌曾给马识途写信,说到这事,他们不能同意,可又没法拒绝,表示非常为难,后来支吾道:"回来再研究。"实际上就是推脱了。江青因此自然是痛恨罗广斌、汪曾祺等人了。所以"文革"一开始,罗广斌被整死后,她还不忘记诬他几句,好像他是死有余辜似的。但是罗广斌是怎么死的,当时没有人敢去过问,只说是罗广斌畏罪跳楼自杀。"四人帮"垮台以后,罗广斌的冤狱自然应该平反,然而拖了好几年,没有结果。是一些朋友联名为他向高层申诉,才正式为他平了反。然而他到底是怎么死的,一直讳莫如深,只给他下了个被迫害而死的结论。于是罗广斌这个冤案便这么不明不白地收了场。到底他杀而死还是自杀而亡,至今没有结论,真可说是冤沉海底!

马识途回忆,每次他和罗广斌的爱人胡蜀兴一说到这事,胡蜀兴对此都非常愤慨,她认为说罗广斌是自杀而死,实在没有根据。她说,罗广斌被造反派抓走后,她一直不知道半点音讯,在罗广斌死的前一天,有人送来一张罗广斌亲笔写的条子,条子上说,他一切还好,要她带钱和粮票去。看样子他是准备和造反派斗争下去的,哪有一点自杀的迹象呢?而且他平生没有做一件见不得人的事,他为什么要寻此短见呢?

罗广斌和马老相交几十年,他的性格、品德、为人,马老是清楚的。他在自忖必死的白公馆监狱里,还总是那么乐观豁达,现在不过是造反派抓了他,他凭什么要自杀?

而据胡蜀兴说,罗广斌死了后,有人来通知她,说罗广斌跳楼自杀,马上要送火葬场,叫她去看一下。胡蜀兴仿佛遭了雷击,泪流满面地匆匆随来人赶去。奇怪的是,只叫她在远远的地方看一下,却不准她走近去。她看到罗广斌的头上有一个大裂口,惨不忍睹。她要求在没有检验尸体、作出结论前,不能送火葬场火化,但是根本不听她的,也不让她跟去,便匆匆地送到火葬场去火化了。这么多的疑点,在平反时应该引起是他杀的可能性来加以考虑,弄它个水落石出,然而没有,这就更叫人奇怪,而且马老认为,如果罗广斌是跳楼自杀的,一般应该是腿脚首先触地(据公安机关验尸人员说,跳楼、跳岩自杀的人大至如此),而胡蜀兴看见的却是头触地引起的胪脑破裂。

马老对胡蜀兴说,这些如果都只算猜测,不足为凭,那么当时抓罗广斌的那一派造反组织的头头,后来在查这个案子时,总是可以找到的吧,他总有义务说出,当时派去执行抓捕罗广斌和看守罗广斌的人吧?只要找到执行抓捕他看守他的几个人,总可以叫他们交待出是谁指使他们去抓捕罗广斌的,抓到以后又是如何对待他的,这样,罗广斌致死的全部过程就可以弄清楚,这一下不就真相大白了吗?好在罗广斌在死去十多年后,总算得到盖棺定论。1979年11月16日的《重庆日报》登载:"著名长篇小说《红岩》作者罗广斌同志骨灰安放仪式在本市举行。胡耀邦同志以及文化部、全国文联、共青团中央等送了花圈……"

25. 生活是最好的课堂

同是白公馆，同是监狱，可是，国民党把这里变成了屠杀共产党人和进步人士的人间魔窟，而共产党却并没有挟胜利之威对失败者进行报复，将这批双手沾满鲜血的大魔头们斩尽杀绝，或施以虐待，而是把这人间魔窟建成了一所能把魔鬼改造成人的学校。

徐远举、周养浩等人被关进白公馆后不久，朝鲜战争爆发，一方面是国民党丢下的烂摊子，百废待兴，搞建设需要钱；一方面是刚刚站起来的中国人民和以世界上最强大的美国为首的联合国军打仗，更需要投入巨额的军费。但是，人民政府给这批战犯吃的仍然是中灶伙食标准。早上或稀饭馒头，或豆浆包子，中晚一菜一汤，而且每星期还能打一次牙祭，铺的是新褥子，盖的是新被子，天冷了每人还发给厚厚的棉袍。囚犯的伙食标准超过了管理人员，这恐怕在全世界的监狱史上，绝无仅有！

生活本身就是课堂，反差如此强烈的对比不能不让他们中的许多人感慨万千，从中似乎也悟到了一些共产党何以能从国民党手中夺去天下的道理。

自忖必死、总想把自己表现得像党国忠臣的徐远举，虽是白公馆监狱中抵拒改造的典型，但是，他却同样感受到了政府给予犯人关心。

一天，徐远举刮络腮胡子刮伤了脸，因剃刀没有消毒，第二天脸便肿得像判官。医生主动及时地给予治愈。后来他又患肛门蜂窝组织炎，痛苦不堪，无法行走，看守所见病情严重，立即派人把他送到沙坪坝中渡口第二工人医院住院治疗。

1951年8月，随着镇压反革命运动的结束，白公馆看守所大部在押犯已被判决投入劳改，看守所工作结束，徐远举和王陵基、周养浩等一批未决犯，被转送到市中区中一路四德村看守所关押。

1954年11月1日,西南公安部撤销,四德村看守所移交重庆市公安局预审处,徐远举等人又被移送石板坡看守所关押。

从昆明监狱到重庆四德村拘留所,从白公馆到石板坡看守所,历经五载。徐远举经过共产党的政策感召,管教干部的耐心帮助,开始配合改造,断断续续、有保留地交待了他的一些罪行,供出了由他布置潜伏的特务和电台。在监狱里,他有时还敢与不坦白罪行的特务作面对面的检举揭发,后来甚至变成了"活字典"。

1955年春天,一个印度代表团向中国政府有关部门提出参观1939年8月23日到9月5日印度总理尼赫鲁先生访华时在重庆的居住地。因年代久远,已不易查找。

负责查找居住地的公安人员到石板坡看守所询问徐远举,徐指着一旁的王陵基说:"这事问王芳舟(王陵基字),他应该比我更清楚。"

王陵基丈二和尚摸不着头,连连说:"我不晓得,我不晓得。"

徐远举说:"你怎么会不晓得?尼赫鲁当时住在枇杷山国民党外交部招待所,那地方就在你王公馆(今重庆市博物馆)旁边嘛。"

经进一步寻访当年替尼赫鲁先生抬过滑竿的轿夫和当地保甲长,证实了徐远举提供的当年尼赫鲁先生访华时的居住地确切无误。

1955年12月30日,公安部发出通知,为了加强对各地关押的战犯的管理和教育,以利和平解放台湾,收集撰写近百年历史资料,决定将集中关押未决和已决劳改的战犯。

1956年1月6日,重庆战犯管理机构组建成立,抽调了18名管教干部到原松林坡看守所办公,将整个西南地区各地监狱中已决劳改和尚未判决的国民党战犯集中关押,除先期转移到这里的原关押在白公馆的未决战犯101名外,再加上成都的14名,云南的15名,贵州的6名,总计136名。

重庆市战犯管理所就设在原中美合作所造时场的一个大院子里(亦就是军统过去的乡下办事处),对外则统称为训练班。房屋粉刷一新,一个房间住四五个人,每人一张单人床,床单、被褥都是新的,每月16块钱的伙食费,每餐都是一荤一素,吃得非常好。管理所的工作人员还告诉战犯们,可以在管理所的范围内自由活动,但不能走出这个范围。

管理所的范围相当大,方圆好几公里,既没有围墙也没有铁丝网。其中有一条大道穿过中美合作所,直通歌乐山。解放前,这里是军统的禁区,不允许老百姓通过,而现在这条大道上人来人往,有卖鸡鸭的、卖蛋的、卖菜、鱼、肉的,两边还有小店铺,像集市一样热闹。

战犯们在重庆的几年间,没有出现过一次逃跑事件,这是因为,这批高级战犯,过去大都是带兵打仗的人,思想上总认为军人死也要死得光明磊落,如果作逃兵,在背后挨一枪,那是一种耻辱;另一原因是大家通过这么多年的改造,也明白逃跑是没有用处的,即使跑了出去,也没法游过台湾海峡,只能连累亲友。当然,更重要的是大家都觉得前途有望,根本没有逃跑的必要,唯一的愿望是好好改造,感动共产党,争取早日获得宽大,堂堂正正地跨出牢门。

这年春节后不久,省公安厅王厅长和省劳改局的李局长到杨家山大院子给战犯们作报告,讲国内外形势。王厅长说:"你们这些国民党的高级军政人员是集中到这里来加速改造的,你们要好好学习,改造思想。你们这些人虽然过去干过许多坏事,只要改造好了,还是对社会很有用处的。你们在这里,以后不要互叫同改、难友,也不要叫狱号了,彼此就叫同学好了,因为,对你们这些人,我们的政策是不审不判,你们只要改恶从善,人民是会原谅你们的。"

李局长在讲话中则显出很高兴的样子,宣布政府将组织战犯们外出参观的决定。

他说:"你们经过几年的学习改造,从书本上学到了一些东西,可是,对于我们国家执行第一个五年计划,进行社会主义革命和建设的成就却不是很了解,对这些年外面社会的变化也有一些隔膜。为了解决这个问题,政府决定组织你们出去到本市一些单位去参观,亲眼看一看,俗话说耳听为虚,眼见为实嘛,这对于加强你们的思想改造会有好处。至于参观的日程,另作安排以后再传达……"

外出参观,这对于战犯们简直是意想不到的事情!李副局长讲话刚结束,院坝上顿时活跃起来,每个角落都在议论纷纷,高声谈笑。

廖宗泽说:"我长这么大,还从来没有专门到哪里去参观过哩!"

周养浩感慨道:"参观?这简直稀罕!过去我管理监狱,也想出了许多自认为还算不错的点子,可是,从来就没有想到过组织共产党的犯人到外面去参观,我连想都不会想到那上面去。"

王陵基笑道:"你真要能想到,那时候又有啥子值得参观的?"

宋希濂说:"常言说得好,人以国士待我,我必以国士报之,从今以后,我再也不和政府顽抗了。"

徐远举也说:"想不到当了战犯,成了罪人,共产党还会组织我们外出参观!就这一招,不承认还不行,共产党的攻心手段,的确比我们厉害多啦!"

王陵基赶紧道:"徐远举,你又胡乱说了。"

徐远举一拍自己光秃秃的大脑门:"对,对,攻心是我们那时的说法,应该说改造犯人的方式方法比我们国民党厉害多了。"

你一句，我一句，院坝上到处洋溢着期待的喜悦与欢笑，大家都巴不得能马上就出去。嘴上说着不违规的话，而大多数人心里想的却是："关了这么多年不审不判不放人，闷得慌，能够出去走一趟，也可以舒烦解闷，看共产党究竟有啥子值得炫耀的，如果真是比国民党搞得好，我们就认输。"

不过，像徐远举、周养浩、廖宗泽等人回到监舍后又悄悄议论，担心他们这类对重庆人民犯下大罪的角色，恐怕走到哪里都令人注目，工人、农民会围上来像参观动物一样地围观他们，给他们怒眼冷眼，甚至找他们偿还血债，那滋味可不好受。

这样的议论很快便反映到管教人员那里去了。第三天，李局长又来管理所给大家布置参观的日程，同时针对部分战犯的顾虑，指出，必须端正对参观的态度。他说："有些犯人担心自己过去对重庆人民欠下了血债，到了外面人民群众会抓住他们报仇。你们应当明白，参观既然是政府布置你们去的，对于参观的单位自然是先有联系和安排，对群众会作解释，群众虽然对你们有深仇大恨，但他们听政府的话，不会为难你们的。"李局长最后强调："对于有这种担心的犯人来说，那倒确是应当抱定对人民真诚认罪的心情，抱定学习改造的态度，这样才会有收获。如果不是这样，而是用游山玩水、欣赏取乐的态度去闲逛，那就不会有收获，也就失掉了政府布置参观的意义了……"

跨出牢门，展现在战犯们眼前的是一个令他们瞠目结舌的崭新的世界！

他们每天的参观新鲜而又充实，在重钢、重电、火车站、都邮街百货公司、金刚坡农业生产合作社、西南师范学院、重庆医学院、人民大会堂、大田湾体育场、枇杷山博物馆（王陵基过去的公馆）、劳动人民文化宫，共产党仅用了短短六年的时间，便神奇般地在一片废墟上建设起一个美丽的家园。国家建设蒸蒸日上，人民生活安居乐业，这样的对比，对于战犯们思想上的震撼是难以用语言准确描述的。就算他们对共产党的理论教化可以阳奉阴违，但是，当他们站到人民大会堂前的广场上，仰望着那海市蜃楼般富丽堂皇高低错落的巍峨建筑群；当他们站到人民体育场的足球场中，环顾着正在施工建设的据说能容纳八万人的观众席时，许多战犯都情不自禁地掉下了眼泪……

王陵基感慨地说："那时我们这些当大军阀的，整天忙的是壮大军队，争权夺利抢地盘，想的是怎样把老百姓的钱弄到自己荷包里来，就算偶尔做一点实事，像修条公路啊，建座楼啊，也是为了收买民心，塑造自己的个人形象。像这样大规模的建设，要花多少人力物力财力哟，哪里敢想？"

在大花园一般的劳动人民文化宫，徐远举看到四处悠闲游玩的均是普通百姓后也忍不住感叹道:"重庆这地方,多年来是四川军阀们的老窝,抗战时又做过陪都,以前像样一点的建筑大都是高官巨贾的公馆华宅,像范庄、李家花园(今鹅岭公园),从来没有见过为人民作公共使用的大型建筑。看了眼前这些事实,不能不让我佩服共产党一切为人民,做起事来有雄心,有魄力!这一点,国民党的确比不了!"

而这次参观的过程中最受刺激的,则是廖宗泽。

那是在大渡口重庆钢铁厂发生的一件事。

来到重钢,廖宗泽的心情自然比其他的战犯要复杂得多。他太了解重钢的历史,在国民党时代,它名义上属于资源委员会主办,实际上是CC系头子陈果夫、陈立夫所掌握。而在重庆临近解放前夕,正是他派出200多名武装特务,准备将高炉、平炉、轧钢机、电厂和锅炉房等全部炸毁。在隆隆的爆炸声中,重庆地下党组织工人护厂,与特务们展开了搏斗,该厂工程师简治国率先冲进车间,在搬运炸药时炸药爆炸,被炸得粉身碎骨。在这次斗争中,重钢有32名工人英勇牺牲。

参观结束,就在战犯已经登车准备离去时,重钢的领导突然把参观团团长叫下车去,站到一边低声说了一会儿话。稍顷,团长对着几辆大客车高声喊道:"大家下车来,我们临时增加一个活动。"

随即,战犯们被带进了礼堂。每个战犯的心里都在暗自猜测:"都已经上车了又被叫回来,会有什么事呢?"

这时,团长和重钢的领导们把一位身穿劳保工装的年轻姑娘请到台上主席台正中位置坐下,然后,由团长向大家宣布开会,并介绍说:"我们临时开一个短会,今天在这个会上要给你们讲话的是重刚的一位普通工人。但是,她要给你们讲的却不是一件普通的事情,这件事,对于你们每一个人都很有教育意义,大家要认真听,回去后还要当作重点来讨论。"

姑娘开口了,她的声音清清爽爽——原来,她是简治国的女儿。

"我今年17岁,我是为了继承我父亲的遗志进厂当工人的。六年前,我才11岁的时候,我还能清楚地记得,有一天傍晚,我们一家人吃过晚饭后,我在重钢当工程师的爸爸对妈妈说:'这两天国民党特务很可能要采取行动,我得去厂里和护厂队的人待在一起。'爸爸出门时,还把我抱起来,亲了亲我的小脸蛋,然后就走了,我哪里会想到,我的爸爸就这样一去不再回来了!就在那天晚上,爸爸和厂里的三十多位工人叔叔为了保护这座工厂,被国民党特务们安放的炸药给炸死了!听到这消息,妈妈当时就昏倒了,我抱着不省人事的妈妈大哭。等到妈妈醒来后,我们一家人马上赶去了工厂,我们看到地上摆满了用白布裹好的尸体,那些白布上全都被染得血糊糊的。可是,护厂队的叔叔们不让我们走拢去,不让我看爸爸。后来我们才知道,爸爸已经被炸得稀烂,惨不忍睹……"

说到这里,姑娘忍不住抽泣起来。

"在为爸爸和牺牲的叔叔们召开的追悼会上,妈妈含着悲痛的热泪对我说:'孩子,你要永远记住,你爸爸是被国民党反动派杀害的,你长大后,要跟着共产党干革命,为你爸爸报仇。'从那时候起,我就恨透了国民党反动派,立志要为爸爸报仇。一定要找到杀害我爸爸的人讨还血债!我找呀,找呀,总想着有一天能找到那些坏蛋,为我爸爸报仇雪恨!万万没有想到,杀害我爸爸的凶手今天竟然到我们的工厂参观来了,当领导告诉我你们的身份后,我不由得火冒三丈,眼前的你们,就是杀害我爸爸的大刽子手,就是我不共戴天的大仇人,我好恨你们呐!恨不得咬死你们。可是,领导偏偏要我来和你们说说话,帮助你们改造。我不干,我哭了。可领导说:阶级恨,血泪仇,我们当然永远不能忘记,但不能想着为自己一个人报仇。在国民党统治下的受害者,何止千千万万,我们干革命是为了推翻反动统治,而不是为了消灭反动派的每一个人,消灭个人是没有用的,而是要改造他们,使他们成为社会主义的新人,这是共产党的政策。我是党的女儿,是党培养成人的,党叫干啥我就干啥,你们虽然是党和人民的敌人,共产党仍然不杀你们,还要把你们改造成社会主义的新人,在党的政策面前,我个人的仇恨再大也只能放到一边。可是你们要清楚啊,党对你们宽大得真是没有边了,要是依得我们受害者家属的意见,早就应该把你们这些大特务头子碎尸万段了,如果你们还不认真改造,我们这些受害者家属不会饶恕你们,全国人民也决不会饶恕你们的!"

这时只听台下"咚"的一声响,所有的目光霎时全都凝聚到一个人身上。那是廖宗泽,他从座位上站起来,走到主席台下,双膝触地,起伏着身子连连磕头,泪流满面地喊道:

"简姑娘,我就是杀害你爸爸的大坏蛋啊!简姑娘……啊啊啊……我对不起你啊!"

那一刻,许多战犯站了起来,全场陡然响起一片哭声和喊叫声。

"我也有罪,我也要向受害人请罪!"

"我们要坚决痛改前非重新做人!"

"简姑娘,我虽然没有杀害你爸爸,可我杀害过其他的共产党员,我也是凶手啊!"

周养浩也站了起来,泪流满面地吼道:"我过去打了埋伏,从现在起,我诚恳地向人民认罪,回去后一定老实彻底地交待罪行!"

徐远举没有喊叫,但是,他同样是泪流满面,深深地埋下头,身子像充上强大电流的一台破马达,不停地颤抖着……

　　战犯们参观结束后,精神面貌上发生了很大的变化,连徐远举这样的铁杆抗改造分子也都开始主动向政府坦白自己的罪恶,甚至还强烈地要求参加一些力所能及的劳动,通过劳动实践来转变自己的立场。可是,没过多久,徐远举与王陵基却不得不离开了造时场。而迫使管理所把他们转移其他处的原因却带有一点黑色幽默的意味。重庆战犯管理所从外面看完全像一个什么机关单位,根本看不出这里住的都是战犯。特别是当地的老百姓,都以为这里是所学校或是训练班。因为他们每天见到买进许多多的鸡蛋、鱼肉、蔬菜,从这里走出去的全都是些穿着整整齐齐的蓝制服的人,于是认定这里是个好地方,都想进来。

　　有一次,沈醉正和廖宗泽正在院外散步,一群老百姓围住他俩说:"喂,同志,让我们也进去学学吧。"

　　沈醉心里好笑,用手指了指院门外的一个工作人员,回答说:"我们可管不着,你去问他吧。"

　　这帮人马上蜂拥上前,围住那个工作人员,七嘴八舌地要求进去学习。

　　工作人员说:"不行,这地方不是谁都能进来的,你们不够条件。"

　　老百姓一片嚷嚷:"要什么条件?你快说说,我们也好争取嘛!"

　　工作人员乐不可支,说:"我看你们一辈子也争取不上。"

　　几个年轻人听了不高兴,说:"你也太看不起人了,我们为啥子就一辈子都争取不上呢?"

　　工作人员让他们缠得不耐烦了,大声说:"我说不行,就是不行,你们快点走吧!"

　　王陵基、徐远举等人正在院子里散步,听见外边争吵,都赶出来看出了什么事。没想这里面有人过去见过徐远举和王陵基等人的,一见他们,才恍然大悟地嚷道:"原是是这样的学校啊,别说我们一辈子争取不上,二辈子也没机会了!"其他的人明白后也都说:"和这些人在一些学习,会吓死我的!"

　　就这样一个误会,王陵基、徐远举在造时场大院的消息很快便传了出去。王陵基过去在四川当了几十年大军阀,死在他手里的人无数,徐远举则是重庆"11·27"大屠杀的大刽子手,许多受害者的家属知道他们关在造时场后,纷纷写信来,要求向他们讨还血债,甚而还赶到造时场,要当面找他们算账,给管理工作造成了很大的麻烦。所以,一个月后,就把王陵基和徐远举转到北京去了。

　　在造时场管理所,整个大西南的战犯集中在一起,少数已经判刑,大多没有经过正式的审讯,没有判决。彼此互相一打听,才知道有的已经判了几年,几时刑满,没审没判的就觉得还是判了的好,给个明白就有了盼头。在学习时,这种强烈的情绪便表现了出来。

一位刚调来的管教人员听了战犯们的牢骚,不太冷静地冲口而出:"你们觉得没判刑的就没有指望,我倒认为不判相反还好一些。你们都是战犯,不是一般的犯人,哪一个不是血债累累!我要是法官,依你们的罪恶,肯定判你们个死刑。如果你们都知道自己被判了死刑,又会怎么想?那时还有指望么?"

这番话,立即在战犯中引起了极大的震动和恐慌。

一天晚上,重庆市公安局七处刘处长到白公馆召集全体在押犯开会,他讲了国内外形势后说:"大家应该把精力集中到认真改造自己的思想上,不要过多考虑自己会判什么罪,听说你们个个都估计自己会被判处死刑。我们有的管教人员也从个人情绪出发,说你们该判死刑,我说算了,不判你们的死刑,判一个死缓,那又怎么样呢?你们就睡得着觉了么?你说我说,都是嘴上说说,还得等法院的正式宣判为准。而且,我还可以给大家透一个风,为啥对你们中的大多数人迟迟未判,这就是给你们一个机会,交罪认罪的态度,是否有立功表现,改造中的情况,都是将来判决时法庭要考虑的因素。"

刘处长的讲话如同定心丸,马上又使很多人的思想情绪稳定了下来。

建国初期,因恢复生产、土地改革和朝鲜战争等原因,研究制定处理国民党战犯的方案一直未有出台。1953年下半年,西安市公安局向中央公安部提出了关于处死3名国民党被俘将军的报告。罗瑞卿部长在报告上批示:"不杀为好,杀了是可惜的人物。"后将报告呈报中央。党中央接到这个报告后,研究了处理国民党战犯的决定,并下达了相关的指示。其内容概括起来有以下几点:

第一,调查分散关押在全国的国民党俘虏数量。

第二,成立以罗瑞卿公安部长为首的"五人小组",审查各地报告。

第三,听取民主人士的意见,争取战犯。

第四,不审讯,不审判,集中起来,改造他们。

"五人小组"审查各地报告之后,初步确定了926名战犯,其中有72名中将、388名少将,校级276名,省党部书记27名,省主席和厅长46名,情报系统处长以上117名。

从1956年1月开始,分散在全国的国民党战犯向北京、济南、西安、内蒙古、抚顺等监狱集中。是年下半年开始,抚顺战犯管理所接受来自东北三省、南京、武汉、北京、四川等地的战犯,共计350人,大部分为少将以上。为了便于管理,各监狱的管教科长在战犯移交到抚顺管理所的同时,也调任到抚顺管理所。

1956年9月,廖宗泽、周养浩等44名战犯被转移去东北抚顺战犯管理所。

所长宣布了政府的决定和转移名单之后，照例又是分组学习讨论，打通思想。这是共产党一贯的作法，让战犯们随时都要认识到自己是人民的罪人，应该服从政府的安排，不论到哪里，同样要安心改造。明白了道理，并不等于思想感情就已经完全解决，战犯们踊跃发言表态，拥护政府的决定，到了东北照样认真改造，而心里都在敲小鼓：想到坐监已近7年，法律不判，把人悬在半空中，上下不着地，如今正是凉秋9月，塞外草衰时候，大家又要远迁异省去听牧马悲鸣了。苏联从沙皇时代到红色布尔什维克都是把犯人流放到西伯利亚，中国历朝历代则把蛮荒的云南和贵州当作了流放地，而这批从西南各地被集中起来的战犯大都认为到东北无异于流放，而与其流放到寒冷的东北，倒不如流放去云南、贵州的好。可命运却掌握在共产党的手里，一切都只能听天由命！

　　想到这些，战犯们就觉得心里凉飕飕的，感到前途茫茫，所长说东北监狱里的条件比重庆好，同样是坐监，有什么区别？又觉得在重庆监狱呆了这么些年，和管教干部们都混熟了，放不放也安心些，到了东北，面对陌生的环境、陌生的面孔，不知又是怎样？

26. 在抚顺战犯管理所

出发之前，廖宗泽、周养浩等战犯领到了新棉衣，将要动身的头一天，管教干部吩咐大家收拾衣物行李，还带领大家打扫卫生，把监舍、院坝、走廊以及花圃、菜地、葡萄园都打扫得干干净净。

说也奇怪，对于这块战犯们失去自由的小天地，许多人在即将离开之前居然充满了深深的惜别之情……他们只不过是从重庆的监狱迁移到东北的监狱里去，而重庆的监狱环境和生活他们已经习惯了，葡萄满架，菜蔬成畦，半天学习，半天劳动，集体而有规律的生活已经颇能适应。何况还有那些关心他们、熟悉他们的管教人员，今日离去，怎能不产生出依依惜别之情呢？

9月11日晚饭后，廖宗泽、周养浩等44名战犯乘坐大卡车，在几位管教干部的带领下，赶到了重庆火车站。

这一天天气炎热，大家在车站候车时一个个挥扇不停，好些人在悄悄地说话、开玩笑。有人说：家乡的老天爷在给我们添火加油，让我们带到关外去熬风雪啊！有人答话说：这点热抵得住啥哟，在关外拉尿时尿没拉完就结成了一根冰棍棍，得准备一根棒棒敲。

10点钟才上火车，政府为战犯们包了两节硬座卧铺专车，一路上坐卧随意，饮食也很好，到北京的沿途也不换车，真够舒适。经成都、宝鸡、郑州到首都，16日傍晚，过沈阳到抚顺。在抚顺下车，又是一个夜晚，早在车站等候的两辆大客车，把战犯们送到新的地方，进入一个有着高高围墙的大门，沿着墙边驶进了一个大操场，在一列长长的平房中央大门边停了下来。

在重庆登车时还热得摇扇子，到抚顺下车时战犯们全都穿上了棉衣。战犯们提

着行李,在抚顺战犯管理事务科的王科长的带领下,走进门内的十字型走廊,走廊的边上全都是监舍。可能是早已知道西南来的战犯最关心的是防寒保暖的问题,王科长向大家宣布,所里有锅炉烧暖气,每年11月左右,在摄氏零度左右时即开始供暖,到那时外面虽是冰天雪地,屋内却温暖如春,而且,所里在入冬之前会给大家做新棉衣,大家完全不用担心东北的寒冷天气。

随后,战犯们被管教干部带进监舍,进门左右相对两排木板炕床,每间屋子住12个人。管教干部边和大家随便说着,边照料大家铺好被褥。过一阵,厨房给每个监舍送来一桶热气腾腾的合菜面条,战犯们正在大朵快颐,忽然听到从另外的监舍中传出来二胡和口琴的合奏声,刚到的战犯们好久没有听到这样的音乐声了,正感惊异,管教干部说:"这是东北队的老学员们在向你们表示欢迎。"

刚吃完饭,又听到喊集合看电影,战犯们赶快收拾好碗筷,到俱乐部礼堂看了戏曲片《柳毅传书》。在管教干部热情周到的接待下,西南来的战犯们完全忘记了旅途的疲劳。

上炕后,廖宗泽感慨地说:"要不是头上还戴着顶战犯的帽子,我还真有点宾至如归的感觉哩!"

先大启也说:"到底是共产党正规的大监狱,方方面面搞得很不错!"

对狱政管理下过一番工夫的周养浩的感慨则另有一番深意:"诸位,不服还真不行呐!由此可见,我们国民党搞不过共产党,仅仅从政治和军事上找原因,恐怕永远也不知道因何而败!"

这天夜里,起床小解的廖宗泽惊叫一声:"唉呀,好大的雪哟!"

这喊声将同监舍的战犯们惊醒过来,都往窗外望去,只见鹅毛大雪纷纷扬扬,下个不停。还不到中秋就下这样大的雪,使西南来的战犯们大吃一惊!幸亏监舍做好了防寒准备,连外层玻璃窗的合缝处,都用纸糊得严严实实的。

早上刚起床,金源所长到监舍巡视,关心地问廖宗泽等人:"你们冷不冷呀?"没有等到战犯们回答,又说,"你们的新棉衣眼下正在赶制,做好就马上发下来。你们把带来的棉衣先穿上,也能暂时过得去的。9月间下这样大的雪,在抚顺的历史上也是稀罕的。今天晚上就烧大锅炉给你们送暖气了,放暖气时你们会听到暖气管里发出乒乒乓乓的响声,这对大家睡觉可能会有一点影响,你们久居南方,自然不习惯这里的生活,稍久一点,就会适应的。"

听了金所长的话,战犯们身子未暖,心里先暖了起来。

这时雪停了,早在管理所的东北队的学员们已经穿戴起棉衣、棉帽,各持大扫帚和刮雪板等工具,冒着风寒,把监舍通向各处道路上的积雪扫聚成堆露出路面。

一夜大雪之后,晴空万里,温度回升,寒气锐减。早饭后,刚来乍到的西南战犯们三三两两地信步在院坝上走动起来。

廖宗泽也和周养浩等室友一起出屋去熟悉一下环境。怀着陌生感和窥探心情,东张西望到处看,好大的监狱啊,两排房舍,各长约一百米,一排是监舍,一排是劳动生产的地方,中间连接着一条走廊,下雨天也不用打伞。走廊的北面,便是可容纳五六百人的礼堂,也是平时搞文娱活动的场所。周围都种植上了树木和花草。顺着梅花孔围墙看过去,墙的另一面也有不少犯人在坝子上散步、说话,一听那叽里咕噜的声音便知道准是日本人。问了东北队的学员,才知道那是7所,剩下的日本战犯便被集中关押在里面。

廖宗泽、周养浩全都把脸凑到了墙孔上,看到日本军人待在中国人的监狱里,他们心中霎时涌起了一种莫名的自豪……

全国战犯的大集中,标志着对战犯的强迫性改造阶段结束,自觉性改造阶段的到来。

到抚顺管理所后的第三天一早,起床的铃声把战犯们从梦中唤醒,管教干部宣布:"你们新来乍到,旅途劳累,今天上午各人整理一下东西,去理理发,洗个澡,洗洗衣服,搞搞个人卫生,下午在俱乐部礼堂听所长作报告。"

房舍内部,有宽阔的十字形走廊,靠墙的地方,架设着送暖气的管道,连接着暖气管的转角处,设有一个专烧开水的小锅炉,另外还有两个保温桶,分摆在长廊的两端。

管教干部喊洗澡了,各监舍依次而去,每人都带着衣服肥皂、拿着脸盆。澡堂有两个大池,旁边还有一排洗脸台,事先由锅炉房送来热气,将池水冲热。廖宗泽等人进去时已是池水清清,热汽腾腾了。大家泡在池子里舒舒服服地擦擦洗洗,然后在洗脸台前洗个头,换上一身干净衣裤,顿觉神清气爽。

随后,大家到监舍外面靠墙边的洗衣台前清洗衣物。秋高气爽,大家边洗衣边相互交谈,谈到高兴处,不时可听到爽朗的笑声。

然后是挨个理发,轮到廖宗泽进去时,他看到理发室装有大格玻璃窗,雪白的粉墙,油漆的地板,十分清爽,贴墙大镜子前排列有四把铁转,还有电吹风,比外面的理发馆还要好。

下午,新来的战犯集中在俱乐部礼堂听金源所长作报告,他宣布了所里的规章制度,讲了政府对战犯们的希望和要求,也谈了抚顺战犯管理所的历史和现在的情况。

1950年7月下旬,刚刚诞生的新中国把关押日伪战犯的任务交给了东北名城

抚顺,抚顺人民紧急行动起来,把高尔山脚下1936年日本侵略者修建关押中国抗日分子的抚顺典狱,改建扩展成规模巨大的日伪战犯管理所。此后,由东北各地以及从苏联伯力监狱引渡到中国的1000多名日本战犯就被关押在这里。

几年来,随着审判工作的进行,绝大多数日本战犯已被释放回国。剩下的,则是案情复杂尚未审结的,或是态度顽劣不化者。

到所不久,既是中秋节又是国庆节,所里发给每个战犯四个月饼、一包糖果、一些苹果和冻柿子。按北方人的习惯,还在头天夜里包了肉馅饺子,这样的待遇是重庆改造期间从没有过的。狱方要求战犯们自食其力,西南队的人大都不会包饺子,包出来的大小不一,奇形怪状。这时夜里的气温已经降到零下了,饺子包好还不能马上吃,得摆到坝子上露天冻上一夜,据说这样的饺子味道更加鲜美。西南队的战犯们都倍感新奇,第二天清晨大家都吃得小心翼翼,确也吃出来另一种可口的味道。

节日的晚上,俱乐部里张灯结彩、灯火通明,战犯们观看了丰富多彩的文娱节目,歌咏、曲艺、魔术、戏剧无所不有,大都是东北队和管教干部准备的,西南队没有准备,拉歌时被弄得灰头土脸的,最后,还是周养浩自告奋勇上台清唱了一段京剧《打渔杀家》的片断。唱得不地道,却博得了满堂彩。

东北的寒冷,果真是名不虚传,好在锅炉房给每间监舍送来暖气,虽然外面已是冰天雪地,滴水成冰,室内却是暖和如春,夜里放暖气四次,像徐远举这类年岁较轻、身体壮实的战犯,经常热得掀被子。白天外出劳动,穿上厚厚的棉衣棉鞋,戴上大棉帽和手扪子,也还过得去。

国庆节后混合编组,许多老朋友重新聚首,亲热极了。在新编的23组里,廖宗泽就和他的两位老朋友编在了一个小组,一个是在黄埔与他同期、在中共地下四川省委担任军委工作,此后又一起投入国民党阵营,担任过副军长的陈远湘,还有也是黄埔4期同学,曾任成都行辕调查课长、四川省特委会主任的徐昭俊。周养浩也见到了他在军统局里的同事、军事处少将副处长胡屏翰,同组的大多数人,他也很熟悉。

抚顺战犯管理所的生活,和在重庆时相比,的确要好得多。

国庆节后不几天,公安部长罗瑞卿到所参观后,在大坝子上对战犯们讲话:"政府给你们这样好的条件,你们在这里改造是相当不错的。你们过去都是国民党党政军界的头面人物,你们心里清楚,和你们在旧社会搞的监狱比,这里像监狱吗?我说要不是这高墙和岗楼,别人还以为是个大花园哩,把它当成个学校、疗养院也是说得过去的。国家现在并不富裕,在这样的情况下给你们创造出这样好的条件,你们更应当好好改造,千万不要辜负人民对你们的期望。"

罗部长的这番话的确是实事求是的,这里房屋高敞,生活设施完备,花圃、鱼池、绿化带无所不有,在大监舍两侧,新建有可以抽水清洗的厕所和洗衣室。所里有大食堂、俱乐部、大礼堂、露天舞台、两间图书室、六间阅览室。房舍油漆一新。而且所方也很注重文化娱乐生活,图书馆藏有几千册书刊,每个学习小组天天发《人民日报》和《辽宁日报》各一份,阅览室还有供大家阅读的各种报刊。

在一次所方召开的学习组讨论会上,主管教育学习的吕科长在谈到战犯们的思想改造存在某些问题的同时,也强调了共产党对战犯生活待遇方面的三保障政策。吕科长说:"我们管理所对你们的教育改造政策是根据党中央毛主席思想改造从严、生活待遇从优的指示精神制订的,对你们实行三保障政策,第一,保障你们的人格不受侮辱,不打,不骂;第二,保障你们的生活,尽可能给你们以相当于一个中农生活水平的主副食待遇;第三,保障你们的健康,救死扶伤,实行革命的人道主义。"

管理所每星期安排一场电影,每逢节日,必有电影,每年春节五天假日内,通常总有两场或三场电影。对于电影,战犯们非常喜欢。每在演出前,大家就当成好消息互相转告:"嗳,有门咧!看见没有,幕布都挂起了!"电影使战犯们变得喜气洋洋,电影给战犯们的精神上带来了莫大的享受和安慰。特别是干了一天紧张的农活,洗一个热水澡,饱饱地吃一顿,再看一场电影,一夜的睡眠也会特别的香甜。

平日的文娱活动,开展得也很丰富,象棋、围棋、克郎球都有。节日期间,还要举行棋类和克郎球比赛,争夺冠军。战犯们还经常排练文艺节目自娱自乐。

春节期间,伙食最好,管教干部们都下到厨房里不声不响地帮厨,所长这几天对炊事员(也是战犯)的要求也特别高,对他们说:过春节,一定要让大家吃好,能不能吃好,就看你们的了。炊事员还预先把春节五天的菜单安排出来,征求大家的意见,尽量满足大多数人的口味。春节期间战犯们吃的猪肉、鱼、鸡、鸭、兔、鸡蛋、冻豆腐、大白菜、大萝卜、小韭菜、土豆、黄豆、洋葱头、芹菜等,大都是从关外运来的。

每逢正月十五,一定给元宵吃,中秋给月饼,端午给粽子(有时也吃糯米饭),另外还发给水果、糖果、花生、瓜子……

平常战犯们的生活水平也比社会上的一般老百姓的好得多。每位战犯月均伙食费20元,病号则可达到24元,每月固定供应所里猪肉、鱼、鸡蛋、蔬菜,平均每人每天1斤。听管教人员说,战犯们的这种生活标准,抚顺的老百姓起初还很有意见,后经政府向群众解释党和毛主席的改造政策,才得到人民群众的谅解。

后来在三年自然灾害时期,生活物资奇缺,管理所的干部们到山上挖野菜充饥,对战犯们的粮食定量却依然不减,照常保证供应。1961年冬天,王科长还率领一批警卫到热河打了几个月的围,给战犯们解决肉食不足的问题。共产党的管教干部们这种崇高的品质作风和人道主义精神,不能不令战犯人感慨与折服。1964年生活好

转以后,尚传道就在墙报上写了这样一首诗:

鱼羹肉饭餐餐有,冬棉夏单岁岁鲜。
粉壁绿窗金黄顶,清新住室豁亮轩。
葡萄满架果压枝,茄棉瓜椒蔬菜妍。
漫步亭园多佳丽,战犯生活赛民间。

周养浩在小组讨论会上说:"我们在抚顺战犯管理所的生活,不要说过去我们代表国民党管理的监狱对待共产党的犯人根本不能相比,就是当时老百姓的生活也没有这样好,共产党以德报怨,把战犯当人看待,更使我对自己过去犯下的罪恶极感愧悔。"

更特殊的是每月还发给香烟一条,直到困难时期开始,战犯们从管教干部口中听到毛主席已经戒肉的消息后,全体联名上书,强烈要求放弃了这一特殊待遇。

西南战犯们到抚顺战犯管理所的第二年4月,医务室就发给每人一张《健康检查登记表》,要战犯们把自己的健康状况,按表上规定的项目填写清楚,准备健康大检查。

周养浩很想看看表上记了些什么,却都看不懂。他很想问个明白,但看到谁也不敢问,他也只好不问了。只记得自己的血压是160/80,体重是145斤,同学们说他的血压和体重都很正常,他非常高兴。

廖宗泽坐在候诊的连椅上,等候医生叫名字时,感到那么闲适自在。那时他已经56岁了,不知道还要在共产党的监狱里关到哪年哪月?不过眼前的生活还是过得去的,想不到今天还给他们这样的人进行如此细致的健康检查!通过检查,廖宗泽知道自己的健康还过得去,视力却是不行了,如果所方能给自己配上一副眼镜,那就太好了。而且,心里还冒出一个念头,希望医生填注意见时,最好把自己的健康状况列为次等,让所方了解,以后不安排自己干重体力活。

在小组学习会上,廖宗泽把自己的这两种想法都暴露了出来。王科长找他到办公室去谈话,他说:"对于你们劳动的安排,管理所是要考虑到你们的身体状况的。健康检查,主要是为了了解你们的身体情况,有病,便于及时为你们治疗。配眼镜,不成问题,其他组也有学员提出这个要求,所方已经作了安排。另外,你能在会上公开暴露自己在劳动上存在的避重就轻的思想,是好事。但你必须下定决心,心口如一的老老实实改造……"

过了三天,管理所从外面眼镜公司请来技师,携带验光器械和各式镜片,给许多人验配了老花眼镜和近视眼镜。陈远湘的旧镜片350度,换的新镜片是400度。

廖宗泽第一次戴上眼镜,顿时觉得眼前光亮了许多。

不久，所方又专门从抚顺请来牙科医生，为战犯们治牙，有的作了局部镶补，有的拔掉烂牙，重装假牙。

此后，大批日本战犯获特赦回国，管理所又在7所原关押日本战犯的院子，划出四大间和三小间，设置钢丝床，辟为病房。将那些患有严重慢性病的三十余人，收入疗养医治。他们住在那里，不再出工，但也有学习，膳食标准比其他学员高一些，其中一些人体质差些，得到了更为特殊的照顾。学员若得了重病、急病，医务室不分白天黑夜，不论风雪晴雨，都及时诊治处理。如果医务室不能医治，就立刻用汽车送抚顺市立医院。

1964年夏天，廖宗泽患急性肝炎，所方立即把他送到抚顺市立医院，几天后，病情恶化，金源所长和王科长闻讯赶到医院，向医院负责人说："这是一位特殊的病人，政府希望他能够活下来，你们一定要尽最大努力抢救他，不惜贵重药品，即使花上一百两黄金，也在所不惜！"

廖宗泽当时痛哭失声，其他战犯听说此事后，也都感动得老泪纵横……

1964年某日，周养浩正在理发时，突然昏倒，心脏立刻停止跳动，进入休克。金源所长闻讯后立即跑着赶到现场，四十多位干部也前来问讯，所内医生诊断后，又请来外面的医生会诊救治，终于使周养浩转危为安。

后来周养浩含着热泪，写了一份《死去活来心感党》的感谢信贴到了墙报上。

1966年夏天，廖宗泽突然便血，血流如注，病情严重，所方当时就派小车把他送到沈阳市医院，请全市最有名的李医生诊治，经过检查，确诊为痔漏出血，住院治疗。由于大量失血，身体极度虚弱，除打针吃药外，又进行过几次输血，一日三餐由厨房送来营养饭菜。等到病情缓解后，又由李医生主刀割掉了他的痔疮，进行了结扎。这些年来，廖宗泽被痔疮折磨得苦不堪言，劳动时常常脱肛，这次得到了彻底的根治。

廖宗泽出院后回到所里，在学习会上深有感触地说："我过去是国民党军统特务的大头子，整天干的就是抓共产党、杀共产党的罪恶勾当，可共产党不仅没有毙我，还给我输血，给我再生，深恩浩荡，令我惭愧啊！用什么样的语言，也表达不完我廖宗泽对共产党的感激之情！"

但是，在战犯们的改造过程中，也有因为医护人员的热情细致，反而发生病犯异想天开的怪事。原东北队有一个蒋军少将政工处处长、黄埔4期毕业的饶步烈，由于在患病期间护士对他耐心护理，他竟然以为这个护士爱上了他，就打报告要求与这个护士结婚。为了这件事，王科长多次找饶步烈进行教育，对他说："我们的医生护士，是本着党对你们的改造政策，听党和毛主席的话，耐心为你们医病护理，并不是对你们中的哪一个人有什么特殊的好感。你们应该感谢党的关怀，老老实实改造思想,你这样胡思乱想,不利于你的改造前途。"

为了避免饶步烈单相思越来越严重,所方随即就把这位护士调走了。可饶步烈仍不死心,还是不断地写报告纠缠不休,状态犹如民间所说的花痴,管理所就送他到沈阳市的精神病院住院检查,住了一段时间,证实他神经正常,才把他接回所内。

即便遇上如此无理纠缠的战犯,所方对于他的疾病,仍然是关心医治。1973年,饶步烈突患急性胃病,所方立刻送他到抚顺市人民医院,由沈阳市的中西名医会诊,不惜贵重药品抢救,但终于不治病死。

医务室的医生无论男女,对战犯们从来都是和颜悦色,耐心医护,尽量避免有任何刺激。有时为了抢救急重病人,女医护人员虽身怀有孕,照样忙碌不停。周养浩等西南战犯初来时,他们大多都很年轻,当周养浩跨出抚顺监狱大门时,他们已经成了中年人。

27. 烽火功德林

远在东北的抚顺战犯管理所犹如一个温暖的大家庭，而北京战犯管理所，条件自然也不会比抚顺差。

就在廖宗泽、周养浩等44名西南战犯被转往抚顺一年后（1957年10月中旬），沈醉与原国民党热河省主席、云南绥靖公署副主任孙渡、江阴要塞司令孔庆桂、刘文辉部24军参谋长王靖宇等4名西南战犯也由重庆转到了北京。

这次转押，与当年沈醉与徐远举等人从昆明转往重庆时大不相同了。那一次，他们全被蒙上了牛皮头套，锤上了脚镣，戴上了手铐，而这一次，则由重庆战犯管理所的两名管理人员陪同，和普通人一样，从重庆坐轮船到武汉，再从武汉乘火车到北京。一路上，没有人能看出他们是犯人，无论是船上、火车上，管理人员对他们的要求仅有两条：不乱走，不要与其他人说话。

离开重庆的第三天傍晚，沈醉等人终于抵达了北京。

一辆吉普车立即把他们送到了郊外的一所大院里。下车后，四名犯人都在好奇地打量着陌生的环境。只看四周高墙环绕，墙头通火通明，大门前方有一个广场，四周无数的房子、十八条胡同，每条胡同口均有铁栅栏，呈放射形地围绕在一幢几十公尺高的八角楼四周。楼顶上只需站一个哨兵，就可以看清楚各条胡同里的情形。

孙渡忐忑不安地问："这是啥子地方哟？"

沈醉却马上认出来了，说："这里就是过去有名的京师第二模范监狱，是段祺瑞执政时期，由他的司法总长罗文干扩建成这个规模的。抗战胜利后，我清点军统在各地没收的敌伪财产，曾到这里视察过。北京人称这地方叫功德林。"

在这里，除国民党的高级将领杜聿明、范汉杰、宋希濂、廖耀湘、黄维、陈长捷等近一百多号高级将领外,还有在全国各地被俘、被捕的国民党军统头目,如保密局北方区区长文强,国防部少将专员、原军统电讯处副处长董益三,保密局第二处副处长黄逸公等数十人。战犯学习委员会办起了新生墙报。说是墙报,其实是一张陈旧而白净的双人床床单,贴在床单上方正中的红纸上,有新生园地4个大红字,而在床单两侧的红纸上,有"改恶从善、前途光明"8个大金字。

这是文强的正楷,他把金字下面的红纸,分别剪成象征着心脏的桃尖图形。

1942年,戴笠委派文强为军统局华北办事处少将处长,1944年11月初,戴笠任命文强为北方区区长。此间,文强曾将华北、东北近百万之众的汉奸部队策反过来,因此以特殊功绩而晋升为中将。

文强是在日本投降后,第一批奉命到东北接收的国民党要员之一。当时发表他的职务和头衔,是里外两套:对内是国民党政府军事委员会调查统计局东北办事处(简称军统东北办事处)处长,军阶为中将;对外是国民党政府东北行营督察处中将处长兼东北保安司令长官部中将督察处处长。

戴笠死后,1948年8月,文强脱离军统,在其父老朋友程潜处任长沙绥靖公署第一处中将处长、办公厅主任。1948年9月应杜聿明邀请,去徐州出任前进指挥所副总参谋长。1949年1月,在淮海战役第三阶段中,和杜聿明一起被俘,被安排到第三野战军的解放军军官教导团学习。

1950年春,文强被送到北京的功德林"战犯管理处",在狱中,他拒写悔过书。他说:"我曾任红一师师长兼政委,毛泽东是我表哥,朱德是我上司,周恩来是我老师和入党介绍人,林彪是我部下,刘少奇家离我家不到20里路。是他们没有把我教育好,要写悔过书应该他们写,我不写。"

这也许是他最后一批被特赦的症结所在。

特赦之日,已经被关押了26个年头的文强兴奋不已,百感交集,挥笔写下了一首七律,题为《顽石点头难》:"顽石点头实还难,几多恶梦聚心田。沙场败北留孤愤,野火烧身视等闲。金石为开真理剑,春风化雨感人篇。当年痛惜江南泪,醒后方知悔恨天。"

出狱不久,文强被重病中的周恩来召到医院,度尽劫波的师生见了最后一面,周恩来当时就怪他不肯早写悔过书。

1983年5月8日,文强当选为全国政协委员,在即席发言中,文强说:"实现祖国统一,是全国各民族、各阶层人民的心愿。六届政协的新阵容,反映了我国人民的大团结达到空前广泛的程度。我们政协文史资料研究会有八位专员当上了政协委员。我们这八个人都是当年黄埔军校的毕业生,都是被特赦释放的前国民党将领。过去我们对人民犯了罪,现在我们成了新人。我们要'八仙过海,各显神通'。这个各显神通,就是要利用我们自己有利的条件,为祖国的统一大业献计献策。这是历史赋予我们的责任。我衷心希望台湾的故朋旧友,以国家民族为重,与共产党携起手来,共图民族的振兴大业。"

他利用担任第六、七届全国政协委员,民革中央监察委员,黄埔军校同学会理事,北京市黄埔军校同学会副会长等身份,利用自己在国共两党中的人脉关系,八方联络两岸人士,沟通包括在台湾的陈立夫、蒋纬国等人在内的故朋旧友与大陆的联系,为促进祖国地和平统一作出了贡献。

2001年10月22日,文强以94岁的高龄辞世,结束了他坎坷传奇的一生。

新生园地有4个专栏,理论学习专栏编辑是宋希濂、廖耀湘、陈达林;挑战应战专栏编辑是国民党新疆省党部代理书记长李帆群;批评表扬专栏编辑是徐远举;文学艺术专栏编辑是文强。稿件既不修改,也不审查,用糨糊将稿件整齐地粘贴在床单上就行。

在功德林,依然是王陵基的上将级别最高。在重庆白公馆时,徐远举和王陵基关在一起,彼此相处融洽。来功德林后,徐远举却敢于撕破情面,在挑战应战专栏上发表文章揭露王陵基在重庆"3·31"惨案中的罪行。文章说,王陵基是1927年"3·31"惨案的罪魁祸首,是他的学生、四川另一个大军阀刘湘屠杀革命学生的帮凶。王陵基两次挤进人群中看,最后写了文章,为自己开脱说,他没有直接参加,当然,他是刘湘的老师加军师,还是间接有罪的。结果全狱大哗。王只得写诗谢罪,末尾两句是:"上将不好当,宁愿挨一枪"。

徐远举主办的批评专栏,笔锋犀利,揭发批评从不顾及人情世故。文强曾写诗赠徐:"人爱种甜瓜,汝爱种辣椒。南人多思舟,北人多思马。"

如此开导之词,徐远举并不心领神会,仍抱定敢冲敢打的态度。甚至当面有人骂他为猎狗,他仍鼓着一双大眼说:"笑骂由人笑骂,批评我自为之。"

狱中就餐,照例是由组长分菜分饭。

有一天中午,第一组组长邱行湘略感劳累,他把小组的饭用大瓦盆分回来后,放在桌上,对众人说:今天吃面块,不分算啦,吃干吃稀,吃多吃少,大家随便吧。然后和衣倒在大通铺上。

众人围着桌子,依次盛食。

康泽第一个把汤勺抓在手里,他的动作缓慢,慢慢地盛面块,慢慢地盛菜叶,慢慢地盛肉末。盛肉末时，多盛了一些。

邱行湘平时就认为康泽是好吃懒做的家伙，今天见他这副样子，顿时怒从心上起，只见他一骨碌从床上爬起来，冲到康泽面前，用手指着他手中的碗，厉声命令道："给我倒进瓦盆里！"

康泽手拿汤勺，痴痴地瞪着邱行湘，一时回不过神来。

邱行湘见他居然敢抗命，愈加愤怒，一把夺过瓷碗，对着大瓦盆来了个碗底朝天，然后把空碗塞回到康泽手里，继续命令道："站到最后去！"

康泽本为蒋介石手下得意门生，他领导的别动总队在剿共的内战中，真可谓杀人盈野。被俘前，是15绥靖区中将司令官，怎能在大庭广众之下受邱行湘这样的侮辱。他瞪着对方，脸色由红转青，由青转白，足足愣了两分钟，终于骂出一句话来："你他妈的比共产党还厉害！"

邱行湘听到康泽的骂声，更是火冒三丈："你他妈的只顾自己，你没有看见站在你背后的就是老头子王陵基吗？"

一场因吃饭而引起的组内纷争，迅速地漫延开来，形成了一场全所范围内的战争。2组的方靖把邱行湘拉到身后，23组的徐远举站到康泽的前头，双方吵闹不休，甚至推搡起来。

王耀武、宋希濂、曾扩情以学习委员会的名义下达命令，战犯们也不罢休，直到管教干部们赶来，这场战争方告结束。

事情到此并没有完，徐远举马上在批评专栏上撰文，向邱行湘猛烈开火。文章称："康泽体弱多病，血压尤高，本应受到组长的照顾，可是邱行湘身为一组之长，不仅不顾康泽体内之需，反倒强夺康泽口中之食。这是公然对抗共产党的改造政策的法西斯暴行。是可忍，孰不可忍！邱行湘通过摧残他人的身体，来骗取狱方的信任，充分暴露出反革命打手的丑恶嘴脸。"

邱行湘对徐远举更是看不上眼，他认为徐远举好出风头，好惹是非，是一个十处打锣九处在的恶徒。今天在他和康泽的争吵中，徐远举不仅和他的上峰并肩作战，共同对付自己，而且在双方休战后，又在专栏上扯旗放炮地对他进行攻击，这更使他恼怒万分。他决定对徐远举展开反击。

反击稿子刚写了一半，所长来找他谈话了。

所长问邱行湘："你对徐远举的批评有什么看法？"

邱行湘气冲冲地说："那算什么批评，简直是谩骂！"

"当然。"

所长摇摇头说："但是，你想想你对康泽是不是也做得太过分了一些呢？你是一组之长,在批评别人的时候,先得严格地检查一下自己,这要求恐怕不算过分吧?"

邱行湘不敢与所长争辩,只好点头称是。

待回到宿舍,他把稿子揉成一团,正要扔掉,范汉杰拿过去一看,阅毕,对邱行湘说道:"你还算有脑筋,没有把它贴出去。要不然你会吃亏的!你怎么敢骂他猎狗呢?你骂徐远举猎狗无非是两层意思,一层无非是说他当过军统头子,是蒋介石豢养的猎狗,可是我们这些人谁不是蒋介石豢养的猎狗呢?何况人家姓徐的向共产党交待过特工、电台机密,对解放大西南有过特殊贡献。你骂他猎狗可以,要是他问你谁是猎狗的主人,我看你只有哑口无言了。"

1956年4月25日,毛泽东在中共中央政治局扩大会议上,发表了《论十大关系》的讲话。他指出:"……连被俘的战犯宣统皇帝、康泽这样的人我们也不杀,不杀他们,不是没有可杀之罪,而是杀了不利……不杀头,就要给饭吃。对一切反革命分子都应该给以生活出路,使他们有自新的机会。"

这些话,犹如一股春风,使战犯们看到了向善希望,增强了弃恶从善的信心。

"白日常开笑口,夜里有梦皆甜",便是沈醉在这个时期写下的诗句。

在北京战犯管理所的劳动,主要是培养这些人的劳动意识,从事的也仅是一些轻松的劳动,如缝纫、理发、洗涤、挑饭菜开水等,并采取自动报名、量力而行的办法,听凭自己选择一项或两项,自己认为身体不好或对这些不感兴趣时也可以不参加。

沈醉在劳动中是比较积极的。他开始参加缝纫组,后来成立理发组,他又到理发组,相比来说,理发组是人们不太愿意干的活,认为给人理发太脏,站着也累,但是沈醉却自告奋勇。

他在1958年11月20日的日记中有这样的记载:"旧社会的剃头匠是最下贱的,可是重新做人,我情愿从最下贱的事情做起。我这句话也许不对,因为新社会的劳动没有贵贱之分,剃头匠被称为理发员。今天上午为王陵基补了一条裤子,还为十几位同学理了发,当看到自己的手理出一个个漂亮的头来的时候,心情是多么的高兴啊!"

当然,对于沈醉这样的人来说,理发也的确不是件容易的事。在学习理发时,闹过不少笑话。开始使用手推剪,一不当心,往往把别人的头发连根拔了出来,而不懂得一定要慢慢地把推剪提起来。后来,沈醉不断地琢磨,慢慢地总结出了一套经验,竟成了狱内有名的理发师。

1958年10月,战犯管理所决定组织战犯们去所外农场进行一次农业方面的锻炼和农村生活的体验。去的条件一是身体状态要好,二是自愿。年老身体不好和自己不愿意去的,继续留在管理所,还和过去一样,边学习边搞一些力所能及的体力劳动。结果战犯们的踊跃程度大出管理所的预料,而且许多人要求还很坚决。年逾古稀、又有高度近视的王陵基,居然也争着要去。

战犯们来到秦城农场后,发现这里的条件之好超出他们的预想。既无围墙,也无铁门、铁窗,房间宽敞明亮,四五人住一间,睡的是通铺,和管理干部一样。伙食也好,菜品的花样多,副食也丰富,比功德林强多了。

28.希望与绝望交织的日子

1959年9月16日下午即将收工时,喜讯从天而降,而率先为众战犯送来喜讯的,居然是独自被派回场部去挑开水的徐远举!田野上陡然响起了他那早为大家所熟悉的湖北口音:"好消息!好消息!"

大家抬头寻声望去,只见徐远举手舞一张报纸,满面赤红,气喘吁吁地连跑带叫。

众人赶紧围了上去。徐远举双手展开当天的《人民日报》,用湖北话在人丛中大声念了起来:"在庆祝中华人民共和国成立十周年的时候,对于一批确实已经改恶从善的战犯罪犯、反革命罪犯和普通刑事犯,宣布实行特赦是适宜的……"

所有的战犯都犹如骤然间遭到了雷击,人人目光呆滞,喜泪纵横,那一句宣布实行特赦,在心中立即卷起了滔天巨浪,一股暖流霎时涌遍全身,脑袋里嗡嗡作响,思维也好像凝固了。

有人在拼命欢呼,有人在号啕痛哭,有人彼此拥抱,有人在田野上狂奔大叫……

当人们从极度的惊喜中清醒过来,回到宿舍,再将报纸认真地细读了一遍。虽然这个中国共产党中央委员会向全国人大提出的建议中并未说将所有的战犯全都特赦,但毕竟,所有的战犯都从中看到了属于自己的真正的希望,因为党中央的建议中明明白白地写到:"只要改恶从善,都有自己的前途!"

这一天恰好是中秋节的前一夜,月亮已经圆了,月华像明亮的天灯照亮了农场;离散多年的家庭要圆了,每一个战犯的心中一片光明。范汉杰、郑庭笈几名战犯受不了这骤然而至的喜讯的冲击,兴奋过度,血压升高,被送进了医院。其他的战犯也激动得久久不能入睡。

两天后，即9月18日《人民日报》的头版头条上，便登出了刘少奇主席颁布的特赦令和题为《改恶从善，前途光明》的社论。特赦令的第一句便是："蒋介石集团和伪满洲国战争罪犯，关押十年而确已改恶从善的予以释放。"

这还能指谁？这不清清楚楚地就是指他们这帮人吗？他们喜极而泣、感激涕零，找不到一句能准确地表达他们此时心情的语言。

一切雷厉风行，就在特赦令颁布的第二天，功德林的孙处长陪着中央新闻纪录电影制片厂的摄影师们和不少记者来了，理发师沈醉忙得不亦乐乎，每个战犯都希望自己的形象能够光彩一点。

徐远举对沈醉的陈年积怨早已烟消云散，趁理发时悄悄对他说："咱们如果能够一起出去就好了，我还有一大笔钱，可以分一半给你。"

原来，他在解放前寄存了几千美金在重庆银行的一个朋友那里，这个朋友很讲信用，解放后将这笔美金换成人民币，交到了徐远举手中。

沈醉感谢他的好意，但他表示，现在不考虑钱的问题，如果能出去，他马上要求到香港去与雪雪见面。

徐远举长叹了一声，悲苦地说道："还是你聪明，把老婆孩子弄到了香港，我这次就算能出去，也依然是孤家寡人一个，耿静雯和孩子在台湾，我怎么过得去？"

沈醉："我算什么聪明？真正聪明的，还是那些把家眷留在了大陆上的人。我们过去的确跟着蒋介石干了那么多的坏事，就是受点苦，抵抵罪，我也是想得通的。可就是每次管理员叫领家信，看到他们那副高兴的劲儿的时候，我马上就会伤心起来。你姓徐的，我姓沈的，过去都是少年得志、心比天高的人物，如今连封家书也没有……"

徐远举眼也潮了，长叹一声："现在才知道杜甫的诗写得好，家书抵万金呐！他这诗，不就是专门为我们写的么？……"

面对摄影师的镜头，管理人员叫大家不要激动，照往常一样，该干啥就干啥。摄影师拍了战犯们除草劳动、讨论学习等镜头。

具有职业敏感的徐远举最善于察言观色、小中见大，并据此作出判断。当他发现新闻记者和摄影师的镜头，老对准少数几个人，似乎把他冷落在一旁时，他突然在大庭广众之下歇斯底里地叫喊起来："你们为什么不拍我？我流汗水，写材料，哪一件落在后头？到今天连配角也轮不上，连跑龙套的资格都没有，我是真心实意接受改造，改恶从善的呀！"

文强赶紧上前一把拉住徐远举，把他带到墙角去好言开导："共产党明明公布的是特赦，而不是大赦，更何况在反右斗争结束后不久，政府采取谨慎的措施是可以想见的。对于我们这种生死场中过来的人来说，有一句俚俗之言叫做将军额上能行马，

希望与绝望交织的日子　257

宰相肚里能撑船，凡事不要抱太大希望，也就不会有太大的失望。"

徐远举红着眼，气呼呼地说："你的分析是有道理，我有些不服气是真的。唉，谁叫我们过去呆在军统那黑窝子里，把自己的名声弄臭了呢？好吧，我听你的劝告，牢骚就暂时发到这里吧。"

每一个战犯都在猜测，从政治影响出发，特赦名单肯定会在建国十年大庆之前公布。获释的战犯肯定会在10月1日之前跨出牢门。

在兴奋而焦急的盼望中，国庆节来了，过去了，不少战犯的心里由晴转阴，对特赦的失望一天比一天加重。

就在这样的时候，孙处长又来到了秦城农场，在会上对大家讲："你们都学了《改恶从善，前途光明》的社论，可是，你们的注意力都落到了关押已满十年这一点，所以每个人都觉得自己应当获得特赦，而对改恶从善这一条认识得不深，这四个字包含的意义很深刻啊，过去做的恶是否交待彻底，成为战犯后是否真正从内心服罪认罪，这难道不也是你们应当重点考虑的吗？"

孙处长的这番讲话，让所有战犯的心都悬在了半空之中。过去做的恶是否交待彻底？这是能否获得特赦的关键，可是，交恶彻底的标准，在战犯们的心中，却显然是不太一致的……

盼望的日子终于来到了，那是1959年的12月4日，功德林的大礼堂里呈现出一种极微妙的气氛，喜悦与激动是不言而喻的，但，它们并不是所有战犯脸上的主色调，因为，这种喜悦和激动里掺和上了担忧、焦虑、紧张、期盼、妒忌，甚而还有恐惧。

战犯们静静地走进了大礼堂，主席台上方高悬着大红绸缎做的横幅，"首批特赦蒋介石集团战争罪犯大会"几个白色的仿宋体大字整齐地剪贴在上面。

大会开始了，很快便进入了实质性的阶段。

"杜聿明、宋希濂、曾扩情、王耀武、陈长捷……"随着法官那时起时落的声音，所有战犯的心都像闪电一样交替闪现着两种感情，一是喜，一是悲。

全场死寂，落针可闻。

当法官念到邱行湘、杨伯涛、郑庭笈、周振强、卢俊泉等名字后，突然停了一下，紧跟着又说道："以上人员，改造十年期满，确已改恶从善，现予释放，从宣布之日起，给予中华人民共和国公民权。"

那一刻，除了已被念到名字的10人，其余的战犯仿佛头上遭到了重重的一击，立时觉得眼前发黑，美丽的海市蜃楼消失了，有人失声啜泣，有人丧魂落魄，有人几乎站立不住……特赦人员代表杜聿明向政府致谢词，郑庭笈的女儿和杨伯涛的儿子代表家属发言，他们根本不知道说了些什么。但是，代表政府的姚局长的讲话让每一个刚刚陷入绝望的人又重新看到了希望。

"我们祝贺第一批获释人员,希望你们以人民为榜样,我们期待第二批特赦人员,希望你们以新生者为榜样。过去常对你们说亡羊补牢,未为晚也,现在应该说,百尺竿头,更进一步……"

最后,原国民党山东省党部主任委员庞镜塘代表未获释人员们发了言。他说:"感谢党的宽大政策,10名同学特赦了,我们也感同身受。今后,我们一定要努力地改造自己,争取第二批得到特赦。"

这是所有未获释人员共同的心声。

首批特赦,全国共33名,功德林10名,军统人员无一人上榜。

组织上为作好续留战犯的思想工作,邀请了一批民主人士去探监,担任国务院参事的张志和也去了,他的安抚对象是王陵基和徐远举。

1948年,蒋介石任命江西省主席王陵基为四川省主席。王由南昌回成都赴任后,曾到陕西街72号告知张志和夫妇一项机密情况,王说他回川就职前,蒋介石在南京召见他时曾向他亲授密令,要他一到成都即将张志和秘密处决。

张志和与李琏芳闻此言不禁惊出一身大汗,猜不透王陵基葫芦里卖的什么药。

谁知王陵基却对张志和说:"志和兄,你想我两个这么多年的交情,我对你哥下得了这种毒手么?这种不够朋友的事,我姓王的是不会做的。"

他又对李琏芳拍着胸口说:"大嫂,你放心,我和志和是生死之交,情同手足。只要我在四川一天,天王老子也不敢动他一根汗毛的!"

三位昔日的老朋友相见于功德林狱中,忆及往事,自是感慨万分,也煞是亲热。

徐远举告诉张志和,那时张每次去重庆,他其实完全知道他是来此与共产党接洽,但是,出于私人情谊,他却采取了睁只眼闭只眼的做法。

1960年,沈醉、董益三获得特赦。徐远举被安排代表未赦人员发言。

在大多数人眼中,徐远举这批落榜,显然下批肯定有份。然而,延至1964年底,已经特赦了5批。郭旭、康泽、沈醉等均已获赦,徐远举仍然榜上无名。

1964年,沈醉读了《红岩》小说后,特地去功德林探望张严佛、徐远举、周养浩等一批朋友。

见面后,大家都很高兴。沈醉向他们介绍了特赦出去后,受到了周恩来、陈毅等中央领导人的两次接见,以及担任政协文史专员后的种种情况。然后,沈醉取出《红岩》递到徐远举手中,希望他对照《红岩》小说,深刻认识自己的罪行,争取早日获得特赦。

徐远举表示:"一定好好反省,争取早日出去。"

希望与绝望交织的日子

这年 10 月,徐远举以《血手染红岩》为题,自破坏《挺进报》起,至"11·27"大屠杀止,系统地交待了自己的罪行。在这份长达 4 万字材料的结语中,徐远举写道:

"我血手染红岩的罪行,是震骇中外、令人发指的。我以美帝国主义的金钱,以美帝国主义的刑具,以美帝国主义的武器和炸药,来屠杀人民,破坏城市,使中国人民最优秀的儿女,数以千计万计的遭到屠杀牺牲,这完全是背叛祖国、背叛人民的行为。在西南全境,可以说没有一块土地,不留下军统特务和我个人的血腥罪行……感谢共产党和毛主席的宽大政策,将我这个危害人民、作恶多端、怙恶不悛的大刽子手,从深渊中拯救出来,给以改恶从善、重新做人的机会,使我逐渐地恢复了人性,分清了是非善恶,认识到谁恩谁仇。痛恨蒋介石将我由人变成了魔鬼,感谢毛主席把我由鬼变成了人……"

言之切切,情之殷殷,谁会想到,这是发自于一个双手沾满人民鲜血的战犯的内心独白。